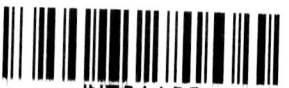

通勤大学
MBA
MBA FRAMEWORKS

世界一わかりやすい

# フレームワーク

グローバルタスクフォース・著
山中英嗣・監修

SOGO HOREI PUBLISHING CO., LTD

# はじめに

## 本書のターゲット

本書はシリーズ累計100万部を突破した「通勤大学MBA」シリーズの内容をフレームワーク中心にコンパクトにまとめ、異なる視点のメッセージを加えたものです。おそらく日本におけるMBA関連書籍の中で、「ゼロから学ぶ」人に最も適した書籍です。とりわけ、若いビジネスパーソンにとって効果的な気づきを与えることを想定して作りました。

一方、サブターゲットとして、すでにMBAを獲得したMBAホルダーをはじめとする上級者にとっても、参照用として、より効果的に活用することも可能になっています。

## 本書の構成

第1章では、すべてのフレームワークのベースとなり、物事を論理的・批判的に考える力を身につけるための「クリティカルシンキング」を扱います。続く第2章では、ビジネスの一番の基本である、市場への適合をめざす「マーケティング」を扱います。そして、第3章・第4章・第5章では、重要な経営資源であるカネとヒトを扱う「アカウンティング」「コーポレートファイナンス」「ヒューマンリソース」を扱います。そして、最後の第6章ではすべての章を統合する「ストラテジー」を扱います。

# 本書の使い方

「MBAで使うフレームワークや理論をパッチワーク的に集めただけの書籍なんて意味がない」

「個別の理論はわかるが、実践の応用のイメージが湧かないので勉強にならない」

このような疑問は多くの人が感じているかもしれません。本書のような書籍は日々どのように活用していけばよいのでしょうか？

答えは簡単です。本書を活用する目的を、(原理原則の)「理解」ではなく、「活用」することに絞りこむことです。単に「理解」することが目的であれば、理論と一、二の事例をあわせて学習すればわかった気にはなります。しかし、それでは“２時間でわかる”式のテンプレートや読み物を読むのと何ら変わりません。

もし「理解」ではなく「活用」を目的とする場合は、「体系的に原理原則を学び、そこから応用力をつくる」ことが必要になります。そのためには自分の仕事で「活用」するために「どんな付随情報が必要で、何をどう評価し、どんな意思決定をしなければならないのか」という隠れた仮説を「自分の頭で自問自答」し、日々自分に対して「ツッコミ」を入れ続けることです。

たとえば、第６章に登場する「コストリーダーシップ戦略」のことを「ああ、低価格にしてたくさん売る戦略なんだな」という表面的な理解で終わってしまうと、「原理原則」だけしか理解していない「使えない」知識で止まってしまいます。
　しかし、「ああ、低価格は低価格でも、無理をして低価格にしても利益が出ないからだめなのか。つまり低価格というよりは低コスト体制をいかに作ることが唯一のポイントか。さて、低コスト体制もすぐ真似されてもだめだから、どのように持続可能にできるのか。うちの資産では圧倒的な資金力で工場をつくることは無理だし、うちの技術や提携先ではそこしか作れないという低価格の部品調達先にはなりえないし、そもそも独占契約もできないし……、それとも……」とシミュレーションは際限なく続きます。これが「理解」するための学習でなく、「活用」するための学習プロセスです。
　「自分の頭で問い続けること」
　これができれば、あなたは間違いなくどこでも活躍することができるでしょう。難しいことを考える必要はまったくありません。本書を通して、今日から「自分の頭で問い続けること」だけを毎日５分でもよいので、ぜひ続けてください。週末に20時間集中して学習するよりも１日１トピック、５分ずつでもいいので毎日続けたほうが間違いなく力がつきます。
　なお、各項目の詳細については、「通勤大学MBA」シリーズ各巻を参照していただければ幸いです。

2016年２月吉日　著者

# CONTENTS

## 第4章　コーポレートファイナンス

## 第6章 ストラテジー

装丁　中西啓一（panix）
本文デザイン　土屋和泉
本文イラスト　坂木浩子（ぽるか）
DTP　横内俊彦

※本書は2005年に弊社より刊行された『図解通勤大学MBA MBAパーフェクトマスター①』『同②』を内容を加筆修正の上、再編集したものです。

# 第1章

## クリティカルシンキング

Critical Thinking

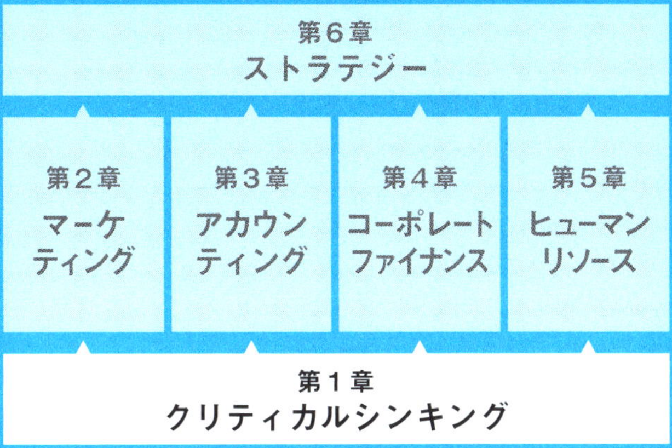


周りが納得する意見や提案には客観的、
かつ納得感のある裏づけが必要です。
つまり、クリティカルシンキングとは、
あなたの意見や提案の説得力を増す
思考法そのものなのです。

# 01 ゼロベース思考

## なぜゼロベースが必要なのか？

ゼロベース思考とは、これまで“あたりまえ”、“しょうがない”と思っていた既存の枠にとらわれずに考えることです。常識や既成概念をいったんリセットして白紙に戻したうえで、「なぜそうなのか」という本質を求める思考方法です。

**ゼロベース思考**

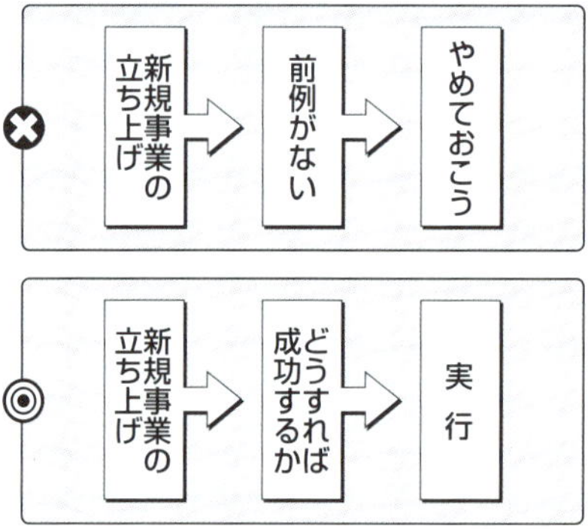


ゼロベース思考は、主観や独りよがりの思い込みではありません。今までの経験やルールについて改めて考えることなく、そのまま既成事実化してしまうことが問題なのです。環境変化が激しい中、あたりまえの前提を常に疑問視し、常に思考回路をストップさせないことが重要だと言えます。
「あたりまえ → なぜあたりまえか」と考える癖が必要です。

クリティカルな考えを阻害する環境には、以下のようなものがあります。
❶ある組織に長期間所属している
❷同じ思考を持つ人たちと一緒にいる時間が長い
❸規制の厳しい業界内にいる
自分自身に対して日々「ツッコミ」を入れることで、偏見や先入観から抜け出すことを常に心がけましょう

# 02 既存の枠を取り除く方法

## ゼロベース思考を阻害しているもの

相手の立場で価値を考えることは、ゼロベース思考を実践する有効な方法の１つと言えます。自分・自部門・自社の視点から相手の視点に移し、相手の価値を優先して考えることで、冷静に既存の枠から抜け出すことができるようになります。

### ユーザーの価値とゼロベース思考

×

**情報システム部が認識しがちな役割**
例…いかに高度で複雑な機能を持ったシステムを構築するか

◎

**情報システム部が認識すべき役割**
例…日々多忙な社員にとって、いかにわかりやすく、便利な機能に絞ったシステムを構築するか

上司から報告書のやり直しを告げられたとき、「面倒だ。なぜこれくらいで……」と考えるか、「自分が上司なら、どういった報告書が最も整理しやすく、理解しやすいか」と考えるかで、行動パターンとその結果は180度異なります。

作業量が多い→今までの経験の３倍以上の量→「無理！」……×
作業量が多い→今までの経験の３倍以上の量→「期日に間に合わせるには（３倍のスピードで終らせるには）どうしたらよいか？」……○
最終的な目的はどこなのか、優先順位をつけて考えることが必要なんだよ！

# 03 論理展開の２つのタイプ

## 説得力のあるロジックの作り方

説得力のあるロジックを作るには、法則から結論を導く「演繹的論理展開」と、様々な事実や結果から法則を導く「帰納的論理展開」の２つの手法があります。日々の業務の中でどちらの論理展開がどのような場面で使われているか意識することが重要です。

### 論理展開のタイプ

**演繹的論理展開**

法則から様々な結論を導き出す方法

**帰納的論理展開**

いろいろな事実や結果から法則を見つける方法

演繹法は、理路整然とした流れで、理由があって結論が導かれるといった手法です。一方、帰納法は結論を挙げたうえでその裏づけを立証していく手法です。いずれも結論と理由（裏づけ）の関係がしっかりと述べられている点がポイントです。

どんなに優れた論理展開でも、前提条件を無視しては意味がまったくないことに注意しましょう。

（例）初年度から黒字の出る画期的新規事業プラン

→Ａ社では事業ソース効率化のため、関連多角化しかしない

→Ａ社ではこの企画は本業（市場・商品）と関連しないため、没プランである

# 04 演繹的な論理展開

## 演繹的論理展開のプロセスを考える

演繹的論理展開（演繹法）は通常、三段論法の形で表現されます。つまり、①事実（前提）→②その事実に関連する状況（観察事項）→③前記２つの情報から言えること（結論）の３つの情報からなるプロセスで成り立ちます。

### 演繹的論理展開

**演繹的論理展開のプロセス**

❶ 世の中に実在する事実（ルール）を述べる

↓

❷ その事実に関連する状況（観察事項）を述べる

↓

❸ 上記の2つの情報が意味することを解釈し、述べる（結論）

「売上の 30％を広告予算にあてる」という事実（前提）に対し、予測売上が 3000 万円のインターネット商品に対しては「広告予算は 1000 万円」というロジックが成り立ちます。このとき、「インターネット商品は利益率が高く、売上の 50％を広告にあてても利益を確保できる」などの付加的な前提を見つけられれば、1500 万円の広告予算を申請できますが、根拠のない「売れるだろう」という意見では、相手を説得することができません。

「過剰なサービスは会社の利益率を下げる」「過剰サービスを徹底的に取り除いた航空会社が成功している」→「だから弊社も過剰サービスをやめるべきだ」。このように一見正しい「いわゆる三段論法」も、前提となる事実自体が曖昧であったり、事実そのものが例外的なものであったりすると、一気にロジックが崩れるので注意が必要です

05

# 帰納的な論理展開

## 帰納的な論理展開のプロセスを考える

帰納的な論理展開では、複数の観察された事実や意見などの前提から結論を導くため、結論は推測の形をとることになります。ビジネスの場では、先に推測の形で結論を述べ、その理由として事実を述べることで説得力のあるプレゼンや報告を行う形になります。

**帰納法の論理展開**

**観察された情報の共有性から導ける結論を考え出す論理展開**

例

「A県の衆議院選で無所属候補が議席を独占した」

「B市の補欠の市長選で、無所属候補が当選した」

「C県の知事選は、与野党相乗り候補が落選した」

↓

**「既存の政党への不信が強まっている」**

「複数の事実から共通して言えることを推測する」ということは、それだけ推測により導く結論と事実の関連性が重要になります。そのため、導き出したい答えをサポートするための例外的な事実を用いるなど、恣意的・主観的な情報操作を行うことはタブーになります。

様々な価値観やニーズを持つ現代の顧客の多種多彩な要求をすべて満たそうとするのは愚の骨頂。「限られたリソース」で競合と戦っている以上、お客さまは全員神様ではなく、「どのお客様が自社にとって神様か」という前提を決めることなしに論理を振りかざしても意味がないのは当然ですね

# 06 複合的な論理展開

## 複合的な論理展開のプロセスを考える

実際のビジネスでは、演繹的論理展開、帰納的論理展開のいずれかだけではなく、双方を複合的に運用することで、説得力のある報告やプレゼンを行うことが一般的です。

### 複合的な論理展開

**演繹法と帰納法の両方が絡む論理展開**

**例　「大学の特許は眠っている資産として注目されている」**

- 「産業界では、ビジネスで商品化できる技術の種（シーズ）を探している」
- 「政府は、産学連携を推進している」

↓ **帰納法**

- 「大学の技術移転機関（TLO）を利用したビジネスが注目されている」
- 「電子認証の技術は、TLOで育てられている」

↓ **演繹法**

**「電子認証ビジネスが注目されている」**

説得力のある報告やプレゼンを行うときには、自分が作成したレジュメを見直し、「ロジックの欠けているところはないか」「事実は間違っていないか」「前提が一般的ではなく例外的なものを用いていないか」など、自分が読み手や聞き手だった場合に突かれるところがないかを完璧にチェックする必要があります。

TLO（Technology Licensing Organization）とは、技術移転機関のこと。大学研究者などの研究成果を譲り受け特許化し、企業へ情報提供したりマーケティングを行ったりして、大学から企業への技術移転を図る組織のことを言います。そうして得た収益は研究者や大学などに還元されて、研究資金として活用されます。つまり「知的創造サイクル」の中心として活躍するわけですね

# 07 原因追究の必要性

## 「なぜ」を繰り返すこと

「すぐに物事の解決案を出したい」という欲求は誰にでもありますが、単純に結果から解決を導こうとすると、問題を裏返しただけの解決案となることが多くあります。問題を広く深くとらえ、限界まで追究していく練習をすることが重要です。

**「なぜ」を繰り返すことの重要性**

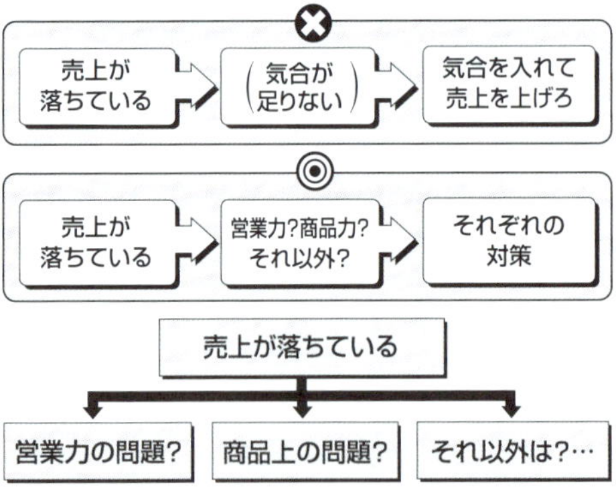


たとえば、胃痛の解決を考える際に、原因はストレスかもしれないし、胃がんかもしれません。はたまた食べすぎや飲みすぎかもしれないし、食あたりかもしれません。原因を「ストレス」と決めつけずに広く可能性を挙げてみましょう。万一ストレスが原因であったとしても、解決策が「ストレスを溜めない」では解決になりません。原因は仕事か、家庭か、人間関係かなど、深く追究することが重要です。

「なぜ」を繰り返し、物事の根本から問題解決の糸口を探すことの重要性は、そのまま「失敗から学ぶ」プロセスとなります。失敗したとしても、責任追及や処罰にばかりに気をとられることなく、「なぜ失敗は起きたのか」「どうすれば同じ失敗を防ぐことができるのか」という視点が重要なのです

# 08 因果関係とは

## 原因と結果の論理性の有無をチェックする

ある結果にいたった原因の追究が適切でないとロジック自体の信頼性がなくなってしまいます。単純な因果関係と、ニワトリとタマゴの因果関係のうち、後者の場合、本当の原因がどちらなのか不明な場合があるため、注意が必要です。

### 因果関係

**因果関係＝「原因」と「結果」の論理性があること**

**❶ 単純な因果関係**

| | |
|---|---|
| 例 | 誤って安い値札をつけた→通常の10倍売れた |

**❷ ニワトリとタマゴの因果関係**

| | |
|---|---|
| 例 | 視聴率が上がった→スポンサーがたくさんついた→人気俳優を抜擢できた→さらに視聴率が上がった |

因果関係の注意点として、①裏づけのない直感や思い込み（既存の枠組み）で因果関係を作ってしまう、②偶然の事実を主原因とみなしてしまう、③ニワトリとタマゴの関係を単純な因果関係とみなしてしまう、④相関関係を因果関係とを勘違いしてしまう、などが挙げられます。

因果関係と相関関係の違い、わかっているようでわからないよね？　因果関係とは、原因とそれによって生ずる結果との関係（☆→★）のこと。一方、相関関係とは、一方が他方との関係を離れては意味をなさないようなものの間の関係（☆←→★）のこと。たとえば「父と子」「右と左」などが相関関係だね

# 09 仮説思考ロジックの作り方を考える

## 効率的かつ効果的なロジックを作る

仮説思考とは、効率よく情報を集め、効果的に全体像を把握するためのプロセスのことです。手元で簡単に取れる情報から仮説を立て、結論を作ったうえで、その仮説を実証するために必要な情報を集める思考方法です。

### 仮説思考

**仮説思考のプロセス**

❶ 仮説を立てる

↓

❷ 仮説に基づく結論を持つ

↓

❸ その上で仮説を実証するのに必要な情報だけを集める

仮説が正しくない場合、原因を分析し、異なる仮説を立て、同じプロセスをとります。通常、結論を導くためのロジック作りに必要な情報は限られており、限られた情報を深く追究することで、説得力のある、効果的な報告やプレゼンを効率よく作ることができます。

次から見ていくように、仮説思考では、MECE（Mutual Exclusive and Collectively Exhaustive モレなく、ダブりなく）で考えることが重要なんだよ

# 10 MECE ①
# MECEとは
## 論理を整理するためのルールとは

課題に対する答え（結論）を相手に伝えるとき、その根拠にモレやダブリがあると、内容に関する信頼性を失います。論理を整理するルールは、MECE、つまり相互に重なりがなく、すべてを網羅する情報集合を作ることが大切です。

### MECEとは

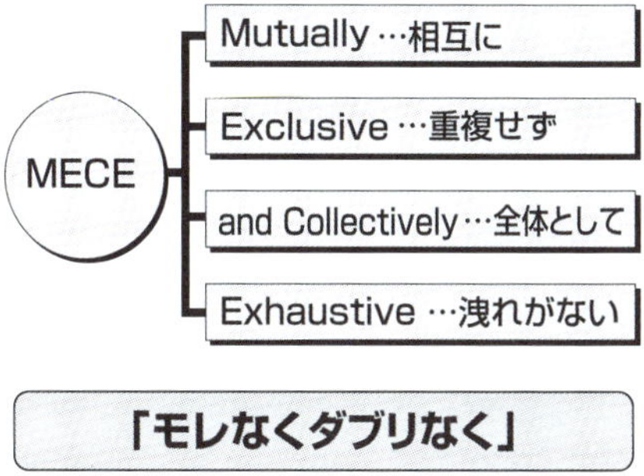


MECEを考えるうえで重要なポイントとして、整理したポイントのレベルを合わせることが挙げられます。たとえば、エリア別の情報を整理する際、「東京都・大阪府・愛知県・北海道・東北……」と並べた場合、ダブリはありませんが、都道府県の中に1つだけ「東北（地方）」という情報が入っています。エリアとしてはモレもダブリがなくても、レベルが合っていなければ同条件で比較することができないため、説得力のあるロジックを作ることはできません。

MECE（ミッシーまたはミーシーと読む）とは、情報収集、作業分割などで様々なカテゴリーに分けるにあたって、足りないもの、重複しているものなく、すべてを網羅して揃えることだ。MECEであるためには、常にあらゆる局面から検討してみる（モレを防ぐ）のに加えて、検討して出てきた結果を全体から見渡してみる（ダブリを防ぐ）ことが重要になるんだ

**11**

MECE ②

# グルーピング

## MECEを活かした情報の整理を行う

MECEを理解しても、実際にどのようなプロセスで情報を抽出していくかが曖昧だと、完璧な整理はできません。

**グルーピング MECEを活かした情報管理**

**グルーピングのプロセス**

❶ 役立ちそうな情報を全て挙げる

↓

❷ 情報をいくつかのグループに分類

↓

❸ MECEにならい、大きなモレ、重なり、ズレがないことを確認する

(Ref:ロジカルシンキング、東洋経済新報社、2001年)

MECEの整理には、①情報を挙げたうえで、②散らばっているデータを共通する属性で分類し、③モレ、ダブりがないようにそれらを束ねていく「グルーピング」をする必要があります。このグルーピングの過程でも、情報のレベルが合っているかどうか、ズレがないかを確認することが重要です。

たとえば、会社の課題の解決策を検討するために、何十もの解決策を意味もなく書き出すような光景は、残念ながら戦略的な「思考や行動」とは言えません。仮説思考で問題の原因を突き止め、その原因に基づく課題解決案をひとつひとつ絞り込んでいくことこそ、効率的に最善の意思決定をするための正しいプロセスなのです

# 12 MECE ③ 優先順位づけ

## MECEでメッセージを伝える

MECEで情報の整理をすることは重要ですが、その目的はきれいに整理をすることではなく、あくまでも整理を通して重要な結論を導くことであるはずです。その前提で、MECEに整理された情報に優先順位をつけていくことが重要です。

### MECEの後の優先順位付け

| 例 | 売上げを伸ばす方策 |
|---|---|
| ◎A案 | 企業の存続に関わり、今すぐ取り組む必要性のあるもの |
| B案 | 2、3年かけてゆっくり体質改善するべきもの |
| C案 | 重要性は比較的小さいが、すぐ改善できるもの |
| D案 | 重要性が比較的小さく、時間もかかるもの |

戦略策定やマーケティングでは、往々にして「分析＝目的」となってしまい、その分析から答えを導くことが目的であることが忘れられがちです。「何のための整理であるか」を常に考え、「そのためにはどのような情報の整理が必要か」を考え続けることが重要です。MECEに整理することだけに集中すると、問題の本質を見誤り、枝葉の議論に終止することになります。

たとえば、プレゼンテーションの場合、「わが社が取り組むべき課題は大きく分けて3つあります」といったように、あらかじめ優先順位の高い項目が厳選してピックアップされているとわかりやすいですよね

13

# フレームワーク思考

## MECEの枠組みを活用する

主観的な判断になりがちな日常の意思決定において、すでにMECEに情報が整理された情報を比較、分析、判断ができるようにする枠組みをフレームワークと言い、それらを積極的に活用する思考をフレームワーク思考と言います。

### フレームワーク思考

**フレームワーク**

質問に対して、その答えをMECEで論理的に導くためのツールとして、使われる枠組み

**例**

経営戦略ではPPMや競争優位の3つの基本戦略、5つの力(Five Forces)、アドバンテージマトリクス、バリューチェーン、マーケティングでは製品サイクル、4Pなど、ファイナンスではバランススコアカード(BSC)など。

マネジメント上のフレームワークには、「戦略のファイブフォース」や「マーケティングの3C」「マーケティングの4P」など多くの理論が含まれます。より多くのフレームワークを理解し、活用していくことが、効率よく情報を整理するために有効です。

代表的なフレームワークについては、それぞれの項目を見てね
3C(45ページ)
ファイブフォース(46ページ)
4P(56ページ)
PPM(60ページ)

# 14 ロジックツリー

## 原因や解決策を追究する

ロジックツリーは、MECEの考えのもと、「①問題の原因を追究する」「②問題の解決策（代替策）を考える」という２つの活用法を用いて、結論を導くまでツリー状に問題を分解していく概念を言います。

### 原因追究のロジックツリー

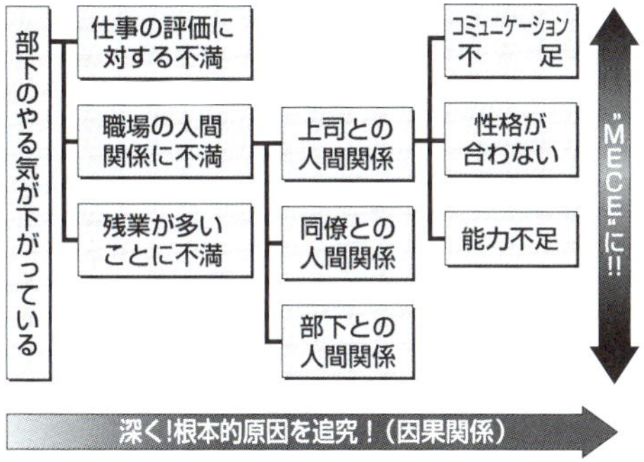


「原因追究を目的としたロジックツリー」では、Why（なぜ？）を繰り返すことで、原因をより小さな原因へ MECE に分解していきます。一方、「問題解決を目的としたロジックツリー」では、So What（それでどうする？）を繰り返すことで、解決案をより小さな解決案へ MECE に分解していき最終的な結論を導いていきます。

ロジックツリー（論理的“木”)。なるほどぉ、枝分かれしていて、木みたいだもんね

15

ピラミッド構造①

# ピラミッド構造

## 相手にわかりやすく伝える

相手にとってわかりやすい報告やプレゼンをするには、まず主たる大きな考えや結論を提示し全体像を説明したうえで、この大きな考えをサポートする小さな考えをピラミッド構造でまとめることです。

### ピラミッドの構造

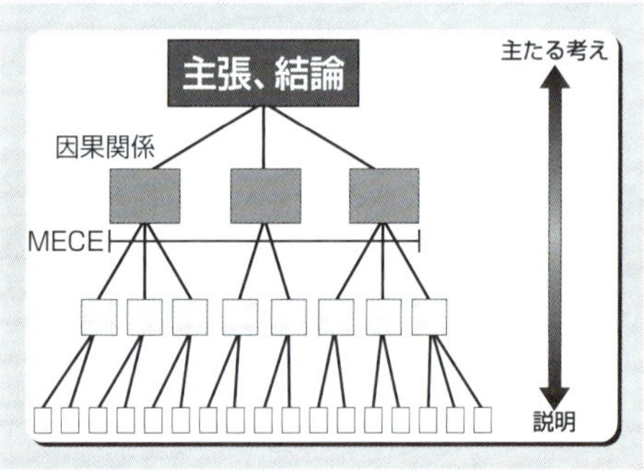


このピラミッド構造は、①縦の関係、②横の関係、③導入部のストーリー展開、の３つの基礎構造によって成り立ちます（次項以降を参照）。

たとえば、300ページの本の中身を300項目の個別ポイントに並列で並べても、情報を整理することは難しいです。300ページの本であっても、最初にタイトルがあり、続いて章が６つ、その下に節が５つずつ、段落が２つずつ、センテンス５つずつあれば、主となるメッセージは６つ（章）であり、情報ははるかに整理しやすくなり、理解もしやすくなります

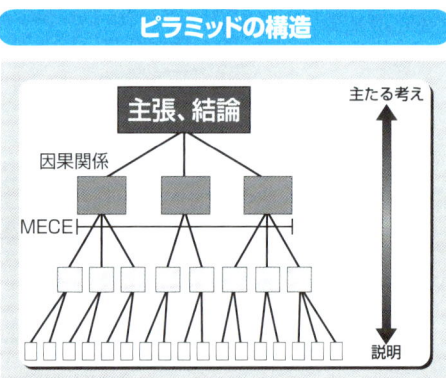

# 16 ピラミッド構造②
# 縦の関係

## 主となるポイントと補助ポイントの関係とは

主ポイントと補助ポイントの縦の関係とは、原因追究／問題解決のロジックツリー同様、なぜ(Why?)／それでどうする(So What?)を繰り返して情報を分解していくことを指します。

**ピラミッド構造の詳細①**

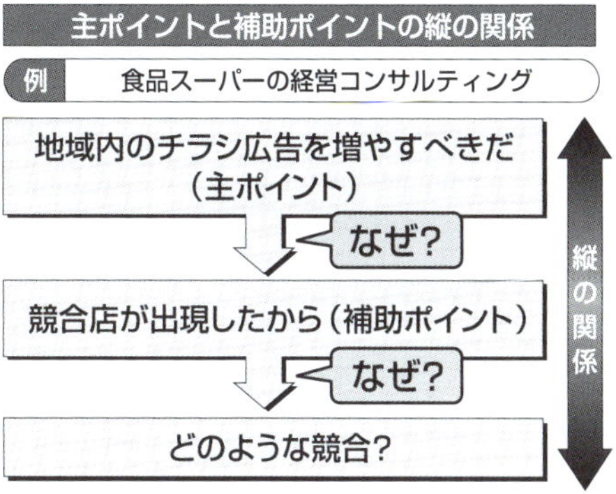


相手が疑問を持たないところまで具体的なポイントへ分解・落とし込みを行うことが重要です。もし情報の分解が具体的なレベルまで達しないままストップしてしまった場合は、十分説得性のあるロジックができていないということです。再び具体的な情報に分解できるところまで、リサーチを行う必要があります。

ピラミッド構造（Pyramid Principle）は、元マッキンゼーのコンサルタント、バーバラ・ミント（Barbara Minto）が提唱したクリティカルシンキングのフレームワークです。論理をわかりやすく展開し、思考の順序に沿って相手を誘導していく方法です

17

ピラミッド構造③

# 横の関係

## 補助ポイント同士の横の関係とは

補助ポイント同士の横の関係とは、ロジックを作る基礎となる論理展開の2つの方法である演繹的論理展開、帰納的論理展開を活用することで、情報を論理的に答えることを指します。

**ピラミッド構造の詳細②**

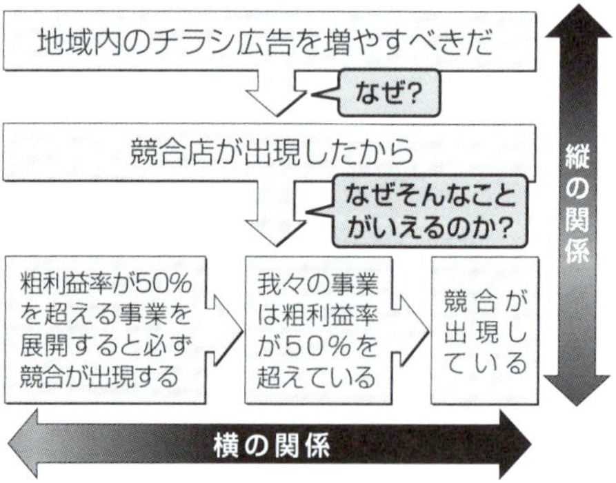


論理展開の方法や因果関係を考えるうえでの注意点と同様、「事実が誤っていないか」「思い込みの情報を前提にしていないか」「偶然の事実を主要因としてロジックを作っていないか」など、その中身にも注意する必要があります。

ピラミッド構造をうまく使えるようになると、ビジネス上の問題解決やプレゼンテーションでとても役に立ちますよ

18

ピラミッド構造④

# ストーリー展開

## 導入部のストーリー展開はどうか

導入部のストーリー展開は全体の中でも特に重要です。忙しい相手をひきつけるストーリー展開には、「①状況→②複雑化→③疑問→④答え」という古典的なストーリー展開が重要と言われています。

### ピラミッド構造の詳細③

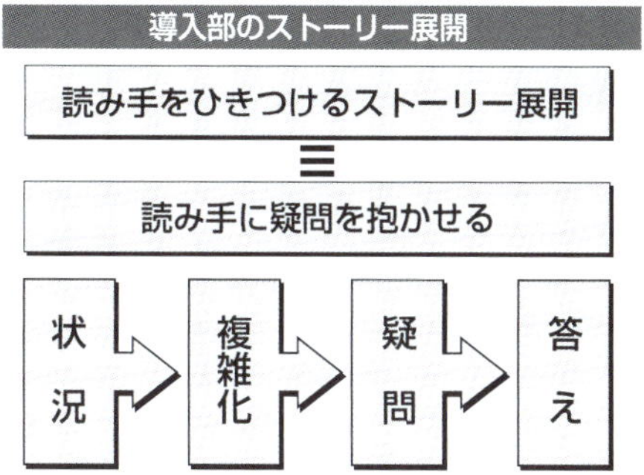


このプロセスでは、「①まず相手が知っている事実を述べ（状況）」→「②その周知の事実に相手が知らない変化を与え（複雑化）」→「③その変化によって相手が感じた疑問に対する答えに興味をひかせ（疑問）」→「④最後にピラミッド構造の縦と横の関係に注意しながらその疑問に答える」といったステップをたどります。

ストーリー展開の例を挙げてみます。

❶状況「今わが社の状況はよくないため、変わらないといけない」
❷複雑化「しかし、弊社の製品が他の用途でも活用できることがわかった」
❸疑問「えっ、それはどこ？」
❹答え「実は弊社の○○が△△で人気であることが証明された」

19

ピラミッド構造⑤

# 構造の作り方

## どのようにピラミッド構造を作るか

答えがすでにわかっている場合、仮説思考を元に上のレベルから順に考えるトップダウン型アプローチをとります。一方、答えが不明な場合、事実をすべてリストアップし、そこから何が導けるかを下のレベルから順に考えるボトムアップ型アプローチをとります。

### ピラミッド構造の作り方

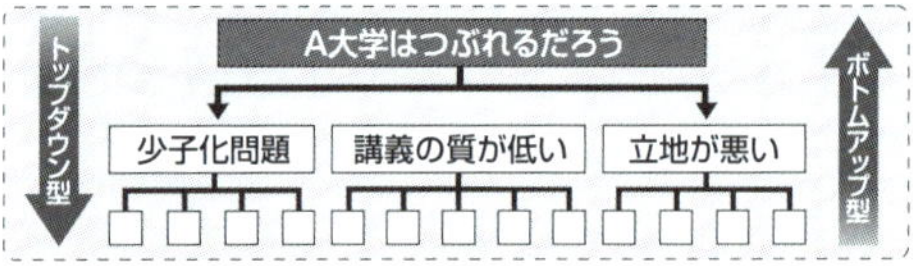


**トップダウン型**

「A大学はつぶれる」なぜなら、「少子化」「講義」「立地」の問題を抱えているからだ。まず「少子化」の問題だが…、次に…。

**ボトムアップ型**

「少子化を示すいくつかの情報がある」「講義の質の悪さが及ぼす悪影響を示すいくつかの情報がある」「立地の悪さが大学経営に与える悪影響に関するデータがある」→「これらの問題をすべて抱えるA大学はつぶれる」

ボトムアップ型アプローチをとっていても、最終的に相手へ見せるアウトプットは結論から順に、枝葉へと流れる構造をとることに注意する必要があります。ボトムアップ型とは、あくまで結論を導き出すためのアプローチであり、相手に納得させるための文章や図表の構造とは別であると考える必要があります。

ボトムアップ型のアプローチで考える場合、クリティカルシンキングの大前提でもある“客観的”に“モレなく、ダブリなく”項目をリストアップすることが特に気をつけるポイントなんだね

# 第2章

# マーケティング

*Marketing*

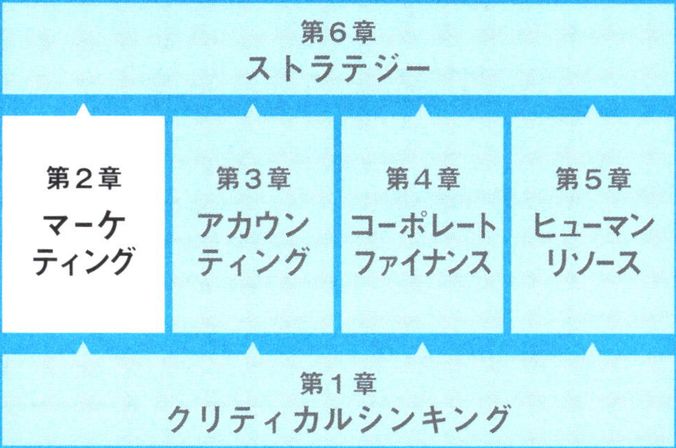


すべての人に向けられた商品は、どの人にも
受け入れられません。絞られた対象顧客に対して、
いかに競合との差別化を図りながら商品を
提供できるか。現実のビジネスの世界でモノが
売れる大前提は、顧客ニーズのリサーチと
対象の絞り込みで決まると言われています。

# 20 マーケティングとは

## 売れない時代に必要なマーケティングの知識

マーケティングとは、人々が必要とし欲求するものを、製品やサービスを通じて満たすプロセスのことです。ただし、マーケティングが成立するには、買い手と売り手の間に満足やお金といった価値の交換がされなければなりません。

### マーケティングとは

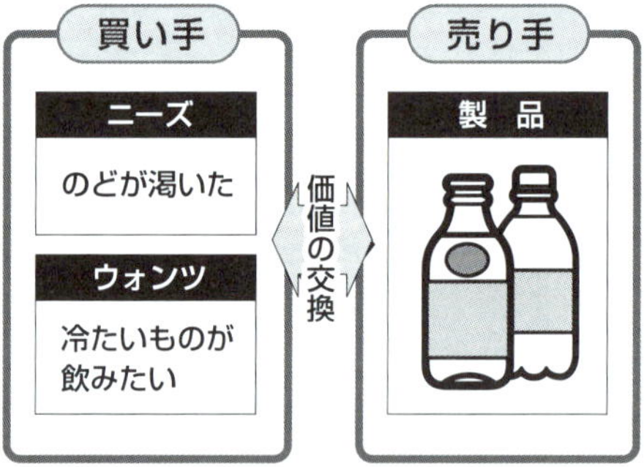


たとえば、「のどが渇いた」というニーズの中に、「冷たいものが飲みたい」というウォンツがあります。このウォンツを満たすための製品を考えるプロセスがマーケティングで、その製品としてビールやコーラなどが挙げられます。「お腹がすいた」というニーズの中でも、「仕事をしながら気軽に食べられるランチ」というウォンツがあれば、これを満たすためにメーカーはコンビニのおにぎりやファーストフードのハンバーガーという製品を考えます。

「マーケティング」とは「市場調査」のことではありません。市場調査はマーケティング活動における一連のプロセスの1つにすぎません。マーケティングを強いて日本語にすると、「市場適合」というところでしょうか

# 21 マーケティングの概念

## 変化を遂げてきたマーケティングの概念

マーケティングの概念の変化は、2つの視点で分けることができます。1つは「生産指向→製品指向→販売指向」という生産側の視点の変化であり、もう1つは「マーケティング指向→社会志向」とう消費者と生産者双方の視点での変化です。

### マーケティングコンセプトの変遷

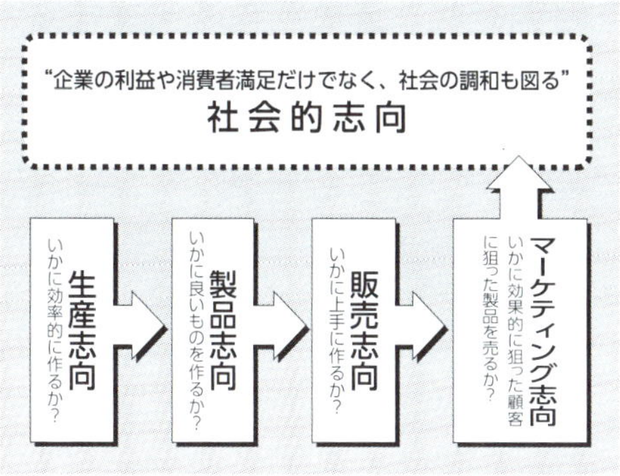
"企業の利益や消費者満足だけでなく、社会の調和も図る"
社会的志向
生産志向
いかに効率的に作るか?
製品志向
いかに良いものを作るか?
販売志向
いかに上手に作るか?
マーケティング志向
いかに効果的に狙った顧客に狙った製品を売るか?

マーケティングは顧客ニーズに注目します。競争が激しくなる中でこれまで以上に顧客の目が厳しくなり、この顧客を満足させるために顧客の立場に立った視点でマーケティングを考える必要性が増してきたのです。

「販売」と「マーケティング」の違いはいったいどこにあるのでしょう?「販売」の出発点は工場で、注目すべき点は「製品」であるのに対し、「マーケティング」の出発点は市場で、注目すべき点は「顧客ニーズ」であるという点です

# 22 マーケティングの役割変化

## 売れない時代こそ高まる重要性

「作れば売れる時代」が終わった今、顧客のことを考えてモノを作らなければなりません。顧客ニーズを第一に考えれば、ニーズを企業に伝えるマーケティング活動は企業における中心的役割を与えられることになったと言えます。

### 企業におけるマーケティングの役割に対する見方の変遷

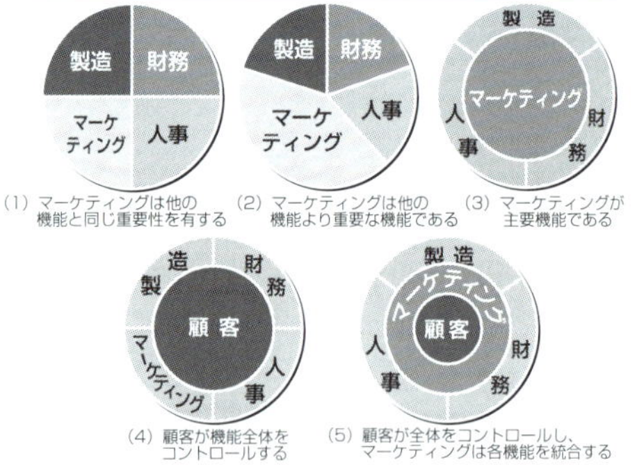

(1) マーケティングは他の機能と同じ重要性を有する

(2) マーケティングは他の機能より重要な機能である

(3) マーケティングが主要機能である

(4) 顧客が機能全体をコントロールする

(5) 顧客が全体をコントロールし、マーケティングは各機能を統合する

出所:P・コトラー「マーケティング・マネジメント(第7版)」プレジデント社、1996年、19頁

競争が激化し、市場の成長も鈍化する限られた成熟市場では、既存顧客の維持により注力するなど、「いかに効果的にモノを販売していく仕組みを作るか」というマーケティング機能の重要性が高まっていると言えます。

「近代マーケティングの父」と呼ばれるのが、ノースウェスタン大学ビジネススクール教授のフィリップ・コトラーです。代表的著書『マーケティング・マネジメント』は1967年の初版以来、現在まで改訂が続けられ、世界中のビジネススクールでマーケティングの教科書に採用されています

# 23 マーケティング戦略と戦略マーケティング

## 重要性を増すマーケティングにおける戦略

従来のマーケティングは、企業全体の戦略を成し遂げるための個別戦略の１つに過ぎなかったと言えます。しかし今日、全社戦略と同等の立場からマーケティングをとらえていこうとする戦略的マーケティングの考えが主流になっています。

**マーケティング戦略と戦略的マーケティング**

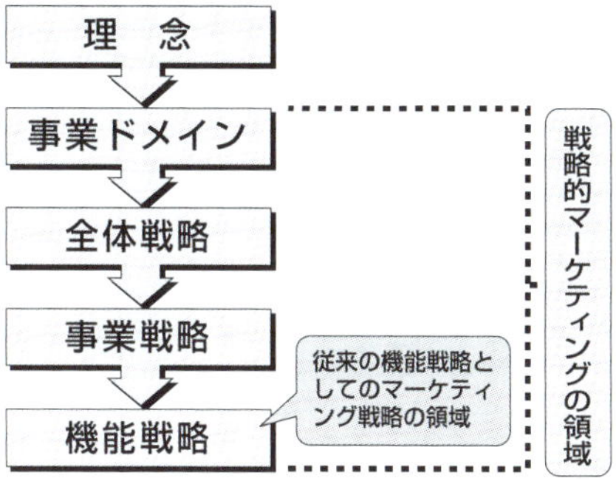


広義のマーケティングとは、経営戦略の一部ですが、単なる独立した機能ではなく、会計や財務、人事と同様、経営戦略に基づいた重要な役割と言えます。

「戦略」に似た言葉に、「戦術」があります。「戦略」とは、長期的・全体的展望に立って最終的な目標を定め、その達成のためにプランを立てることです。一方、「戦術」は、個別の案件における具体的な対応の方法です。つまり、全社的視点に立って市場での目的達成を目指すために重要なものが戦略的マーケティングであり、そこに含まれる個別の戦略の１つがマーケティング戦略です。さらに、戦略を実行する際の具体的な行動が戦術と言えるでしょう

# 24 マーケティング・プロセス

## マーケティング戦略の策定の手順

マーケティング戦略の策定の手順として、「①マーケティングの環境分析」をし、「②標的とする市場を選んだ」上で、「③マーケティングミックスを最適化する」という一連のプロセスが重要となります。

**マーケティング戦略策定プロセス**

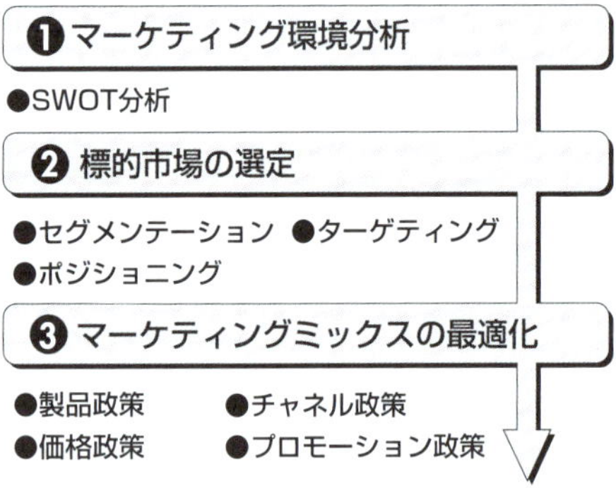


環境分析の後、市場を分割し、その中のある市場を狙い、最後にライバル企業と差別化をしていく過程で、「①市場の規模」「②成長性」という2つの前提が重要になります。この前提を満たし、継続的に優位性を保つ市場にはどのような市場が挙げられるかを探ることが重要なステップと言えます。

図中のそれぞれの項目については、本書の以下の項目で詳しく取り上げていますので参照してください。SWOT分析……項目25、セグメンテーション……項目34、ターゲティング……項目36、ポジショニング……項目37、製品政策……項目39～、価格政策……項目46～、チャネル政策……項目51～、プロモーション政策……項目56～

# 25 環境分析①
# SWOT 分析

## どのように環境分析を行うか

環境分析を行う際の代表的なツールがSWOT分析です。自社の「①強み」「②弱み」、外部環境の「③機会」「④脅威」を基にマトリックスを作成し、事業環境を総合的に分析することで事業の進むべき方向性を明確化します。

### SWOT分析

| | 好影響 | 悪影響 |
|---|---|---|
| 外部環境 | 機会 (O) | 脅威 (T) |
| 内部環境 | 強み (S) | 弱み (W) |

| | 機会（Opportunity） | 脅威（Threat） |
|---|---|---|
| 強　み (Strength) | (1) 自社の強みで取り込むことができる事業機会は何か | (2) 自社の強みで脅威を回避できないか？　他社には脅威でも自社の強みで事業機会にできないか |
| 弱　み (Weakness) | (3) 自社の弱みで事業機会を取りこぼさないためには何が必要か | (4) 脅威と弱みが合わさって最悪の事態を招かないためには |

事業環境を SWOT で分析しメッセージを抽出する際には、主観を避け、できる限り具体的に裏づけとなる客観的分析を行うことが重要です。この際、内部や外部における財務状況など定量的な分析が可能な部分と、従業員の能力や組織のモチベーション、競合同士の能力の比較など定性的な分析を具体的に行う部分の 2 つの視点で考える必要があります。

定量的とは「ものごとの量を定めて考えること」で、定性的とは「ものごとの性質を定めて考えること」だね。また、SWOT 分析にきれいにまとめただけで満足してはいけないよ。結局、これも「結論」を出すための分析に過ぎないのだからね

# 26 環境分析②
# 外部環境～マクロ環境

## 外部環境のマクロ環境にはどんなものがある

外部環境のうち、マクロ環境の分析は、①政治的、②経済的、③社会的、④技術的環境の４つの分析（PEST分析）が挙げられます。③の社会的環境は、さらに「人口統計学的環境」と「社会・文化環境」に分けられます。

**外部環境　～マクロ環境～**

| | |
|---|---|
| 人口統計学的環境 | 少子高齢化の進展など |
| 経　済　環　境 | 円高、失業など |
| 技　術　環　境 | 技術革新など |
| 政治・法律環境 | 規制緩和、政権交代など |
| 社会・文化環境 | 共働き世帯の増加など |

マクロ環境分析を行う際に注意すべきは、環境の変化に関する視点です。これは自社の事業ドメインにおける現状のPESTの環境が今後どのように変化するのかということを指します。特に環境分析で抽出した情報は、事業を絞り込んでいく上での大前提となるため、環境が変化するとその大前提が変化し、重大なギャップを生む危険性があります。

SWOT分析の外部環境のうち、マクロ環境を構成する①政治的（Political）環境、②経済的（Economic）環境、③社会的（Social）環境、④技術的（Technological）環境の英語の頭文字を取って、特にPESTと言います。このフレームワークによって、マクロ環境をモレなく分析し、将来起こりうる変化を予測することができるようになるんですね

# 27

## 環境分析③

# 外部環境～ミクロ環境

## 顧客分析では、何について調べればよいのか



外部環境の顧客分析は大きく２つの視点で行われます。１つは顧客の基本属性をもとに、どの市場が自社に影響があるか分析する視点。もう１つは消費者行動分析であり、顧客の製品購入プロセスから顧客を分析していく視点です。

### 外部環境　～顧客～

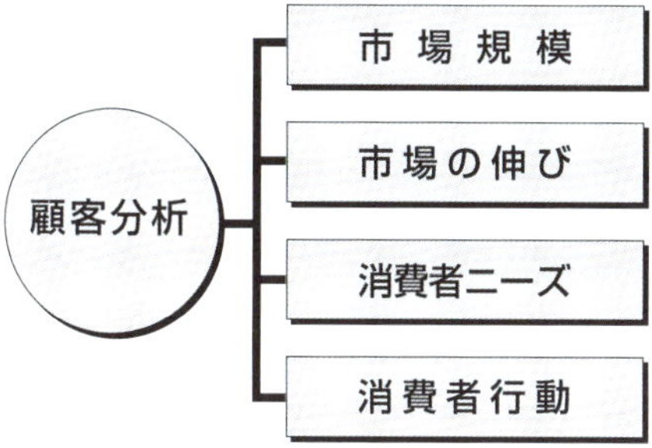


顧客と市場は重ねて用いられることが多く、環境分析のもう１つのフレームワークでもある３Ｃでも「競合」「自社」「顧客（市場）」に分けています。常にモレやダブリのない前提で分析対象を分けることが分析をする上で最も重要な前提となります。

「競合（Competitor）」「自社（Company）」「顧客（Customer）」の３つの頭文字をとって、「３Ｃ」と言います。企業の現状を分析するための根本的な３つの要素ですね

28

環境分析④

# 外部環境〜ミクロ環境

## 競合分析をする際にどこに着目していくべきか

競争業者とは、市場を争う相手ですが、競合分析で検討する競争業者には「①既存の競争業者」だけでなく、潜在的な相手も含めて検討する必要があります。その代表的なものが「②新規参入業者」と「③代替品取扱い業者」です。

### ファイブフォース分析（five forces analysis）

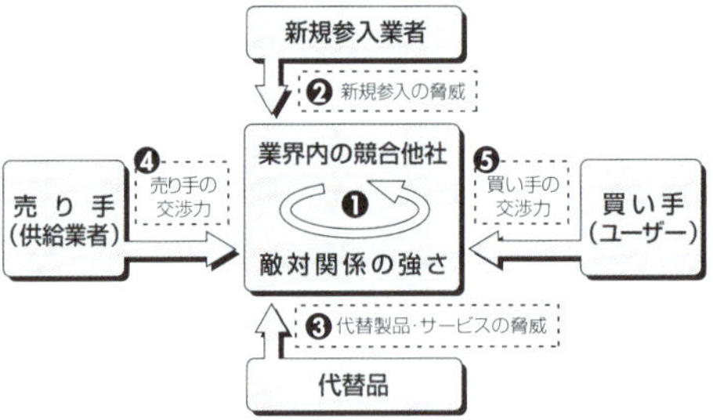


出所：M.E.ポーター著、土岐坤他訳『新訂 競争の戦略』ダイヤモンド社、1995年

上記の３つの競争業者から受ける脅威に加え、事業を行う上で必要となる自社に対する「④売り手（供給業者）の交渉力」と「⑤自社にとっての買い手（法人顧客、流通業者、消費者など）の交渉力」といった２つの力を含め、競争環境に影響を及ぼす５つの力について分析するフレームワークにファイブフォース分析があります。

ファイブフォース分析を考えたのは、『競争の戦略』で知られるハーバード大学ビジネススクール教授のマイケル・E・ポーターです。競争戦略論と国際競争力研究の第一人者で、様々な国々で数多くの企業や政府機関のアドバイザーとしても活躍しています。日本にも崇拝者が多いですね

# 29

### 環境分析⑤

# 内部環境（自社）

## 自社の強み･弱みは何か

企業が保有する経営資源の強み、弱みを分析する際の視点として、①技術力、②生産能力、③市場シェア、④人材･組織、⑤財務力、⑥購買力、⑦販売力の７つがあります。これらがどの程度の力を示しているかに注目します。

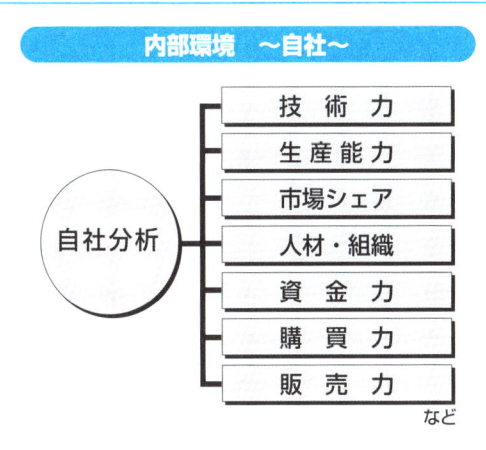

**内部環境　～自社～**

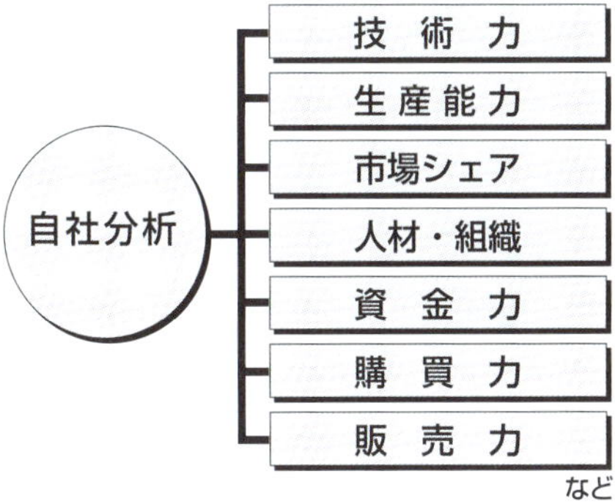


①技術力……（例）他社にない生産技術や商品開発力
②生産能力……（例）他社より短期間で大量の製品が生産できる
③市場シェア……（例）他社より大きな市場を確保している
④人材・組織……（例）優秀な人材を多く確保している
⑤資金力……（例）財務基盤がしっかりしている
⑥購買力……（例）他社より安いコストでものを購買できる
⑦販売力……（例）マーケティング力や販売力が優れている

内部環境分析で重要なことは、「どの部分」が強みなのか、「どの競合」に比べて「どの程度」あるのか、ということを裏づけとともに“超”具体的に明確にすることだね。何となく、独りよがりの強みになりがちだから注意が必要だね

**30**

# マーケティングリサーチの役割・手順

## 市場を絞り込むためのリサーチ

現実の市場に必要なニーズと可能性について理解するために、最も直接的で重要な手段がマーケティングリサーチです。このプロセスをいかに地道かつ確実に行うかによって、競争優位の獲得可能性に影響が出てきます。

### マーケティングリサーチのプロセス

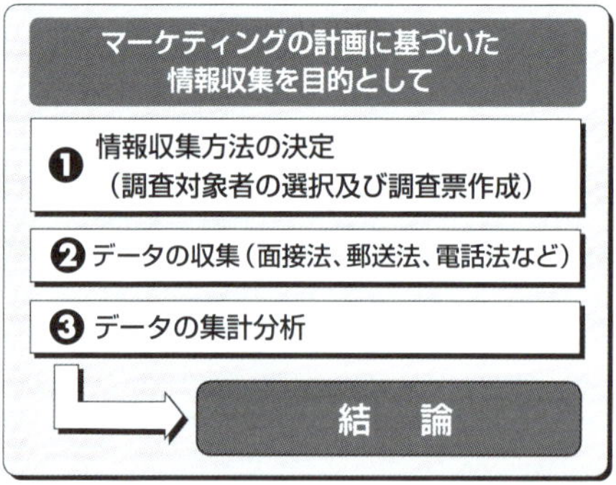


マーケティングリサーチでは、マーケティング計画立案の目的で、①「情報収集方法の決定」→②「データの収集」→③「集計分析」というステップにより結論を出します。企業と顧客をつなぐ唯一の直接的な情報収集方法であるこのプロセスは、１回だけに終らせずに継続的に行うべきです。

マーケティングリサーチでは、「人口統計・経済・自然・技術・政治・文化など」のマクロ環境と、「自社・競合相手・顧客・協力者など」のミクロ環境それぞれを含んだデータを、モレなくダブりなく（MECE）収集し、分析することが特に重要です

# 31 調査対象者の選定、調査票の作成

## 調査対象者をどのように選べばよいのか

調査対象を選ぶ方法として次の２つが挙げられます。１つは「有意選出法」と呼ばれ、予め定められた定義をもとに代表性があるとされる対象者を選ぶもの。もう１つはランダムに対象を選び出す「無作為抽出法」と呼ばれるものです。

### 対象者の選定

**❶ 有意選出法**

代表性があると思われる対象者を選出

| | |
|---|---|
| 1.典型法 | 対象者をできるだけ全体を代表するようにあらかじめ典型的といえるための条件を設定しておき、それに従って選ぶ方法 |
| 2.割当法 | サンプルの代表性を保つために、前もって各基準及びその対象者数を割り当てる |

**❷ 無作為抽出法**

乱数表を用いるなどして確率的に対象者を抽出

有意選出法は少ないサンプル数で全体を代表するようなサンプルを抽出できますが、条件に該当する対象者の設定などの作業において主観が介入するリスクがあります。一方、無作為抽出法は抽出時の主観が入らない反面、サンプル数が少ない場合に例外と言えるサンプルからの特殊な答えが代表的な結果として強調されてしまうリスクがあります。

少ない予算と調査対象で行うなら有意選出法、大規模で行うなら無作為抽出法。重要な共通項は、調査対象自体が偏らず（調査目的に沿った調査対象の代表制を持っている）、統計学的に有意な調査になっているということだね！

# 32 データの回収

## 望ましいデータの回収方法とは

データの回収方法には、①面接法、②電話法、③郵送法、④留置法、⑤集団面接法、⑥インターネット、などがあります。それぞれ長所短所があるので、目的に沿った方法を検討する必要があります。

### データの収集とその有効性

**データ収集方法**

| | |
|---|---|
| ❶ 面接法 | 調査員が直接面接して質問し回答を書き取る |
| ❷ 電話法 | 電話で質問し回答を書き取る |
| ❸ 郵送法 | 調査票を郵送し回答済み票を返送してもらう |
| ❹ 留置法 | 記入済み調査票を後で回収する |
| ❺ 集団面接法（グループインタビュー） | 座談会方式で出席者5～8人からヒアリング |

調査により上がってきたデータは、上記いずれの収集方法をとっても誤差が発生します。以下のような原因が考えられるため、事前に確認しておく必要があります。①企画自体が適当でない、②対象者が適当でない、③拒否などでデータが取得できない、④回答内容に信頼性がない、⑤調査データの集計ミス。

最近はインターネットを使ったアンケートが増えているよね。面接法や郵送法に比べて、期間が短く、費用も抑えられるので、即時性が求められるテーマに適しているんだね。でも、その反面、量の多い質問や込み入った質問をするのには向いていないので、比較的簡単な調査内容に使われることが多いようだよ

# 33 ターゲットマーケティングの必要性

## ターゲットマーケティングとはいかなるものなのか



経営資源を自社の強みを活かせる市場に絞って効率的に投入し、効果的に競合と差別化をしていくマーケティングを「ターゲットマーケティング」と呼び、下の図のような3つのステップに分けられます。

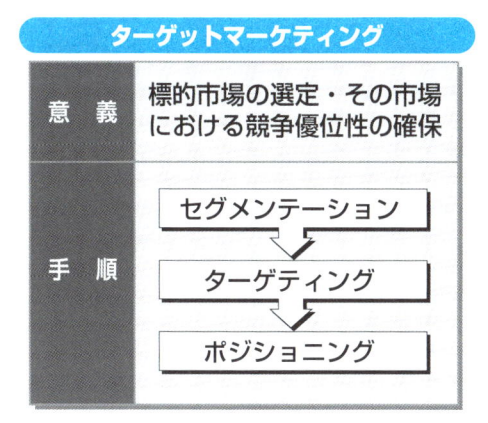

**ターゲットマーケティング**

| | |
|---|---|
| 意義 | 標的市場の選定・その市場における競争優位性の確保 |
| 手順 | セグメンテーション ↓ ターゲティング ↓ ポジショニング |

環境分析、標的市場の選定、マーケティングミックスの最適化というマーケティング戦略策定プロセスの2番目のステップです。このステップは、マーケティングミックスを考え、戦術的な方法論へと落とし込んでいくところまで含みます。今後のプランの前提となる方向性を設定する重要なステップです。

簡単なようだけど、マーケティングにおいてはココが最も重要なポイントですよ‼
ここでターゲットを絞り込めなかったり、見当違いな方向に進んでしまうと、全部が狂ってしまうから注意が必要だね

# 34 セグメンテーション

## 市場をセグメントする理由

セグメンテーションとは、ある一定の基準によって同質と考えられる小集団に細分化することです。消費者のニーズが多様化した現代では、セグメンテーションなしにすべての人のニーズを満たすような製品を提供することは困難です。

### セグメンテーションとは

| 所得／年齢 | 300万円以下 | 301万円〜500万円 | 501万円〜700万円 | 701万円〜900万円 | 901万円〜1000万円 | 1000万円以上 |
|---|---|---|---|---|---|---|
| 10代 | | | | | | |
| 20代 | | | | | | |
| 30代 | | | | | | |
| 40代 | | | | | | |
| 50代 | | | | | | |
| 60代 | | | | | | セグメント |
| 70代 | | | | | | |

各種セグメントにより網の目状に市場を分けることは、その網の目の１つまたは少数のセグメントに絞り込むターゲティング作業の土台を作る重要なステップです。また、複数の異なる基準を用いたマトリックスを作ることで、最も自社の強みを活かせる、目指すべき市場が見えてきます。

セグメンテーションのポイントはズバリ、その後のステップで市場を絞り込める（ターゲティング）ように市場を細かく分割することです。具体的に言うと、「若手の男性」といった粗い区分けはあまり意味がないということです

# 35 セグメントの基準について

## セグメントの分け方は４つある

セグメントに細分化する際の基準として、①住まいのエリアなどの地理的変数、②年齢、性別などの人口統計的変数、③ライフスタイル、性格などの心理的変数、④製品に対する態度、追求便益などの行動的変数の４つが挙げられます。

### セグメンテーション変数

| | |
|---|---|
| 地理的変数 | エリア、都市規模、人口密度、気候など |
| 人口統計的変数 | 年齢、性別、家族数、所得、職業、家族ライフサイクルなど |
| 心理的変数 | 社会階層、ライフスタイル、性格など |
| 行動的変数 | 追求便益、使用者状態、使用頻度、ロイヤリティー、購買準備段階、製品への態度など |

あるセグメントが魅力的かどうか判断する際、様々な変数をもとに総合的に判断する必要があります。判断材料としては、製品のライフサイクル、参入障壁、競合他社の戦略などが挙げられます。①「市場規模と成長率」、②「セグメントの構造的魅力度（収益性）」、③「自社の目標と強み（資源）との整合性」といった３つのポイントを確認した上で、自社に最も魅力的なセグメントを標的市場として選ぶことが重要です。

年代にしても機械的に 10 歳刻みにするのではなく、小学校６年生、中学校３年生、高校３年生、大学４年生といったように、人生のイベントごとの年齢に分けることで市場の特性やニーズを絞り込むことができます。より細かく絞込みができるようなセグメンテーションの軸を設定することが重要だよ

# 36 ターゲティング

## どの市場セグメントを選択するのが最適か

セグメントを評価した後は、ターゲットの選定に移ります。選定の方法としては、①集中型マーケティング、②差別型マーケティング、③無差別型マーケティングの３つの手段があります。

### 市場細分化の戦略展開（P・コトラー）

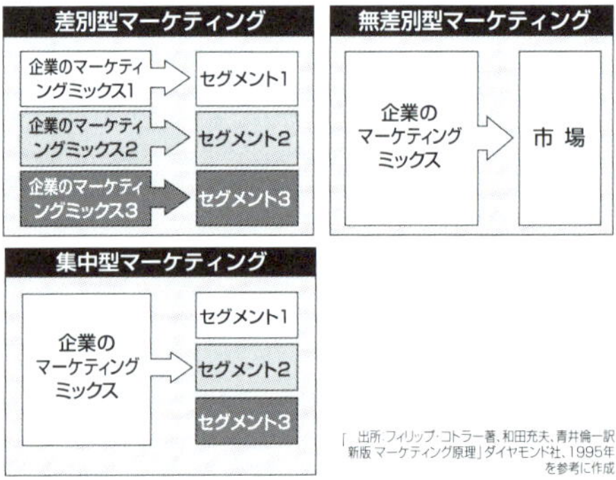


「出所:フィリップ・コトラー著、和田充夫、青井倫一訳 新版 マーケティング原理」ダイヤモンド社、1995年を参考に作成

ターゲティングと言いながらも、市場セグメントの違いを無視した無差別型マーケティングが含まれます。これは市場のフルカバレッジ戦略をとることのできる大資本の企業において、セグメントの違いを認識しながら、購買者の違いではなく基本的購買者ニーズに焦点を合わせることで、単一の製品やサービスで効率的に市場全体をターゲット（ラインが少ないため効率的にマーケティングが可能）とすることです。

フルカバレッジ戦略もマーケティング戦略の一つですが、これができる企業はある程度限られています。つまり、トヨタのように市場すべてに対してさまざまな商品（高い、安い、若者向け、年配者向け、カジュアル、フォーマル、スポーティー…）を投入する（フルライン・フルカバレッジ戦略）には、膨大な資金と生産能力（提供能力）が必須となります

# 37 ポジショニング

## 競合との差別化をどのように打ち出すか

ポジショニングとは、選択した市場セグメントにおいて競合に対する自社の競争優位性を見つけ、明確な差別化を訴えられるポジションを築くことです。差別化の要素には、機能特性、品質のばらつき、耐久性、デザインなどがあります。

### ポジショニングマップ

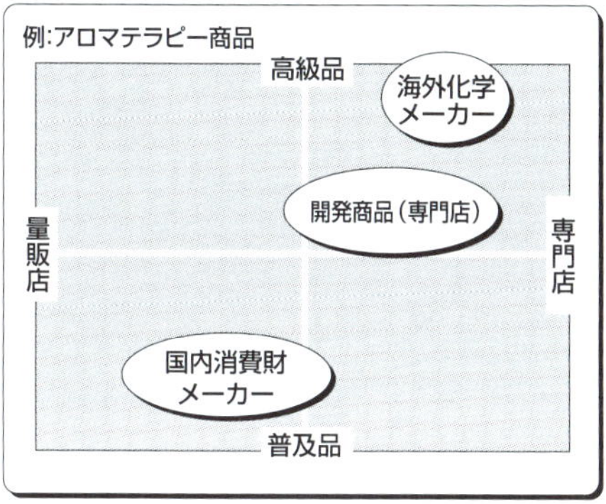


差別化を明確にする方法の１つがポジショニングマップです。競合に対してどこで差別化を図るのかを複数挙げ、その要素をマトリックス上の縦軸と横軸に設定します。ターゲティングしたセグメントで「競合との違いを明確にするための必要な軸」を選び、競合と「対照的な位置に来るようにマッピングすることが重要です。つまり、ポジショニング前の時点でマーケットリサーチなどを通じて、潜在顧客にとっての重要な特徴を十分に把握しておきます。

「高品質ー低品質」「高デザイン性ー低デザイン性」といった軸でポジショニングマップを作る人を見かけますが、自社のメリットと他社のデメリットを比較してもあまり意味がありません。重要なのは、競合と対称になる軸を見つけることです。一般的に左下に競合、右上に自社が来るように位置づけます

# 38 マーケティングミックス

## ポジションの確立へ向けた4Pの組み合わせ

市場セグメント内で自社が狙うポジションを確立するためには、①製品(Product)、②価格(Price)、③流通(Place)、④プロモーション(Promotion)の4つのPを組み合わせ、最適なマーケティングミックスを策定します。

### マーケティングミックスの構築

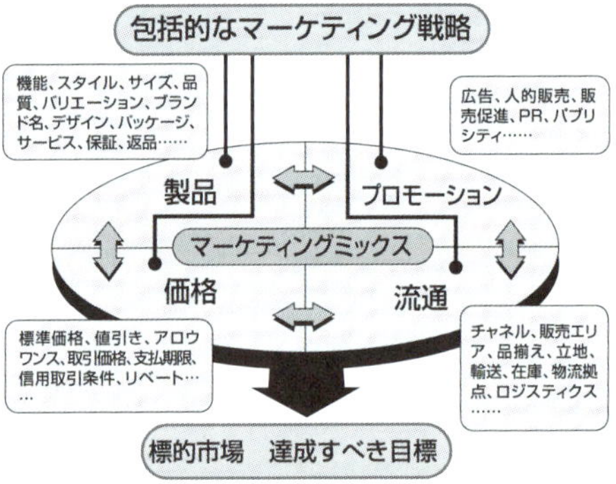


マーケティングミックスとは、標的市場に対し、企業がコントロールできる様々な手段を組み合わせることで目標を達成しようとするものです。重要なのは4つのPを“最適に”組み合わせることです。高機能・高品質・高価格というブランディングをしながら、安価品をメインに扱う量販店中心に流通させるなど、「戦略の一貫性がなく、矛盾した、個別政策の寄せ集め」的な施策は最適なマーケティングミックスが行われているとは言えません。

ルイヴィトンなどの高級品は、百貨店でも販売されている一方で、必ずテナントにも入っています。これは典型的な限定的チャネル政策ですが、従業員の質から売り場のトーンまで含めた、一貫性のある設計が必要になってくるのです

# 39

## ４つのＰ①製品政策
# 製品の５次元

### 製品は５つの次元で構成されている

製品には次の５つの次元があります。すなわち、製品の便益を表す①「中核ベネフィット」、製品の基本的なデザインを表す②「一般製品」、③「期待された製品」、④「拡大された製品」、⑤「潜在的製品」の５つです

**製品の5次元**

出所：P.コトラー「マーケティング・マネジメント（第7版）」プレジデント社、1996年

自転車の場合、以下のように構成されていると言えます。
①中核ベネフィット……人に移動手段を提供
②一般製品……タイヤやサドル、スポークからなる構造
③期待された製品……よく効くブレーキや快適なサドルなど
④拡大された製品……電動モーター、無期限補償など
⑤潜在的製品……その製品の将来のあり方を示すもの（例　ハイブリッド型駆動力）

当然のことですが、ここで言う「製品」とは、単にモノだけに限りません。最新鋭の自動生産システムの場合、ハード機器だけでなく、それを動かすためのソフトや、歩留まりや故障が発生した際に対処するマンパワー（サービス）なども含まれます

40

4つのP①製品政策

# 製品分類とプロダクトミックス

## 製品をどう組み合わせるのが市場に効果的か

製品は大きく「物理的特性による分類」と「用途別分類」に分けられます。前者は耐久財、非耐久財、サービスの３つに、後者は消費財と生産財の２つに分けられ、消費財はさらに最寄品、買回品、専門品の３つに分けられます。

### 消費者の購買特性による製品分類

| 分類 | 特徴 |
| --- | --- |
| 最寄品 | 習慣的購買<br>高い購入頻度<br>製品に関する高い事前知識 |
| 買回品 | 比較購買<br>低い購入頻度<br>製品に関する低い事前知識 |
| 専門品 | ブランド指名買い<br>低い購入頻度<br>製品に関する高い事前知識 |

分類した製品を①幅、②長さ、③深さ、④一貫性の視点からミックスすることで、多様化する消費者ニーズに応えることができます。

①製品ミックスの幅……製品ラインの数

②長さ……プロダクトミックスに含まれる全アイテム数

③深さ……製品ごとの種類数

④一貫性……各製品ラインの製品の機能面、流通経路などにおける関連性

電化製品や自動車などの耐久財は、利幅は大きいけど、人的販売や保証、アフターサービスが必要。食料品や石鹸、蛍光灯などの非耐久財は、利幅は小さいけど短期間で消費され、頻繁に購入されるので積極的な広告が必要。ホテルやコンサルタントなどサービスは、充分な品質管理が重要になってきますね

# 41 ４つのＰ①製品政策
# プロダクトライフサイクル

## 製品のライフサイクルごとのマーケティング

製品には、①導入期、②成長期、③成熟期、④衰退期という４つの段階が存在します。この一連の流れをプロダクトライフサイクルといい、製品それぞれの段階に合わせたマーケティング戦略を実施していく必要があります。

### プロダクトライフサイクル

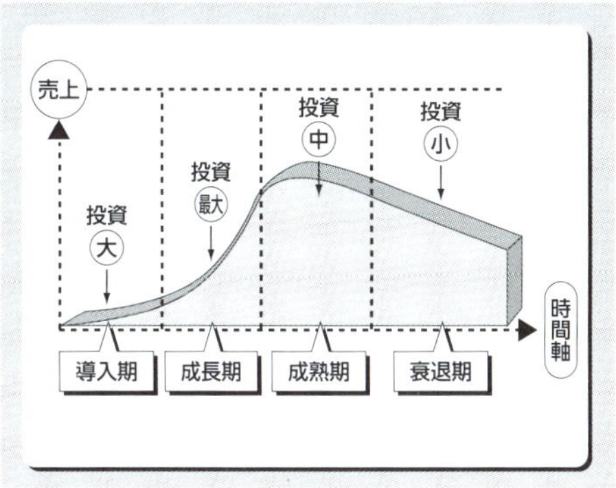


①導入期……需要が小さく市場開発の費用がかさみ利益が出にくい
②成長期……需要が増加し、売上高も急速に増大。一方で競争も激化するので、ここで新製品の投資を回収する必要がある
③成熟期……市場が飽和。売上高が低下し始め、製品の機能そのものよりもプロモーションや包装で差別化を図る
④衰退期……売上高、利益ともに急速に減少。撤退の意思決定など新たな戦略が必要

自動車や冷蔵庫などはある程度のマイナーチェンジで数年～10数年売れることがありますが、CDや書籍などは一部の定番商品以外、プロダクトライフサイクルが短いため、常に新しい商品を供給し続ける必要があります。すべての商品がヒットするとは限らないため、リスクを背負いつつ継続的な競争優位性を構築することが非常に難しいと言えます

# 42 ４つのＰ①製品政策 プロダクト・ポートフォリオ・マネジメント

## 経営における最適な製品の組み合わせとは

プロダクト・ポートフォリオ・マネジメント（PPM）とは、製品と事業の最適な組み合わせ方を考えるフレームワーク。縦軸に市場成長率、横軸に市場シェアをとり、製品を①花形製品、②問題児、③金のなる木、④負け犬の４つに分けます。

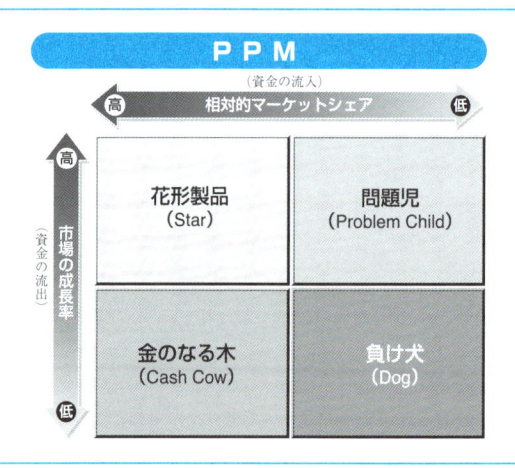

**ＰＰＭ**

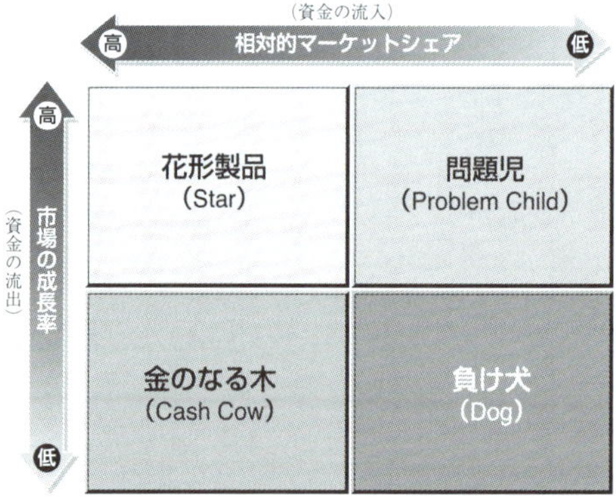


「花形製品」は市場の成長率の低下とともに「金のなる木」へと移っていき、新たな投資を「問題児」にあてるというサイクルが重要となります。市場シェア・市場成長率がともに低い「負け犬」事業であっても、社会貢献やブランディングとして継続する場合など、実務上はマトリックスの軸を越えた企業戦略に基づく分析と意思決定が重要となります。

「金のなる木」で得たキャッシュを「問題児」への投資にあて、この積極的な投資によりシェアを高めて「問題児」を「花形製品」に育てて、将来的には「金のなる木」に育てていくことが理想です！

# 43

## ４つのＰ①製品政策
# 製品陳腐化政策

### 消費者の買い替え需要を生み出す政策

消費者の買い換え需要を喚起するべく、企業が計画的に製品の陳腐化を行うことがあります。これを製品陳腐化政策といい、大きく「物理的陳腐化」「機能的陳腐化」「心理的陳腐化」の３つに分けられます。

**計画的陳腐化**

| 分　類 | 具体例 |
|---|---|
| 物理的陳腐化 | 耐用年数が短くなるよう製品を設計 |
| 機能的陳腐化 | 機能のグレードアップ |
| 心理的陳腐化 | デザイン・スタイルの刷新 |

計画的な陳腐化政策は、資源の無駄遣いであるという批判もあります。特に物理的陳腐化は、一歩間違えると製品に欠陥があった場合の行政命令による強制的回収や、法定の安全基準に適合しない場合などに企業が自主的に行う回収（リコール）へつながる危険性があります。品質管理、企業ガバナンスとの関係で慎重な政策決定が必要になります。

自動車のマイナーチェンジは心理的陳腐化の良い例です。機能よりもスタイルや心理的に新しいイメージを与える新商品を投入することで、既存の商品があたかも「古く、劣っている」ように錯覚をさせて買い替え需要を喚起します。また、単品商品に違ったレベルの商品を加えて、商品ラインアップを増やす陳腐化も挙げられます

# 44

4つのP①製品政策

# ブランド戦略、その役割と機能

## 製品の差別化を図るためのブランド戦略

ブランドとは、他の製品との差別化を意図した名称、言葉、サイン、シンボル、デザイン、これらの組み合わせです。ブランドは製品の差別化だけでなく、品質の証明としても機能し、消費者が商品を識別するための目印の役割も担います。

### ブランドを構成する要素

- ❶ ブランドネーム → 製品のコンセプトを簡潔に表現
- ❷ ロゴおよびシンボル → 会社名やサービス名をビジュアル化。識別を容易にする
- ❸ キャラクター → 人物等をビジュアル化したもの。好意的なブランドを形成
- ❹ スローガン → ブランドに関する記述的・説得的情報を伝達する簡潔なフレーズ
- ❺ ジングル → 音楽によるメッセージ。ブランド認知を向上させる
- ❻ パッケージング → 製品の容器や包装をデザイン・制作する活動。情報の伝達が可能

たとえば「アップル」というブランドは、名前自体がブランドとして成り立っているだけではありません。「高価格」「高品質」「洗練された」「先進的な」商品や会社イメージを浸透させる手段として、上の図に示した6つのブランド構成要素を用いています。

一口にブランドと言っても、その内容は様々です。たとえば、トヨタにとってかつてのブランド力は「品質の良さの割にはリーズナブルな価格」でした。しかし、現在はレクサスに見られるように、「乗って一番格好の良い」高ステータスブランドを目指しています

# 45 ４つのＰ①製品政策
# ブランドの分類と拡張

## ブランドの階層には５つある

ブランドの階層には、①グループブランド、②コーポレートブランド、③事業ブランド、④カテゴリーブランド、⑤個別商品、の５つがあります。それぞれが整合性を持ち、一貫性のある政策を推進する必要があります。

### ブランドの階層

| | |
|---|---|
| ① グループブランド | 企業グループ全体の統一ブランド |
| ② コーポレートブランド | 各企業を表すブランド |
| ③ 事業ブランド | 事業単位ごとのブランド |
| ④ カテゴリーブランド | 製品グループや、あるサービス分野をまとめたブランド |
| ⑤ 個別商品<br>商品ネーミングもしくは商品ブランド | 製品単位ごとのネーミング |

一貫性のある政策の例として、すでに確立されているブランドネームで商品ラインやカテゴリーを広げるブランド拡張が挙げられます。ブランド拡張は「ライン拡張」と「カテゴリー拡張」に分類できます。ライン拡張とは、同一カテゴリー内の新たな市場セグメントへ向けて新商品を投入するものを言い、カテゴリー拡張とは、たとえばセブン銀行の誕生など、異なる製品カテゴリーへ参入する際に既存のブランドを用いることを言います。

ユニクロで有名なファーストリテイリングがかつて手がけた野菜の販売は、ブランドの拡張がうまくいかなかった一つの例と言えるかもしれません

# 46

## ４つのＰ②価格政策
# 価格の設定

### 価格の設定に必要な３つの視点

価格政策を考える際に考慮するべき視点として、①コスト、②需要、③競争が挙げられます。この３つの視点ごとに違う価格を設定するのではなく、総合的に判断した上で価格を決定します。

**創造される価値・獲得される価値**

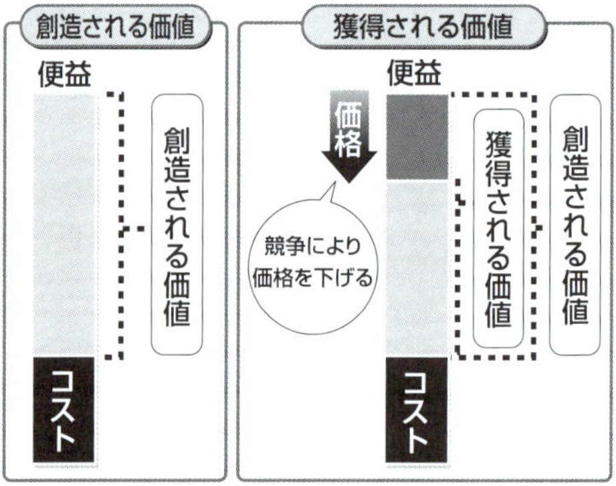


「価格の設定にはロジックが必要である」。この主張の拠り所となるのが、①コストを中心に考えたコスト志向の価格設定法、②需要を中心に考えた需要志向の価格設定法、③競合製品の価格を中心に考えた競争志向の価格設定法の３つです。

価格設定で最も大切なのはズバリ、「計画通りに売れない場合どうするか」というシナリオをつくっておくことです！　ベンチャー企業に多いのが「売れないから価格を大手の半分にして、薄利多売で市場に革命を起こして儲けよう」というケース。しかし「薄利」はそのままで「多売」は実現せぬまま状況はさらに悪化……というパターンが多いのです

# 47 ４つのＰ②価格政策
# 価格の影響要因
## 適正な価格の維持、利益確保のために

企業は様々な要因を考慮して製品の価格政策を検討しなければなりません。一般的に考慮しなくてはならないとされているのは、①コスト、②需要、③競争の３つで、この３つの視点で価格の設定を行います。

### 価格の設定方法

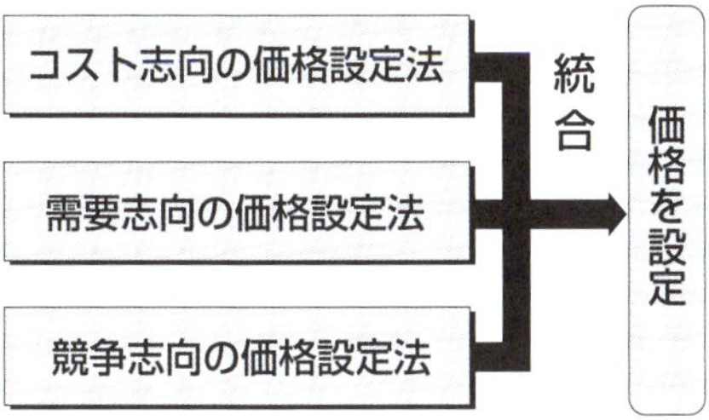


〈価格設定法の種類〉
①コスト思考の価格設定法
（マークアップ価格設定、コストプラス価格設定、目標価格設定）
②需要思考の価格設定法
（心理的価格設定、需要価格設定）
③競争思考の価格設定法
（実勢型価格設定、入札価格設定）

企業が適正な価格を維持し、利益を確保していくには、競合と比較して継続的に優位性を持ち、他社が簡単に参入できないポジションのニーズを見つけ出すことが必要です。その上で獲得できる価値と、達成の可能性との間でバランスの取れる位置を見つけることが重要です

**48**

## 4つのP②価格政策

# 新製品における価格設定

### 戦略によって価格設定の方法はどう異なるか

新製品の導入価格の設定は、「製品開発のコストの早期回収を目指した高価格設定の上層吸収価格政策」と「導入時に多くの消費者に購入してもらい、マーケットシェアを高めるために低価格設定の市場浸透価格政策」の２つに分けられます。

**新製品の価格設定方法**

| | 目的 | 価格 | 条件 |
|---|---|---|---|
| 上層吸収価格政策 | 開発コストの早期回収 | 高価格 | 価格弾力性が小さい少量生産の対象となる製品 |
| | | | 参入障壁が高い製品 |
| 市場浸透価格政策 | マーケットシェアの早期拡大 | 低価格 | 価格弾力性が大きい大量生産の対象となる製品 |
| | | | 幅広い需要がある製品 |

新製品の価格設定では、まず価格設定の一般的な３要素であるコスト、需要、競争を考えます。その上で上層吸収価格政策（スキミング・プライシング）や市場浸透価格政策（ペネトレーション・プライシング）などの戦略に基づいて、どの程度メリハリのある味つけをするかということが重要です。

上層吸収価格政策は、商品を市場に導入する際に高価格を設定し、早期に開発コストなどの回収を図る価格政策です。このような価格設定ができる製品の条件として、①価格に見合う製品の差別化が図れる、②高所得層にニーズがある、③価格が変動しても購買意欲が影響を受けにくい（価格弾力性が小さい）、④技術的に模倣が難しい、の４つがあります

49

４つのＰ②価格政策

# 心理的価格

## 消費者の心理に訴える価格設定とは



消費者の心理的な反応をふまえて設定された価格のことを心理的価格と呼びます。この心理的価格には、①段階価格、②名声価格、③端数価格、④慣習価格などがあり、製品に応じて使い分けて設定する必要があります。

### 心理的価格

| | | | |
|---|---|---|---|
| 段階価格 | 高級品 | 80,000円 |  |
| | 中級品 | 50,000円 | |
| | 普及品 | 30,000円 | |
| 名声価格 | ブランド品 | 300,000円 | 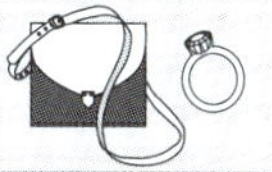 |
| 端数価格 | 特価品 | 19,800円 |  |
| 慣習価格 | 缶ジュース | 120円 |  |
| | タバコ | 250円 | |

価格設定で陥る最も多い失敗例は、「市場浸透価格戦略をとり、標準価格を安価に設定したが売上が予想よりも伸びない」という状況です。売上を上げるためにさらに値下げすることで経営を圧迫といった悪循環になります。このようなリスクを回避するには、少しでも顧客の購入意欲を喚起するような価格設定が必要です。この場合、１つの標準価格ではなく、安価商品、中程度の価格商品、高価格商品と段階的にラインナップを増やして利益の源泉を確保します。

市場浸透価格戦略とは、商品を市場へ導入する際に低い価格を設定し、早期にマーケットシェアを獲得し拡大を図る価格政策です。市場での普及を迅速に促すことでミドルクラスの所得層でのブランド・ロイヤルティを高め、ゆくゆくはバージョンアップをすることで対象所得層を高めていく目的があります。日用雑貨業界で多い価格政策ですね

# 50 ４つのＰ②価格政策
# 価格の調整

## 価格の調整はどのように行えばよいのか

価格の調整の仕方には、以下の５つの方法(①地域別価格設定、②割引とアローワンス、③プロモーショナル価格設定、④差別的価格設定、⑤プロダクトミックス価格設定)が挙げられます。

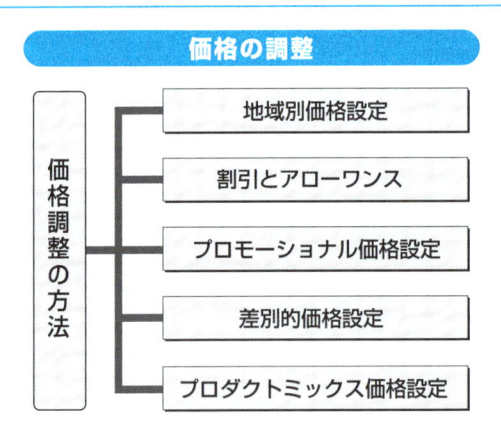

**価格の調整**

価格調整の方法
- 地域別価格設定
- 割引とアローワンス
- プロモーショナル価格設定
- 差別的価格設定
- プロダクトミックス価格設定

標準価格の値下げは、粗利益の低下を示し、それでも売上増が見込めない場合には打つ手がなくなり、非常に危険です。そのため、企業では、標準価格ではなく各前提のもとでの割引や報奨、セット価格による実質的値引きなどによって価格を調整することが求められます。たとえば、航空会社の「搭乗 50 人に１人タダ！」キャンペーンは顧客へのインパクトは大きいが、割引率にして数％に過ぎず、定価を 10％下げるよりも利益率低下のダメージは遥かに少ないと言えます。

頻繁な価格変更は顧客を混乱させ、客離れを招くケースが多いことも知られているよ。たとえば日本マクドナルドが度重なる価格変更で業績を大幅に落としたことは記憶に新しいよね

# 51 ４つのＰ③チャネル政策
# チャネル（流通経路）の機能

## 製品が消費者に届く流通経路の種類

チャネルは、製品が生産者から最終消費者に届くまでの流通経路です。①商的流通機能、②物的流通機能、③情報流通機能、④金融機能（在庫保有の必要資金調達と分配）、⑤危険負担機能（在庫リスクを抱える）の５つの機能があります。

### チャネルの機能

| | | |
|---|---|---|
| 商的流通機能 | 所有権移転機能 | |
| 物的流通機能 | 輸送機能 | 保管機能 |
| 情報流通機能 | 販売促進機能 | 情報収集、伝達機能 |
| その他の機能 | 金融機能 | 危険負担機能 |

### 中間業者による取引数削減効果

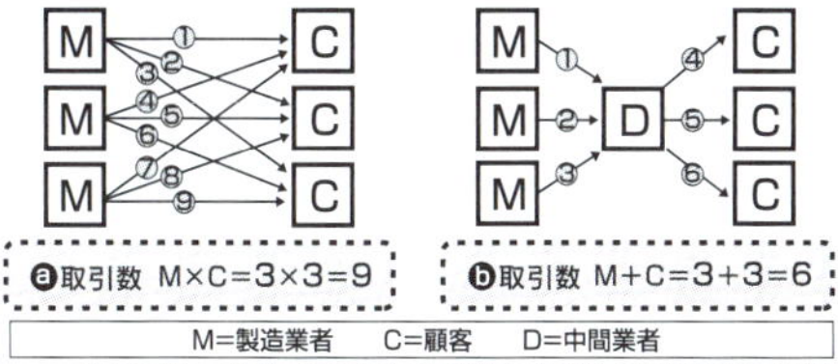


出所:P・コトラー著「マーケティング・マネジメント（第7版）」プレジデント社、1996年

チャネルとしての中間業者の存在意義はどのようなところにあるのでしょうか。卸売業などでは、中間業者を活用することによって小売業者と製造業者との間の膨大な数の取引が減少し、効率化を図ることができるのです。

メーカーが中間流通業者を選ぶ基準としては、事業経験年数、他の取扱製品、支払能力、立地条件などが挙げられます。トヨタやアップルといったブランド力のあるメーカーであれば、力のある流通業者と手を組むことができますが、製品や能力が未知数の新規事業者などの場合には困難が予想されます

52

4つのP③チャネル政策

# チャネル段階の数（長さ）

## チャネルの分類とは

チャネル段階の数とは、製品が消費者に届くまでに存在する中間業者の数を意味します。0段階チャネルは、ダイレクトマーケティングチャネルとも呼ばれ、製造業者と消費者が直接取引を行う場合を言います。

### チャネル段階の数（長さ）

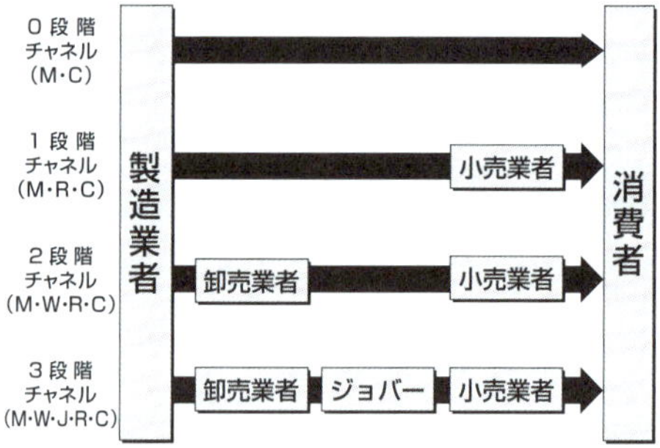


出所：P・コトラー著「マーケティング・マネジメント（第7版）」
プレジデント社、1996年
※ ジョバー ＝ 問屋

ダイレクトマーケティングは、単にメールや郵送などの媒体を選ぶだけではなく、誰にどういったメッセージをどのようにして送るのかということまでがダイレクトマーケティングの役割です。そして、そのためには既存顧客や見込み顧客のデータを蓄積しそれを活用するデータベースが必要となります。そこからデータセグメント等を行い、さらに既存顧客データを分析することで場当たり的ではない、継続的なマーケティングができるようになります。

0段階チャネルは、インターネットによる取引、個別訪問販売、従来型の通信販売など、多くの事例が見られます。チャネルの役割と反比例して、チャネルが長くなると最終消費者に情報が届きにくくなり、企業のコントロールは困難になります

# 53 ４つのＰ③チャネル政策
# チャネルの幅、結合による分類

## 状況に合わせたチャネルの幅、結合の選択

チャネルの幅には、①開放的チャネル政策、②選択的チャネル政策、③専売的チャネル政策があります。また、チャネルの結合による分類（垂直的マーケティング）には、①企業システム、②契約システム、③管理システムがあります。

### 流通業者の数（幅）による分類

| | 開放的チャネル政策 | 選択的チャネル政策 | 専売的チャネル政策 |
|---|---|---|---|
| 目的 | 中間業者の最大化による売上増大 | 中間業者限定による売上安定 | 中間業者限定による売上安定 |
| 中間業者の数 | 多 | 少 | 極少 |
| 中間業者の協力 | 期待できない | 期待できる | 大幅に期待できる |

垂直的マーケティングは、製造・販売の機能が強く結びつくことで効率を求めるという意味があります。企業システムとしての垂直的マーケティングシステムには、出資や合併といった資本的な結合によって製販の各段階が統合されるものがあり、契約システムではフランチャイズなど、契約により製販の結びつきを強固にする例があります。

垂直的マーケティングでは、ある特定のチャネルメンバーがリーダーとしてチャネルの全体を所有したり、契約を結んだり、管理下に置いたりしてコントロールし、各社の行動を調整します。メーカー、流通業者、小売店のいずれもがリーダー的立場になる場合があります

54

4つのP③チャネル政策

# チャネルパワー

## 設計されたチャネルをどう実行するか

チャネルのリーダーとして製造業者が中間業者の協調を得るには、5つのパワーが必要とされます。これをチャネルパワーといい、①報酬パワー、②制裁パワー、③正当性パワー、④一体化パワー、⑤専門知識のパワー、に分類されます。

**チャネルパワー**

| | |
|---|---|
| 報酬パワー | チャネル構成員に報酬をもたらす能力 |
| 制裁のパワー | チャネル構成員に制裁を加える能力 |
| 正当性のパワー | チャネル構成員に指図・統制する当然の権利 |
| 一体化のパワー | チャネル構成員の一員として有する魅力 |
| 専門的知識のパワー | 専門的知識力、情報力 |

①報酬パワー……中間業者の特定活動に与えられるインセンティブ
②制裁パワー……中間業者が協力しない場合の取引停止などの圧力
③正当性パワー……契約などに基づいて協力を求めるもの
④一体化パワー……中間業者に尊敬され一体化されたいという願望があるときに行使
⑤専門性パワー……立地開発や販売員教育など中間業者にとってのメリットをチャネルリーダーが提供できる場合に行使

製造業者がチャネルリーダーとしてチャネルをマネジメントするには、業者（もしくは製品）のブランド力が強く影響するのは言うまでもありません。垂直的マーケティングでは、小売店もチャネルリーダーとなることがあります。つまり小売店に強いブランド力と販売力がある場合、小売店がリーダーとなり、チャネルパワーを発揮することになります

55

## 4つのP③チャネル政策
# チャネルコンフリクト

### チャネルコンフリクトの種類と対策



チャネルメンバーの利害が対立する原因には、①垂直的対立、②水平的対立、③複数チャネル間対立が挙げられる。これらを解決するには、市場シェアや品質、顧客満足などチャネルメンバー同士で最優先目標を一致させることが有効。

**チャネルコンフリクトの種類**

| | |
|---|---|
| 垂直的対立 | チャネル内の異なった段階のメンバー間で起こる対立 |
| 水平的対立 | チャネル内での同一段階のメンバー間で起こる対立 |
| 複数チャネル間対立 | 相互に競合する複数のチャネル間で起こる対立 |

垂直的対立の例としては自動車メーカーとディーラー間の対立が、水平的対立の例としてはコンビニのフランチャイズ加盟店同士の対立が、複数チャネル間対立の例としては同一市場において家電メーカー系列専門店に加え、家電量販店などの販路を展開する場合などが挙げられます。チャネルによって仕入れ価格や販売価格が大きく異なる場合は対立が大きくなります。

チャネルコンフリクトの原因として最近多いのが、メーカー自身がWEBという新たなダイレクトマーケティングのチャネルを持ち販売するケースです。メーカー側の主張は、リアル店舗で購入する層とネットで購入する層は根本的に異なるため、店舗側の機会損失はないというものですが、実際にはそれほど単純な問題ではないことも指摘されています

56

## 4つのP④プロモーション政策
# プロモーションミックス

### プロモーションとは、顧客に向けた情報伝達

プロモーションとは、既存、潜在顧客に向けた情報伝達であり、①広告、②パブリシティ、③販売促進、④人的販売、の4つが挙げられます。実際には状況に応じてこれらを組み合わせて行っていくことになります。

**プロモーションミックス**

| | 長　所 | 短　所 |
|---|---|---|
| 広　告 | マスに対してメッセージが伝達できる | コストが高い |
| パブリシティ | 無料である<br>信頼性が高い | 企業にとってコントロールが不能 |
| 販売促進 | 短期的に効果が出る | コストが高い |
| 人的販売 | 効果が高い<br>買い手の反応に合わせてプロモーションができる | コストが高い |

どれだけ良いニーズで標的顧客に合致した商品でも、顧客にその商品のことが知られていなければ売れません。そこで、商品の存在や効用、利点などを様々な媒体を組み合わせて顧客（既存顧客、潜在顧客）に伝達する役割を果たすのが、プロモーション政策です。

プロモーションは４Ｐの１つなので、ここまで述べてきた他の４Ｐ（製品、価格、チャネル）と整合性がとれていなければなりません。Who(ターゲットは誰か)、What（どのようなメッセージを)、When（どのタイミングで)、Where（どの場所で)、How（どのように）行っていくのか、常に意識するということです

# 57

## ４つのＰ④プロモーション政策
# プッシュ戦略とプル戦略

### 「プッシュ」と「プル」を使い分ける



プロモーション戦略は、①人的販売中心のプッシュ戦略と、②広告中心のプル戦略の大きく２つに分けられます。製品特性、市場浸透度、競合、自社の状況に応じて、この２つを使い分けていきます。

**プッシュ戦略とプル戦略**

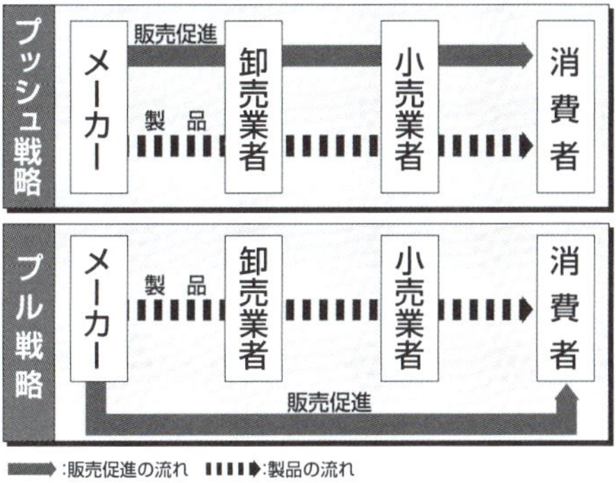


製品市場タイプによる分類においては、生産財では人的販売、消費財では広告が有効です。購買意思決定段階による分類においては、認知の段階では広告とパブリシティ、理解の段階では広告と人的販売、核心の段階では人的販売、契約締結の段階では人的販売と販売促進が有効となります。製品ライフサイクルによる分類においては、導入期が広告とパブリシティ、成長期は費用をかけず、成熟期では販売促進、広告、人的販売の順、衰退期では販売促進が効果的です

プロモーションミックスを考える際には、プッシュかプルかだけでなく、消費財か生産財か、買い手が購買意思決定のどの段階にいるのか、製品がライフサイクルのどの段階にあるかによって、プロモーションツールの重要性が異なります

# 58 4つのP④プロモーション政策 コミュニケーションプロセス

## 情報はどのように伝わるのか

コミュニケーションプロセスとは、情報がどのように伝わるのかを示します。この要素には、①送り手、②受け手、③メッセージ、④媒体、⑤記号化、⑥解読、⑦反応、⑧フィードバック、⑨ノイズといった9つが含まれます。

### コミュニケーションプロセス

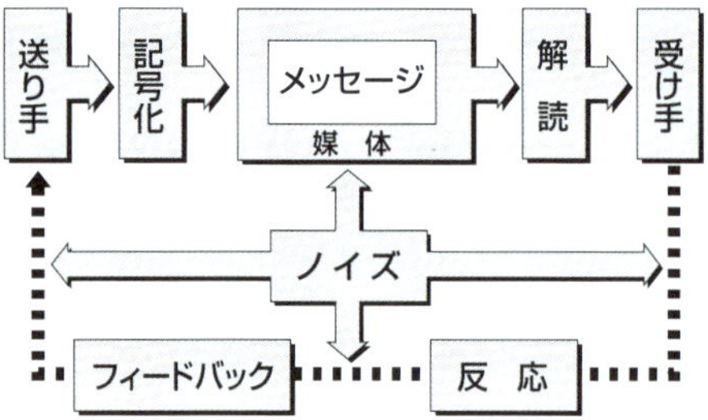


出所：P・コトラー著「マーケティング・マネジメント（第7版）」プレジデント社、1996年

効果的なコミュニケーション構築のために必要なプロセスとしては、①メッセージの受け手は誰か、そしてどのような反応を望むのかを知り、②受け手がどう解釈するかを考慮して記号化し、③メッセージの伝達に適した媒体を選択した上で、④受け手のメッセージに対するフィードバックを受ける仕組みを作ることの4つが挙げられます。

フィリップ・コトラー教授は、「企業は『どうしたら顧客に到達できるか』だけでなく、『どうしたら顧客に到達してもらえるか』も問わなくてはならない」と言っていますね

# 59

## 4つのP④プロモーション政策
# 策定のプロセス

### プロモーション政策はこうして決める

①「ターゲットの選定」→②「コミュニケーション目標の決定」→③「メッセージデザインの決定」→④「プロモーションチャネルの選定」→⑤「プロモーションの総予算設定」→⑥「プロモーションミックスの決定」が策定プロセスです。

**プロモーション政策策定プロセス**

❶ ターゲット視聴者の明確化
↓
❷ コミュニケーション目標の決定
↓
❸ メッセージデザイン
↓
❹ プロモーション・チャネルの選定
↓
❺ プロモーション総予算設定
↓
❻ プロモーション・ミックスの決定

まず、①対象が既存顧客か潜在顧客か、購入決定者か影響を与える者か、個人かグループか特定の人か一般的な人かなどを選定する。②どのような反応を望み、どのような購買決定プロセスを踏むのかを明確にする。③内容や構成、情報源などを決定する。④人的あるいは非人的コミュニケーションチャネルかを決定する。⑤プロモーションの総予算を決定する。⑥①～④をふまえてプロモーションミックスを作る。効果測定と次回に向けたフィードバックも重要です。

コストをかけてプロモーションする以上、必ず効果を測定し、次回へ向けたフィードバックをすることを忘れてはいけません。簡単なことですが、あたりまえのようにできている会社ってそれほど多くないですね

60

## ４つのＰ④プロモーション政策
# AIDMA 理論

### 消費者の心理プロセスを考える

消費者の行動心理プロセスには、①注意、②関心、③欲求、④記憶、⑤行動の５段階があるとされています（AIDMA 理論）。各段階に添ったプロモーションを行うことでより効果が期待できます。

**AIDMA理論**

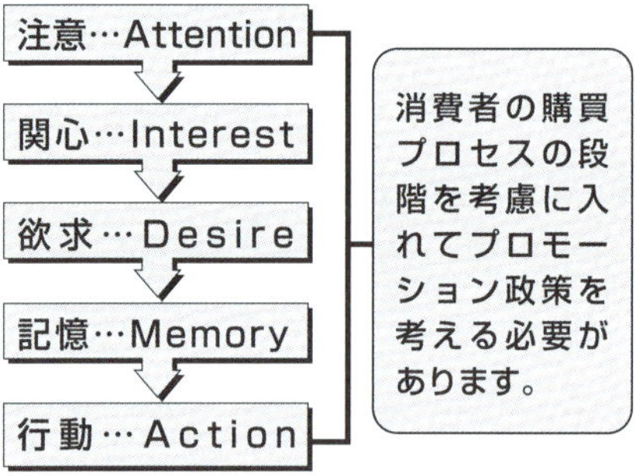


AIDMA とは、消費者の購買までの心理プロセスを説明した理論のことです。① Attention（注意）→② Interest（関心）→③ Desire（欲求）→④ Memory（記憶）→⑤ Action（行動）の頭文字から AIDMA（アイドマ）理論と呼ばれます。プロモーション政策を考えるにあたっては、どの段階にいる顧客を対象とするのかによって政策を変える必要があります。一般的に①と②の段階では人的販売が効果的と言われています。

近年はインターネットを通じた消費行動の定着に伴い、① Attention →② Interest →③ Search（検索）④→ Action（行動）→⑤ Share（情報共有）という AISAS（アイサス、エーサス）という理論も生まれています。これは日本の大手広告代理店・電通によって提唱されました

# 61 ４つのＰ④プロモーション政策
# 広告プログラムの開発

## 広告制作はどういう手順で進められるのか

広告を生み出すまでには、①「広告目標の設定」→②「広告の予算を決める」→③「メッセージを開発する」→④「どの媒体にするかを決める」→⑤「広告の評価をする」という流れをとります。

### 広告プログラム開発のプロセス

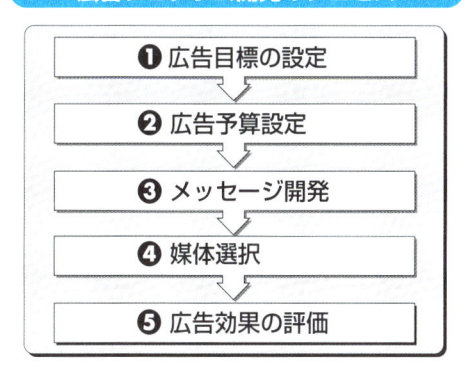

❶ 広告目標の設定
↓
❷ 広告予算設定
↓
❸ メッセージ開発
↓
❹ 媒体選択
↓
❺ 広告効果の評価

広告には、セールスなどのための販売促進広告だけではなく、長期的な企業イメージを構築するための企業広告や特定のブランドイメージを長期的に構築するためのブランド広告、イベント告知の案内広告などがあります。プロモーションツールの１つとしての販売促進と明確に分けて理解しておく必要があります。

企業のブランド広告では、単に機能の優位性を打ち出すだけでなく、他社との違いを明確に区別させる個性としてのブランドイメージを定着することになります。たとえば、マイクロソフトは、日進月歩で技術が革新し機能性での差別化が困難になっていく中、個性を出すべくスローガンやメッセージなどをブランド広告に集約しています

62

4つのP④プロモーション政策

# 広告メッセージの開発

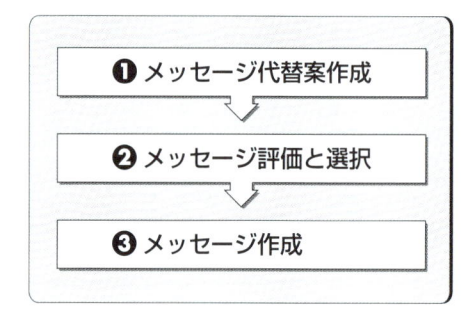

## 最適なメッセージのつくり方

①「複数のメッセージ候補の作成」→②「複数の候補を、興味を引くか、差別化できているか、信頼性はどうかの視点で評価し、選択する」→③「実際のメッセージを表現形態なども考えながら作成する」

### 広告メッセージの開発

❶ メッセージ代替案作成

↓

❷ メッセージ評価と選択

↓

❸ メッセージ作成

良い広告メッセージを開発する上で心がけるべき点は、取引業者や消費者、競合、自社販売員など、常に周囲から積極的に情報収集を行い、いくつかの候補を用意することです。そして、その候補から興味、差別化、信頼性という基準で判断し、目標、内容、支持理由といった基本的事項、スタイルやトーンなどのフォーマットの２点を決め、メッセージを作成することが重要となります。

良い広告メッセージとはどんなものなのか知るためには、民間の調査機関が実施している「CM好感度調査」などのデータもうまく活用することができるかもしれませんね

63

## ４つのＰ④プロモーション政策

# 広告媒体の選択

### 最も効果的なメディアの組み合わせ



主な広告媒体として、①テレビ、②ラジオ、③雑誌、④新聞、⑤野外広告、⑥インターネットの６つが挙げられます。各媒体にはそれぞれ長所と短所があるので、ターゲットに合致したコスト効率の良い媒体の組み合わせで行われます。

**広告媒体の特徴**

| 媒体 | 長所 | 短所 |
|---|---|---|
| テレビ | ●映像、音声、動きの組み合わせのため視聴者の感覚に訴える | ●コスト高●騒々しくすぐに消えてしまう●視聴者の選別性の少なさ |
| ラジオ | ●大量の聴取者を対象、地域別・属性別の視聴者の選別性の高さ<br>●低コスト | ●音のみの表現<br>●テレビよりも注意喚起力は小さい<br>●広告がすぐ消える |
| 雑誌 | ●地域別・属性別の選別性の高さ<br>●社会的信用とプレステージ<br>●高質の印刷　●寿命の長さ<br>●じっくり見てくれる読者が多い | ●広告が出るまでのリードタイムの長さ<br>●発行されたすべての雑誌が購入されるとは限らない |
| 新聞 | ●融通性●時機を逸しない<br>●地域市場カバレッジの高さ<br>●広範に受容される●信頼性の高さ | ●寿命の短さ<br>●印刷の質の悪さ<br>●じっくり見てくれる読者の少なさ |
| 屋外広告 | ●融通性の高さ　●反復露出可能<br>●低コスト　●低競合度 | ●視聴者の選別性なし<br>●広告の表現力に限界 |
| インターネット | ●双方向性　●いつでもどこでも見れる●情報量に制限なし | ●視聴者が少ない<br>●認知がされにくい |

各媒体の評価基準として、メリット・デメリットの定性評価に加え、費用対効果を基準にした定量評価も検討されるべきです。費用対効果の基準では、その広告がターゲットである聴衆に到達するためのコスト（通常 1,000 人あたりのコストで表される）が用いられます。

スマートフォンの普及もあって広告媒体としてのインターネットはすっかり定着しました。双方向性があり、いつでもどこでも見られること、情報量に制限がないなどの長所がありますが、無数のウェブが存在するので、認知を高めることが重要です。SNS（ソーシャルネットワークサービス）や検索エンジン最適化など、日進月歩の世界ですね

# 64 ４つのＰ④プロモーション政策 広告支出のタイミング

## タイムリーな広告のタイミング

広告支出に関わる問題には、マクロ的問題とミクロ的問題の２つがあります。マクロ的問題とは、需要の季節変動や景気循環に応じた広告費の配分の問題、ミクロ的問題とは短期間で最大の広告効果を狙うための広告費の配分の問題です。

### 広告支出のタイミング

**マクロ的問題**

需要の季節変動や景気循環に応じてどのように広告支出の配分を行うのか

**ミクロ的問題**

短期間における広告効果最大化のための広告費用配分をどのように行うのか

ミクロ的問題では、広告効果を最大にするために費用の配分をどうするかが重要となります。ポイントとしては、顧客回転率、購入頻度、忘却率の３つの要素があり、それぞれの指標が高いほど継続的な広告を行う必要があります。

顧客回転率は新規顧客が市場に参入してくる比率。購入頻度は特定期間内に平均的顧客が製品を購入する頻度。忘却率は顧客がブランドを忘れる割合です

# 65 4つのP④プロモーション政策 パブリシティ

## 製品情報の伝達手段としてのパブリシティ



パブリシティは、ニュースなどの公的メディアに働きかける手段であり、主に製品情報の伝達に使われます。無料で信頼性が高いという長所がある反面、掲載の確実性や掲載内容、分量などのコントロールができないという短所もあります。

### パブリシティ

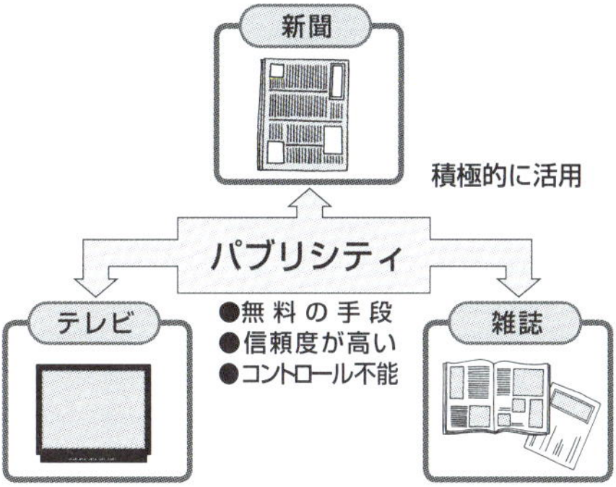


パブリシティの重要なポイントは2つです。１つは本質的なニュース性です。もう１つは取り上げてもらうためのプレスリリースなどの仕掛けです。新商品の開発や広告によるマーケティングと比べ、これらの活動は軽視されがちですが、最終的に誘導する媒体はなにか、そしていかに幅広く告知活動を継続していくかということを考えると、おのずと重要性が認識されるでしょう。

パブリシティの長所は、他のプロモーションツールと異なり無料であることです。費用対効果という視点が必要ないため、短所も他媒体とは異なります。普段から積極的にプレスリリースを出し、パブリシティを上手に活用できるように努力をすることが重要です

# 66

## ４つのＰ④プロモーション政策
# 販売促進

### 需要を喚起するとされる販売促進とは

販売促進は、消費者に購入へのインセンティブを持たせる目的で行われます。主に①消費者向け販売促進、②取引業者向け販売促進、③社内販売者向け販売促進、の３種類があります。販売促進はブランドロイヤルティの打破にも貢献します。

**販売促進の種類**

**消費者向け販売促進**

サンプリング、実演販売、クーポン、景品、懸賞など

**取引業者向け販売促進**

販売コンテスト、経営指導、無料商品提供、リベート、アローワンス、共同広告など

**社内販売担当者向け販売促進**

社内コンテスト、販売会議、特別賞与など

ブランドロイヤルティとは、特定のブランドに対する忠誠・愛着のことです。ブランドロイヤルティの高い顧客は、簡単に他ブランドに切り替える（ブランドスイッチ）ことがなく、同一ブランドを反復して購入する傾向があります。顧客のブランドロイヤルティを高めることによって、市場での強力な参入障壁を築くことができ、競争を優位に展開できることになります。

販売促進は主に、短期的な売上の上昇に貢献する重要なプロモーションツールの1つです。広告が主にブランドロイヤルティを確立するために役立つのに対し、販売促進はインセンティブによってブランドスイッチを可能にする強力な方法として理解されています

# 67 ４つのＰ④プロモーション政策 人的販売とは

## 人的販売の特徴と利点

人的販売は、販売員が直接顧客と接し、製品を販売する最も強力なプロモーション手段です。長所として、①人的関係性、②関係成長性、③高反応性が挙げられる一方、販売員のコストが高く、費用が固定化されるという短所があります。

### 人的販売の特徴

| | |
|---|---|
| 人的接触性 | 売り手と買い手とが互いに相手の性格やニーズを観察し、それに合わせて対応できる |
| 関係育成性 | 様々な人間関係が含まれるので、顧客の長期的な利益を心にとめて行動することができる |
| 高反応性 | 広告と異なり、買い手を販売員の話に耳を傾けさせることができる |

チャネルの項で見てきたように、販売組織の教育や管理は非常に困難と言えます。しかし、顧客のニーズを的確にとらえることができるマーケティング戦略の目標達成には欠かせない役割も持っています。なお、販売組織を内部に持つか、外部（代理店の構築、アウトソースなど）に持つかという選択も検討する必要があります。

少し前に流行した“カリスマ美容師”や“カリスマ店員”は販売員が広告化した特殊な例と言えるかもしれないね

68

４つのＰ④プロモーション政策

# 人的販売組織の編成

## 売上の上がる販売組織のつくり方

販売組織編成の軸として、①地域による編成、②事業・商品による編成、③顧客別による編成、④機能ごとの編成、の４つがあります。商品、販売方法、人、情報などの諸要素を最も効果的に発揮できるように組織編成する必要があります。

### 販売組織の編成

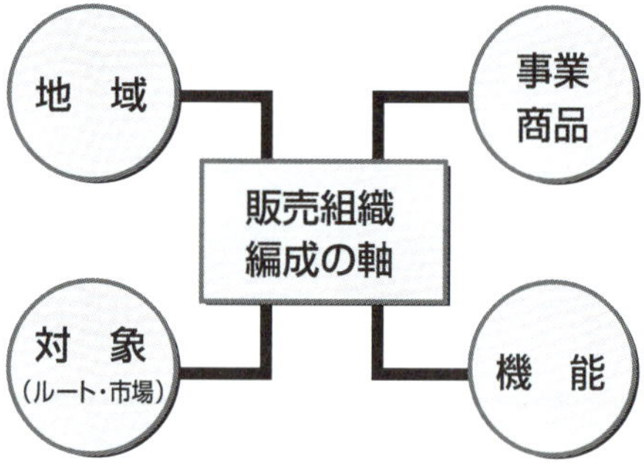


販売組織づくりの注意点としては、①編成軸を単独でなく複数でマトリックス化することを検討すること、②顧客別の対応による優先順位づけを行うこと、③完結力を維持するため編成の単位を小さくしないこと、④編成軸は固定化せず定期的に更新すること、の４つが挙げられます。

マトリックス化する際には、複数の上司がつくことになるから、役割（機能）上の責任と権限の序列を明確にしておくことが重要でしょう

# 69 ４つのＰ④プロモーション政策
# 人的販売組織の強化

## 販売組織の強化はどのようにするか

販売組織の強化には、①目標管理、②方針管理、③組織活力の向上、の３つが必要となります。目標数値などの定量的な部分と商品方針などの定性的な部分、両面から判断して継続的に向上させていく必要があります。

### 販売組織の強化

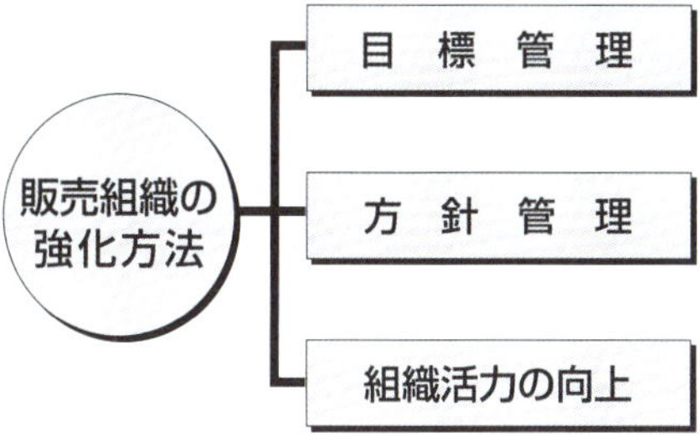


目標は結果としての売上や利益だけを指すのではなく、配荷率（商品を扱っている店の割合）、フェイス（顧客から見た商品の幅）獲得数など、それぞれの業態に合った基準を設定することが必要です。プロセスの評価としては、企業方針や商品別方針などによって自社の方針を現場に波及させることが大切です。

フェイスとは面のことですね。たとえば、コンビニでのペットボトル飲料を思い浮かべてみてほしい。売れ筋の商品は２列、３列と複数列になっているよね。つまり、フェイス＝面が増えればそれだけお客の目にとまる確率が高まるし、売れ筋であるという印象も与えられるため、売上アップが見込めるということなんだ

# 70 競争地位戦略

## 企業の立場により異なるマーケティング戦略

市場における競争地位によって企業を分類すると、①リーダー、②チャレンジャー、③ニッチャー、④フォロワーの4つに分けられます。市場での立場によって戦略も違うものとなるので、この分類を体系的に理解することが重要です。

### 競争地位別の競争対抗戦略

| 競争地位 | 競争対抗戦略 | | | |
|---|---|---|---|---|
| | 戦略課題 | 基本戦略方針 | 戦略ドメイン | 戦略定石 |
| マーケット・リーダー | 市場シェア<br>利潤<br>名声 | 全方位型<br>(オーソドックス)<br>戦略 | 経営理念<br>(顧客機能中心) | 周辺需要拡大<br>同質化<br>非価格対応<br>最適市場シェア |
| マーケット・チャレンジャー | 市場シェア | 対リーダー差別化<br>(非オーソドックス)<br>戦略 | 顧客機能と<br>独自能力の<br>絞り込み<br>(対リーダー) | 上記以外の政策<br>(リーダーが<br>できないこと) |
| マーケット・フォロワー | 利潤 | 模倣戦略 | 通俗的理念<br>(良いものを<br>安くなど) | リーダー、<br>チャレンジャー政策<br>の観察と<br>迅速な模倣 |
| マーケット・ニッチャー | 利潤<br>名声 | 製品・市場<br>特定化戦略 | 顧客機能<br>独自能力<br>対象市場の<br>絞り込み | 特定市場内で<br>ミニ・リーダー戦略 |

出所:嶋口充輝「戦略的マーケティングの論理」(誠文堂新光社、1984年)

リーダー企業は、経営資源の量も質も優れているので、規模の経済を利用した全方位戦略が有効です。チャレンジャー企業は、リーダーを目指す業界2~3位の企業で差別化戦略が有効です。ニッチャー企業は、資源が限定されている小規模企業で、ニッチを対象として特定のセグメントへ選択と集中をかけていきます。フォロワー企業は、他の企業へ追随して行く企業で、資源の量も質も劣っているため、生存利潤の確保を基本戦略とする模倣戦略を行います。

携帯電話業界で考えてみましょう。リーダー的立場のNTT ドコモが最大のシェアを持ち、現在の地位を維持し続けるために、防御にリソースを投入しています。特にビジネスユースの顧客維持は至上命令で、ビジネスユーザーに有用なサービスを今後いかに提供できるかが重要になると思われます

# 71 顧客維持のマーケティング戦略①
# リレーションシップマーケティング

## リレーションシップマーケティングとは

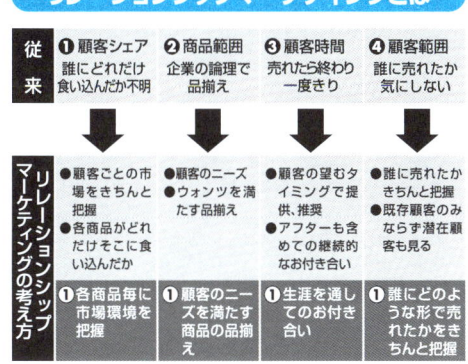

新規顧客獲得よりも、既存顧客との関係の維持や発展に努めていこうというのがリレーションシップマーケティングの考え方です。「利益貢献度の高い既存顧客に絞って展開する方がコスト的にも有利になる」という考えが背景にあります。

### リレーションシップマーケティングとは

| | ❶顧客シェア | ❷商品範囲 | ❸顧客時間 | ❹顧客範囲 |
|---|---|---|---|---|
| 従来 | 誰にどれだけ食い込んだか不明 | 企業の論理で品揃え | 売れたら終わり一度きり | 誰に売れたか気にしない |
| リレーションシップマーケティングの考え方 | ●顧客ごとの市場をきちんと把握<br>●各商品がどれだけそこに食い込んだか | ●顧客のニーズ<br>●ウォンツを満たす品揃え | ●顧客の望むタイミングで提供、推奨<br>●アフターも含めての継続的なお付き合い | ●誰に売れたかきちんと把握<br>●既存顧客のみならず潜在顧客も見る |
| | ❶各商品毎に市場環境を把握 | ❶顧客のニーズを満たす商品の品揃え | ❶生涯を通してのお付き合い | ❶誰にどのような形で売れたかをきちんと把握 |

「売上の８割を２割の顧客が占めている」というパレートの法則で見られるように、経営の中でも売上に対するヘビーユーザーの購買額の割合は大きいです。

「パレートの法則」とは、イタリアの経済学者ヴィルフレド・パレートが発見した「全体の数値の80%は、20%の構成要素が生み出している」という法則です。この法則は所得配分だけでなく、品質管理や売上管理、マーケティングなどにも広く適用できるとされています

## 顧客維持のマーケティング戦略②
# 顧客維持と顧客創造

### 顧客創造から顧客維持へ

新規顧客開拓よりも既存顧客との関係維持を重視するマーケティングへと変化してきた理由として、①コストを抑えることができ、収益が上がる、②顧客からのフィードバックをマーケティングに活用できる、などがあります。

**顧客維持と顧客創造**

| 顧客創造型 | 顧客維持型 |
| --- | --- |
| 最低限のコストで最大限の潜在市場を獲得しようとする事が目的 | 既存の顧客を維持し、顧客の購買を促進して顧客内シェアを高めようとする事が目的 |
| マスマーケティング (Mass Marketing) | リレーションシップマーケティング (Relationship Marketing) |
| 「1対多」のマーケティング | 「1対1」のマーケティング |
| 売り手が自社で販売したい商品のみに依拠するマーケティングミックスを用いる | 個々の顧客の属性や過去の行動に対応したマーケティング手法を採用し、ある一定のターゲットマーケットにフォーカスし、親密な関係を築く |

1990's → 2000

企業は通常、既存顧客の中でも自社のリピーターとなり得る潜在層に対するマーケティング活動よりも、新規顧客に目が行きがちです。通常1人の新規顧客を獲得するよりも、既存顧客に継続的な購買を促す方がはるかに少ないコストと労力で売上増を見込めると言われます。リレーションシップマーケティングのコンセプトは、ロイヤルカスタマーを作ることで、フローではなくストックの顧客維持活動を行っていくことです。

東京ディズニーランドは、お客の約9割がリピーターだと言われています。必ずしもリレーションシップマーケティングの典型とは言えませんが、結果的には開園から30年以上にわたって顧客を維持しつづけていることは確かですよね

# 73 顧客維持のマーケティング戦略③
# 顧客価値

## 顧客価値とはどのような考えか



顧客価値(ライフタイムバリュー)は、顧客が長期にわたり購入する製品・サービスの価値の総和のことです。この指標により顧客ロイヤルティの向上を目指します。顧客1人あたりの年間利益に平均寿命をかけたものをベースに考えます。

**顧客価値（ライフタイムバリュー）**

**ライフタイムバリューの算式**

**LTV（ライフタイムバリュー）**

＝

**顧客1人あたりの年間利益**

×

**平 均 寿 命**

×

**割　引　率**

製品に焦点を当てた分析や、広告を核とした従来の戦略立案ではなく、既存顧客の情報に焦点を当て、その情報を有効活用したマーケティングの確立が企業の継続的な成長には不可欠と言えます。このように長期的な顧客管理を中心とした狭義のマーケティング戦略をCRM戦略と言い、その戦略の鍵をにぎるのが顧客価値（ライフタイムバリュー）という概念です。

CRM戦略とは、顧客との関係構築・維持によって獲得収益を極大化することを目指し、自社に収益をもたらしてくれる顧客群を明確に定義したうえで、その顧客群に対して最適なマーケティングミックスを適用する戦略のことです

74

顧客維持のマーケティング戦略④

# RFM 分析

## 優良顧客を見つけ出すには

最優良顧客を見つけるのに、①「最後に購入したのはいつか」、②「購入頻度」、③「購入金額」の３つの視点で顧客をセグメントに分けて優先順位をつけるものをRFM分析と言います。こうすることで顧客ごとのレスポンスが高まります。

### RFM分析

最も効率的にアプローチすべき顧客グループを
RFM分析を用いて抽出

| Customer Name | Recency | Frequency | Monetary | Score | Priority |
|---|---|---|---|---|---|
| Yusuke Ono | 9 | 10 | 9 | 28 | A |
| Tomoko Ohno | 10 | 8 | 8 | 26 | A |
| Shinako Suzuki | 9 | 8 | 8 | 25 | A |
| Yukiko Ito | 8 | 9 | 7 | 24 | A |
| Ichiro Sasaki | 7 | 7 | 8 | 22 | A |
| Goro Watanbe | 6 | 8 | 7 | 21 | A |
| Hiroyuki Sato | 7 | 6 | | | |
| [illegible] | [illegible] | 6 | 4 | 15 | B |
| Shuichi Sakai | 5 | 4 | 5 | 14 | B |
| Masahiro Hara | 3 | 5 | 4 | 12 | B |
| Yoko Sonoda | 2 | 4 | 4 | 10 | C |
| Takashi Goto | 3 | 2 | 4 | 9 | C |
| Aya Ogawa | 2 | 4 | 2 | 8 | C |
| Masahiko Kudo | 1 | 3 | 2 | 6 | C |
| Yuichi Inoue | 1 | 2 | 2 | 5 | C |
| Haruo Okita | 2 | 1 | 1 | 4 | C |
| Keiko Tanaka | 1 | 1 | 1 | 3 | C |

RFM の R とは、Recency（最近）、つまり一番最近購入された年月日のことで、一般的には最後の購入日から経過した期間を表します。F は Frequency（頻度）で過去１年間などの一定期間に購入された回数を表し、M は Monetary（金額）で一定期間での購買金額を表します。これらの変数に自社の状況に基づいた重みづけを行い、顧客セグメントの抽出と優先順位づけを行うことで、効果的なターゲットマーケティングを実施することができます。

RFM 分析は、データベースを使ったターゲット・マーケティングで、顧客の過去の購買履歴を分析する手法です。顧客それぞれに対して独自に設定されたウェイトをつけ、その合計の評価点で DM やカタログを送るときなどの顧客絞込み判断材料とすることでマスマーケティングアプローチにおける無駄な投資をなくし、レスポンス率を高めることができます

# 75

## 顧客維持のマーケティング戦略⑤
# 顧客進化

### 戦略的なパートナーとしての顧客

既存顧客の維持に努めていくことによって、売上に貢献するだけの顧客から企業の新規事業につながるようなアイデアを提供してくれる戦略的なパートナーとしての顧客へ進化していくこととなります。

## 顧客進化

顧客進化の階層

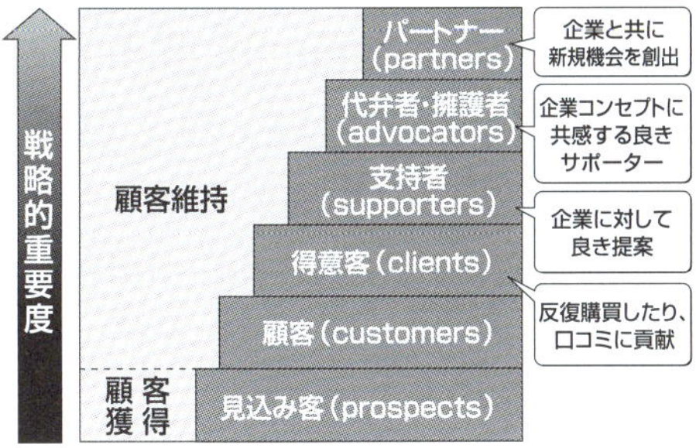


RFM 分析で見てきたように、優良顧客は、自社に対する想い、購買頻度や金額など、あらゆる面で他の顧客と同じではありません。1人でも多くの顧客を自社にとっての最善のパートナーへと導いていけるよう、常に努力をする必要があります。

一般的に、企業が新規顧客を一件獲得するのに必要とする経費は、既存顧客を維持する経費の約5倍かかると言われています。さらに大半の企業は毎年顧客の 25%以上を失っているとも言われています。あ〜恐ろし！

# 第3章

# アカウンティング

Accounting

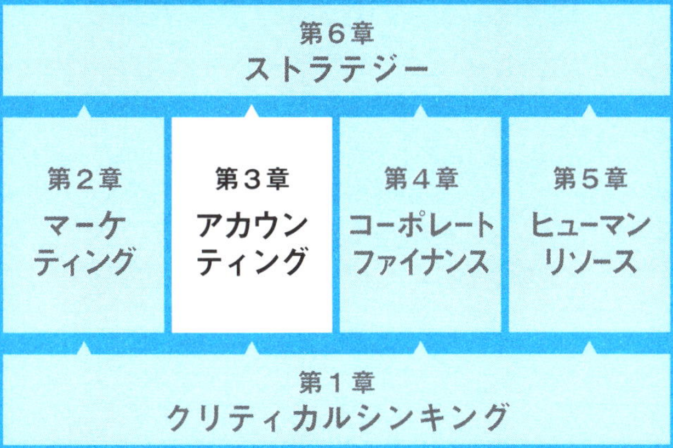


あなたの意見や提案の背後に計数的な
分析による裏づけがあることで、
客観性や納得感、つまり相手への説得力が
大きく異なることになります。

# 76 株式会社制度と会計制度

## 「会計」がなぜ必要なのか

株式会社は、株式を発行して資金を調達し事業を行います。つまり、会社を所有するのは「株主」であり、経営を委任されている「経営陣」はしっかり経営を行っているかどうかを「会計」によって株主に示します。

**株式会社制度と会計制度**

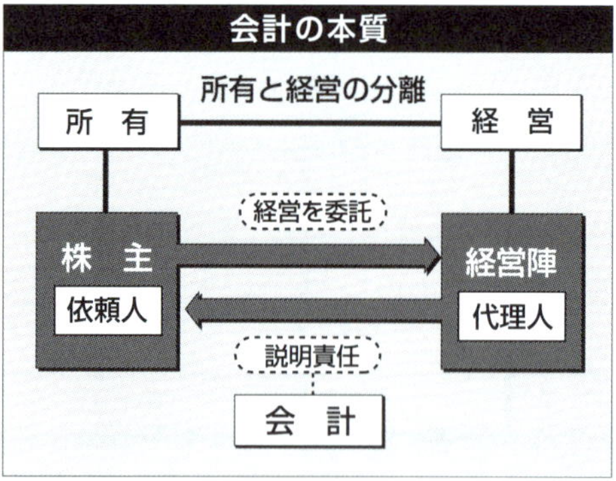


株主総会は、会社の最高意思決定機関であり、株主は経営陣からの経営報告を得て、経営陣の経営受託責任を評価します。よって次のような最も重要な決議権限を持ちます。

・定款変更
・資本減少
・取締役・監査役の任免と報酬決定
・会社の合併・解散、計算書類の承認　など。

株式会社制度においては、「会社は株主のものである」という前提を忘れてはいけないね。日本の企業では、出世してマネジメントに就くと「自分の会社」と勘違いするケースが多く見受けられます。この視点を軽視して、コーポレートガバナンス（企業統治）の問題が露呈している会社が多いですね（どことは言いませんが……）

# 77 アカウンティングの類型

## 「財務会計」と「管理会計」

財務会計は、会社外部の利害関係者に業績を説明するための会計。基本的に「貸借対照表」「損益計算書」「キャッシュフロー計算書」の財務三表を作成し報告します。一方、管理会計は、会社内部の合理的経営に役立てるための会計。

### アカウンティングの類型

| | 財務会計 | 管理会計 |
|---|---|---|
| 目　的 | 外部利害関係者への説明 | 内部管理による合理的経営 |
| 利用者 | 外部利害関係者 | 経営者 |
| 対　象 | 過去の実績のみ | 将来の計画も対象 |
| 提供のされ方 | 財務諸表として報告 | 経営情報として提供 |

財務会計は外部利害関係者の判断を誤らせないことが目的なので、諸法令によって決められたフォーマットに従って作成され、どの会社の財務諸表も同じような形式になります。管理会計では、財務会計で得られたデータを用いて財務分析、損益分岐点分析、予算管理などを行って将来の計画を立てていきます。企業内部で経営に役立てることを目的としているため、特に決められた形式はなく、その会社にとって利用しやすいものであればよいです。

英語では、貸借対照表はBalance Sheet（B/S）、損益計算書はProfit & Loss statement（P/L）、キャッシュフロー計算書はCash Flow statement（C/F）って言うんだね。ふむふむ

# 78 会計公準

## 企業会計が成り立つ前提となるルール

企業会計が成立するためには、「企業実体の公準」「継続企業の原則」「貨幣的評価の公準」という3つの基本的な前提が必要です。

### 会計公準

会計公準とは、企業会計が成り立つための前提となるもの

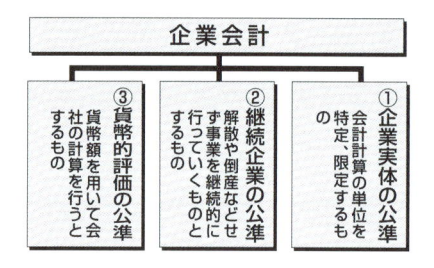

企業会計

①企業実体の公準
会計計算の単位を特定、限定するもの

②継続企業の公準
解散や倒産などせず事業を継続的に行っていくものとするもの

③貨幣的評価の公準
貨幣額を用いて会社の計算を行うとするもの

・企業実体の公準……社長が家族のために車を買っても会社の会計には関係ありません。継続企業の公準会社は永続するものとして、その永続的な期間を一定期間（通常は1年）に区切って、会計計算を行います。
・貨幣的評価の公準……販売額1000個、パソコン200台などで表さず金額で表します。

会計公準のような基本的な取り決めがないと、各利害関係者（投資家、株主、取引業者など）が公平な比較・判断をすることができないですよね。たとえば、キリンビールとアサヒビール、どちらが儲かってるの？　とか

# 79 企業会計原則

## 日本における会計原則（企業会計原則）

企業会計原則には、①「一般原則」、②「損益計算書原則」、③「貸借対照表原則」の３つの構成要素があります。①は会計を行うために守るべきルール、②は損益計算書を作成する際に守るべきルール、③は貸借対照表を作成する際のルールです。

**企業会計原則**

**貸借対照表原則**
- 本質
- 区分
- 配列
- 科目の分類
- 資産の価額
- 費用配分の原則

**損益計算書原則**
- 本質
- 発生主義の原則
- 総額主義の原則
- 費用収益対応の原則
- 区分
- 実現主義の原則

**一般原則**
- ①真実性の原則
- ②正規の簿記の原則
- ③資本取引・損益取引区分の原則
- 明瞭性の原則
- 継続性の原則
- 保守主義の原則
- 単一性の原則

①実性の原則……「真実の報告をする」という原則
②正規の簿記の原則……「正確な会計帳簿を作成する」という原則
③資本取引・損益取引区分の原則……「資本取引」という原則
他に④明瞭性の原則、⑤継続性の原則、⑥保守主義の原則、⑦単一性の原則があります。

どうですか？　できていない？　そうですね。これこそ、あたりまえに会社の倫理性が問われる部分です。いくら素晴らしい「戦略と実績」をあげていても、この段階でNGだと、会社を続ける資格はないですね

# 80 財務諸表の作成プロセス

## 財務諸表作成の大まかな流れ

日々のすべての取引について複式簿記を用いて仕訳し、勘定科目ごとに集計した後、財務諸表の試算のために試算表を作成します。さらに期中の仕訳で把握できていなかった損益計算を行って決算修正をした後、財務諸表を作成します。

### 財務諸表ができるまでのプロセス

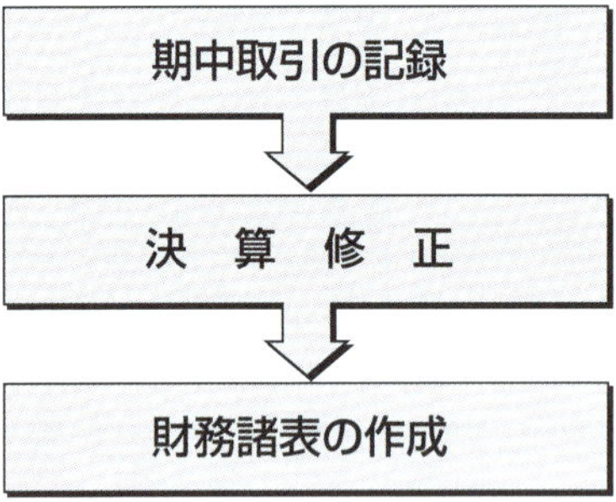


●決算修正の具体例
・期中取引の記録……８月に１年間使用できるウィルス駆除ソフト12,000円を現金で購入（決算月は３月）。
仕訳：（消耗品費）／（現金）　12,000／12,000
・決算修正……その期の費用になるのは８月から３月までなので、４月から７月までの分は来期の費用となり、今期の費用からは除外。
仕訳：（前払費用）／（消耗品費）　4,000／4,000

通常、決算期は１年です。企業会計原則の「継続企業の公準」（ゴーイングコンサーン：Going Concern）にあるように、「企業は永続的に活動を行っていく」という前提条件があります。そのため、取引を定量化して比較するためには、（あたりまえですが）一定期間に区切って取引の記録を作成しなくてはならないのです

# 81 簿記の知識

## 事業活動を記録していく仕訳

貸借対照表では、資産は左側、負債・資本に関するものは右側に、損益計算書では、費用は左側、収益は右側に分類されます。よって仕訳では、資産、費用が増加するものは左側、資産、費用が減少するものは右側で処理されます。

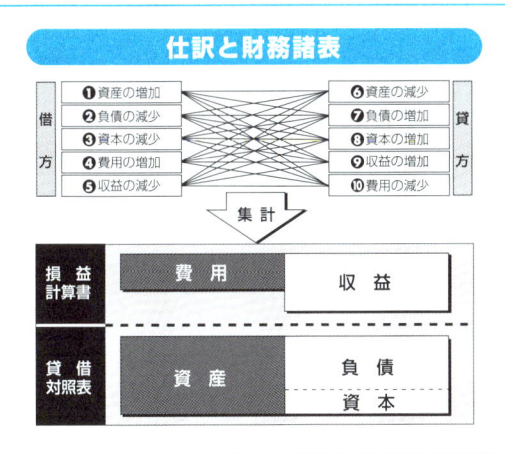

### 仕訳と財務諸表

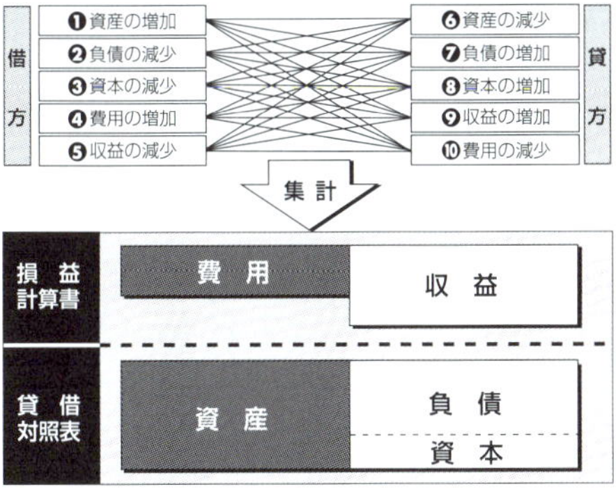


・顧客から製品1億円を売り上げ、手形で受け取った。
受取手形1億円（資産の増加）／売上高1億円（収益の増加）
・従業員に給料2,000万円を現金で支払った。
給料2,000万円（費用の増加）／現金2,000万円（資産の減少）
・銀行に20万円の短期の借り入れを普通預金から返済した。
短期借入金20万円（負債の減少）／普通預金20万円（資産の減少）

10万円のパソコンを現金で購入したら……
借方＝車（資産の増加）　10万円
貸方＝現金（資産の減少）10万円
様々な状況を想定して、簿記の仕組みを理解しよう

82

損益計算書①

# 損益計算書とは

## 損益計算書の特徴を学ぶ

収益から費用を引いた様々な段階の利益を見ていくのが損益計算書です。一口に「利益」といっても会計の対象によって5つの種類の「利益」が存在します。

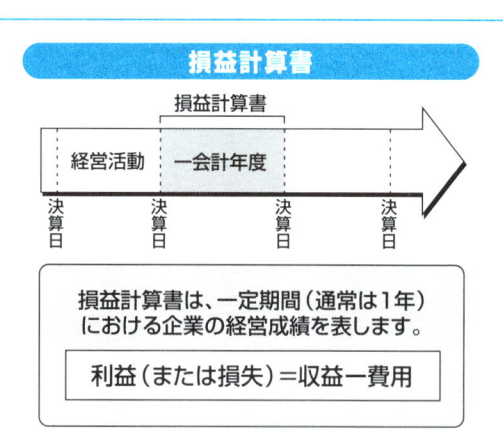

### 損益計算書

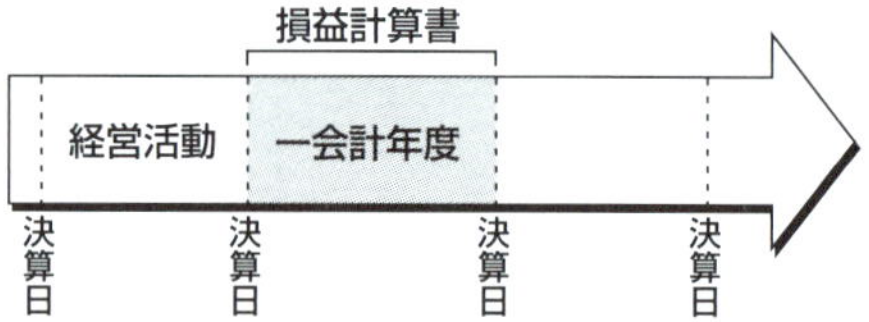


**損益計算書は、一定期間（通常は1年）における企業の経営成績を表します。**

**利益（または損失）＝収益ー費用**

利益は、収益から費用を差し引いて計算されます。たとえば 70 円で仕入れた商品を 100 円で販売した場合、利益は 30 円となります。
収益 100 円－費用 70 円＝利益 30 円
利益には「売上総利益」「営業利益」「経常利益」「税引前当期利益」「当期利益」の 5 つがありますが、それぞれ違う意味を持っています。

２社以上の損益計算書を比較する場合、各社のビジネスモデルを理解しておく必要があります。たとえば、直営店舗を中心に出店している会社とフランチャイズ展開をしている会社では、損益計算書の中身に雲泥の差があるのは明白です。あたりまえのように思えますが、目先の業績に悩み出すと単純比較してしまい、誤った意思決定をする危険があります

# 83

## 損益計算書②
# 売上総利益

### 5段階の1段階目の利益

売上総利益とは「売上高」から「売上原価（仕入原価や製造原価など売れた分の製品の費用）」を引いたもので、いわゆる粗利益のことです。この利益が高い製品は付加価値が高いということであり、競争優位性が高いことを意味します。

**5段階の利益❶～売上総利益～**

| | | |
|---|---|---|
| | 売上高 | 100,000 |
| −） | 売上原価 | 60,000 |
| | ❶売上総利益 | 40,000 |
| −） | 販売費および一般管理費 | 30,000 |
| | ❷営業利益 | 10,000 |
| ＋） | 営業外収益 | 500 |
| −） | 営業外費用 | 1,000 |
| | ❸経常利益 | 9,500 |
| ＋） | 特別利益 | 100 |
| −） | 特別損失 | 400 |
| | ❹税引前当期利益 | 9,200 |
| −） | 法人税等 | 4,500 |
| | ❺当期利益 | 4,700 |

いわゆる粗利益

業界によって、売上総利益率の平均は異なります。一般に、成熟産業の売上総利益は低めで、成長産業は高めです。たとえば、製造業なら20%前後、小売業やサービス業なら30%前後、卸売業なら15%前後といったところですが、情報通信業だと40%前後、不動産業なら50%前後となります。もちろん同じ業界内でも平均をかなり上回る急成長企業があります。

2社以上の損益計算書を比較する場合、それぞれの損益計算書同士が比較可能なものであるかを最初に検証しておく必要があります。しかし、みなさん、知識上はわかっていても、異なる前提の数字を同じ土俵で比較してしまう落とし穴にはまってしまいます

# 84 損益計算書③ 営業利益

## 5段階の2段階目の利益

営業利益とは「売上利益」から「販売費及び一般管理費」を差し引いたものです。営業活動において発生した利益、すなわち本業での儲けを表しています。

### 5段階の利益❷ ～営業利益～

| | | |
|---|---|---|
| | 売上高 | 100,000 |
| −) | 売上原価 | 60,000 |
| | ❶売上総利益 | 40,000 |
| −) | 販売費および一般管理費 | 30,000 |
| | ❷営業利益 | 10,000 |
| +) | 営業外収益 | 500 |
| −) | 営業外費用 | 1,000 |
| | ❸経常利益 | 9,500 |
| +) | 特別利益 | 100 |
| −) | 特別損失 | 400 |
| | ❹税引前当期利益 | 9,200 |
| −) | 法人税等 | 4,500 |
| | ❺当期利益 | 4,700 |

いわゆる粗利益（❶売上総利益）

本業での儲け（❷営業利益）

「販売費及び一般管理費」とは、販売活動にかかる費用（営業マンの人件費など）と、管理活動から生じる費用（事務所の賃貸料など）の合計です。本業の儲け具合が良いかどうかは営業利益率を見て判断します。業種・業態によって営業利益率には差があります。営業利益率が高い業界は、一般的に魅力度が高い業界であると言えます。

営業利益率が高い業界に製薬業界があります。製薬業界は新薬を競合に先んじて開発して利益を得ていますから、優秀な研究者をより多く抱え、多額の資金を研究開発につぎ込みます。規模が大きいほうが有利な業界で、勝ち組と負け組がはっきり分かれます。実際に世界の潮流に巻き込まれる形で日本でも大再編が起りつつあります

85

損益計算書④

# 経常利益

## 5段階の3段階目の利益

経常利益とは営業利益に営業外収益を加算し、営業外費用を差し引いたものです。「営業外」とは「本業以外での」という意味です。日本では企業活動全般としての儲けを表すこの経常利益が重視されます。

### 5段階の利益❸ ～経常利益～

| | | |
|---|---|---|
| | 売上高 | 100,000 |
| −) | 売上原価 | 60,000 |
| ❶ | 売上総利益 | 40,000 |
| −) | 販売費および一般管理費 | 30,000 |
| ❷ | 営業利益 | 10,000 |
| +) | 営業外収益 | 500 |
| −) | 営業外費用 | 1,000 |
| ❸ | **経常利益** | **9,500** |
| +) | 特別利益 | 100 |
| −) | 特別損失 | 400 |
| ❹ | 税引前当期利益 | 9,200 |
| −) | 法人税等 | 4,500 |
| ❺ | 当期利益 | 4,700 |

売上総利益：いわゆる粗利益

営業利益：本業での儲け

経常利益：企業活動全般としての儲け

本業での儲けは「営業利益」、企業活動全般としての儲けは「経常利益」をみればわかります。企業の財務諸表を見ると経常利益が良くても営業利益が悪い場合がよくあります。たとえば株式の売却益や為替差益など、本業とは関係ないところで収益を獲得している場合です。年間の企業活動全体としては合格点ですが、この会社が長期的に持続して収益を上げられるかどうかは、本業の強さをみなければなりません。したがってこのような会社は注意が必要です。

営業利益率が低い業界には繊維業界、建設業界があります。いわゆる不況業種と言われているよね。業界の平均営業利益率は、その業界が儲かっているか否かを見極める点で戦略上重要な意味を持ちます。業界の平均利益率を調べるには、対象業界に属する上場会社の財務諸表を集めるか、TKC経営指標、中小企業の経営指標などを利用します

86

## 損益計算書⑤

# 税引前当期利益

### 5段階の4段階目の利益

税引前当期利益とは、経常利益に特別利益を加算し、特別損失を差し引いたものです。特別利益とは「土地の売却益」など臨時に発生した利益などを指し、特別損失とは「不渡小切手の発生」など臨時に発生した損失が該当します。

**5段階の利益④～税引前当期利益～**

| | | | |
|---|---|---|---|
| | 売上高 | 100,000 | |
| －） | 売上原価 | 60,000 | |
| | ❶売上総利益 | 40,000 | いわゆる粗利益 |
| －） | 販売費および一般管理費 | 30,000 | |
| | ❷営業利益 | 10,000 | 本業での儲け |
| ＋） | 営業外収益 | 500 | |
| －） | 営業外費用 | 1,000 | |
| | ❸経常利益 | 9,500 | 企業経営活動全般としての儲け |
| ＋） | 特別利益 | 100 | |
| －） | 特別損失 | 400 | |
| | ❹税引前当期利益 | 9,200 | 最終的な利益 |
| －） | 法人税等 | 4,500 | |
| | ❺当期利益 | 4,700 | |

臨時に発生した利益／損失のほかに、以前に誤って処理してしまった修正も該当します。企業の最終的な利益だからといって、税引前当期利益だけ見ていてはいけません。たとえば遊休工場の売却益など、臨時的な収益の発生で一時的な収益の改善が見られても、長期的な収益を生み出す力があるかどうかは別の利益（営業利益、経常利益、売上総利益率）を見なければわからないのです。

特別利益、特別損失とは、建物、機械、土地、車両運搬具等の保有固定資産を売却したり除却する場合や、台風・地震等の災害や盗難等突発的に生じた損失など、会社が経常的に発生するものではない臨時的な損益や利益のことです

# 87

## 損益計算書⑥
# 当期利益

### ５段階の５段階目の利益

当期利益とは、税引前当期利益から法人税などを差し引いた利益のことです。当期利益と前期の繰越利益は、あわせて当期未処分利益と呼び、配当・役員賞与などの利益処分の源泉となります。

**5段階の利益⑤　～当期利益～**

| | | | |
|---|---|---|---|
| | 売上高 | 100,000 | |
| −) | 売上原価 | 60,000 | |
| | ❶売上総利益 | 40,000 | いわゆる粗利益 |
| −) | 販売費および一般管理費 | 30,000 | |
| | ❷営業利益 | 10,000 | 本業での儲け |
| +) | 営業外収益 | 500 | |
| −) | 営業外費用 | 1,000 | |
| | ❸経常利益 | 9,500 | 企業経営活動全般としての儲け |
| +) | 特別利益 | 100 | |
| −) | 特別損失 | 400 | |
| | ❹税引前当期利益 | 9,200 | 最終的な利益 |
| −) | 法人税等 | 4,500 | |
| | ❺当期利益 | 4,700 | 利益処分に充てることのできる利益 |



当期利益に前期繰越利益を加算した当期未処分利益は、株主総会において分配項目と金額が決定されます。一般的には次のものに分配されることになります。
役員へ分配：役員賞与
株主に分配：配当金
社内留保：利益準備金、積立金

当期未処分利益の項目と金額を見れば、その会社が誰を重視した経営をしているか、また、企業の維持発展を重視しているかを見極めることができます

**88**

## 貸借対照表①
# 負債・資本

### 貸借対照表の右側（貸方）を見てみる

貸借対照表の右側は、どのように資金を調達しているかを表します。返済義務のある債務を「負債（他人資本）」、株式の発行によって集めた資金と企業が蓄積している利益を合わせたものを「資本（自己資本）」と呼びます。

**貸借対照表❶～負債・資本～**

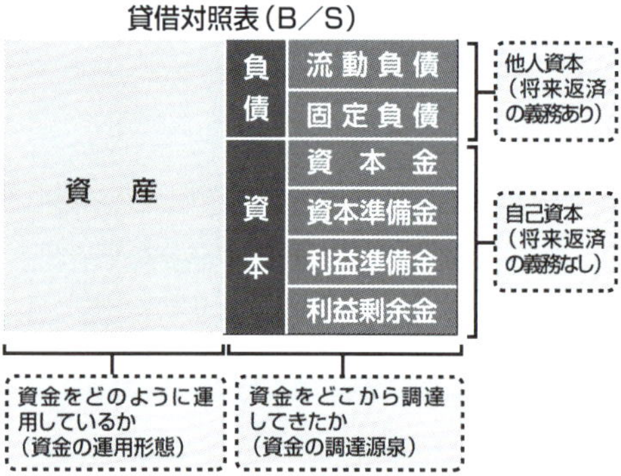


流動と固定の違いは「1年以内に返済しなければならないかどうか」です。商法で積み立てが強制されているのが資本準備金と利益準備金です。貸借対照表を見れば、企業がどこから資金を調達してきているかがわかります。つまり、短期に返済しなければならない借入金で調達しているのか、増資により調達しているかなどが一目瞭然です。前者の場合は、資金ショートの可能性がないかを調べる必要が出てきます。

資本準備金とは、株式発行の際に株主が払い込んだお金のうち、資本金に組み込まれなかった株主払込剰余金、合併差益、減資差益などのことを言います

# 89

## 貸借対照表②
# 資産

### 貸借対照表の左側（借方）を見てみる

貸借対照表の左側は、調達した資金をどのように運用しているかを表し、大きく次の３つ（流動資産、固定資産、繰延資産）に分けられます。

**貸借対照表❷ ～資産～**

貸借対照表（B／S）

| | | |
|---|---|---|
| 流動資産 | 当座資産 | 負債 |
| | 棚卸資産 | |
| | その他の流動資産 | |
| 固定資産 | 有形固定資産 | |
| | 無形固定資産 | 資本 |
| | 投資その他の資産 | |
| 繰延資産 | | |
| 資金をどのように運用しているか（資金の運用形態） | | 資金をどこから調達してきたか（資金の調達源泉） |

①流動資産：営業活動に伴って発生する資産。１年以内に資金回収される資産と１年以内に費用化が予定される資産
②固定資産：１年以内に費用化または現金化されない資産
③繰延資産：支出の効果が複数年期待されるため、支出時に一度に費用とせず一時的に資産に計上する資産

貸借対照表では、「資産」は左側（借方）、「負債・資本」は右側（貸方）へ記載され、両者の合計は必ず一致します。だから、バランスシートって言うんですね

# 90 キャッシュフロー計算書

## キャッシュフロー計算書とは何か

キャッシュフロー計算書は、1年間でどのような資金がどれだけ流入・流出したかを表します。実際に現金およびそれに類するものが出入りして初めて計上されるので、貸借対照表や損益計算書では表せないお金の客観的な流れを表せます。

### キャッシュフロー計算書

| | |
|---|---|
| Ⅰ．営業キャッシュフロー | |
| 純利益 | 3,000 |
| +）減価償却費 | 500 |
| −）棚卸資産の増加 | △400 |
| 営業活動によるキャッシュフロー | 3,100 |
| Ⅱ．投資キャッシュフロー | |
| −）固定資産の取得による支出 | △3,000 |
| −）有価証券の取得による支出 | △2,500 |
| 投資活動によるキャッシュフロー | △5,500 |
| Ⅲ．財務キャッシュフロー | |
| +）長期借入金の増加 | 3,800 |
| −）短期借入金の返済 | △400 |
| 財務活動によるキャッシュフロー | 3,400 |
| Ⅳ．現金及び預金の増減 | 1,000 |
| Ⅴ．現金及び預金の期首残高 | 2,600 |
| Ⅵ．現金及び預金の期末残高 | 3,600 |

企業全体のキャッシュフロー

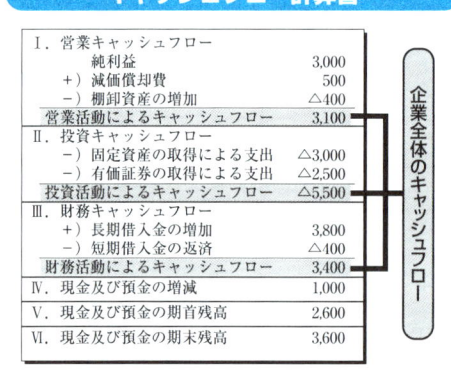

・営業キャッシュフロー……営業活動において、キャッシュがどのようにどれだけ増減したかを表します。企業存続の基盤であるからプラスでなければなりません。
・投資キャッシュフロー…投資活動において、キャッシュがどのようにどれだけ増減したかを表します。
・財務キャッシュフロー…財務活動においてどのように、キャッシュがどれだけ増減したかを表します。

近年ではキャッシュフロー計算書をより重視する傾向があります。たとえば毎月4000万円のコストで、月1億円の仕事の受注をする案件があった場合、入金サイトが3カ月で、会社のキャッシュが今手元に1億円しかなければ、たとえ利益が出ていても確実にお金が回らなくなることがあるからです（4000万円×3カ月＝1億2000万円→2000万円足りない！）

91

財務分析①

# 財務分析とは何か

## 「財務分析」とは何かに

財務分析とは企業自身や、株主、債権者などの利害関係者（ステークホルダー）が財務諸表を使って、収益性、安全性、生産性などを見ることです。利用する主体によって重視する点は異なります。

**財務分析**

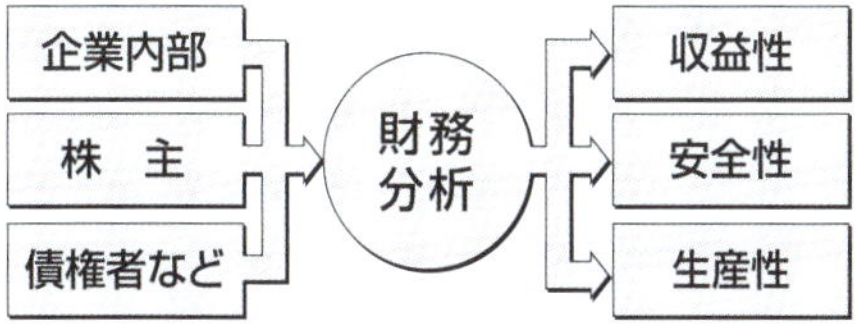


- 企業の現状を様々な角度から分析
- 異なる利用者が異なる目的で活用

株主は会社が健全に経営され（収益性がよい）、配当がきちんとなされるかという点を重視します。企業内部では収益性、安全性、生産性、成長性といった様々な観点から企業を分析します。債権者は、貸した債権が無事返ってくるかどうかが問題なので安全性分析を重視します。

財務諸表の見方がわかっても、実務に役立てることができなくては意味がないよね。ここからが応用編。しっかり身につけよう！

# 92

財務分析②
# 財務分析の方法

## 財務分析の基本的な分類を知る

財務分析には数字をそのまま評価する絶対値による分析と、利益の対売上高比率などを使った比率による分析の２つがあります。また、数字を他社のものと比較する他社比較と、過去の自社の数字と比較する時系列比較があります。

**財務分析の方法**

| 絶対値による分析 | 比率分析 |
| --- | --- |
| 企業規模が異なる会社の比較ができない | 企業規模が異なる会社の比較ができる |

↓

**財務分析では、一般的に比率分析を使用**

・絶対値による分析
Ａ社：売上高 200 億円、利益 10 億円
Ｂ社：売上高 100 億円、利益 7 億円
絶対値（利益額）による分析では、Ａ社の収益性のほうが高い。
・比率による分析
Ａ社の利益率：５％　Ｂ社の利益率：７％
比率（利益率）による分析では、Ｂ社の収益性のほうが高い。

Ａ事業とＢ事業ではどちらが優秀でしょうか？
答えは……以上のような「前提」によって異なるため、汎用的な正解はありません。経営者ならか「薄利多売でも利益を多く積んだほうが勝ちじゃないか」という意見が多いかもしれませんし、経営コンサルタントなら「効率経営という点ではＢ事業の方が優れています」と言うかもしれません

# 93

## 収益性分析①
# 収益性とは何か

### 収益性とは何かを学ぶ

収益性分析とは、売上に対する利益の割合で、企業が効率的に利益を上げているかどうかを見ます。投資に対するリターンの割合を示す「資本利益率」が重視されます。経常利益÷総資本で表される「総資本経常利益率」は代表例です。

### 収益性分析

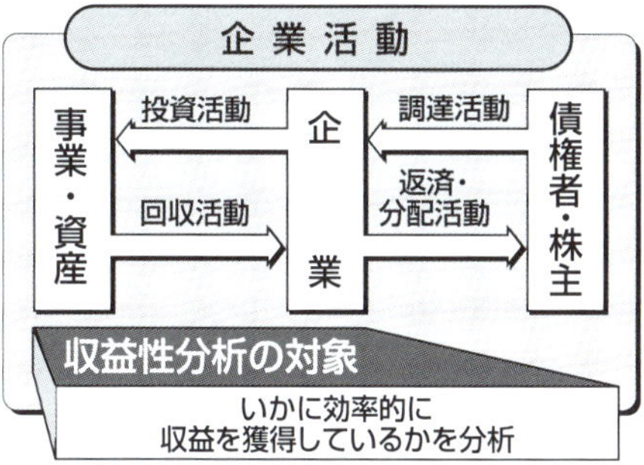


企業は債権者や株主から資金を調達し、その資金を事業などに投資します。さらに投資した事業から売上を回収し、そこから費用・税金を引いて利益を出します。この一連の企業活動における効率性を見るのです。収益性分析でも、①競合他社との比較、②自社の過去の数値との比較、③業界標準との比較をすることが重要となります。

資金や人的資源などの限られたリソースを「いかにバランスよく、また、メリハリをつけて投入するか」こそが戦略であり、経営そのものと言えます。したがって、財務分析においては、自社の状況に応じ「絶対値分析」と「比率分析」という２つの視点からする必要があるということなのです

# 94

収益性分析②

# 資本利益率

## 資本利益率とは何か

利益÷資本で算出されるのが「資本利益率」です。利益は損益計算書を、資本は貸借対照表を参照します。ただし一口に「利益」「資本」といっても、様々な種類や特徴があり、使用目的によってどのように組み合わせるかが異なります。

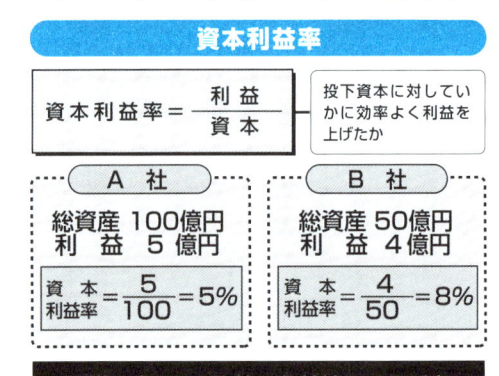

### 資本利益率

$$資本利益率 = \frac{利益}{資本}$$

投下資本に対していかに効率よく利益を上げたか

**A社**

総資産 100億円
利　益　5 億円

$$資本利益率 = \frac{5}{100} = 5\%$$

**B社**

総資産 50億円
利　益　4 億円

$$資本利益率 = \frac{4}{50} = 8\%$$

**∴規模は小さいがB社の収益性のほうが高い**

分子の「利益」には、売上総利益、営業利益、経常利益、税引前当期利益、当期利益などが利用されます。それぞれに違った意味があるので、使用目的により使い分けます。分母の「資本」には、総資本（総資産）、他人資本、自己資本、流動資産、固定資産などが利用されます。それぞれに違った意味があるため、利用目的により使い分けましょう。

利益率なら、単純に売上に対する利益率を見ればよいのにと思いませんか？　しかし、現実のビジネスはまず資本を調達し、その資本を使って収益を確保し、その中から利益を得るという一連のサイクルで回っています。そのため、企業の動きをよりマクロで見るには、企業が投下した資本に対する「資本利益率」で捉えるのが適切だということです

95

収益性分析③

# 代表的な資本利益率

## 総資本利益率と自己資本利益率

総資本利益率は「経常利益÷総資本」で求まり、事業全体の収益獲得の効率性を表しています。自己資本利益率は「当期利益÷自己資本」で、株主の資本に対してどれだけ利益を上げたかを表しています。株主が参考にする指標の１つです。

### ROAとROE

総資本利益率（ROA）＝ 経常利益 ／ 総資本

会社が運営している資本全体に対して
いかに効率よく利益を上げたか

自己資本利益率（ROE）＝ 当期利益 ／ 自己資本

株主が拠出した資本に対して
いかに効率よく利益を上げたか

投下資本全体の収益性を見る目的で使用するのは、企業活動全般の儲けである経常利益となります。株主にどれだけ利益を分配できるかが重要となるため、使用するのは株主に分配可能な税引後の当期利益となります。

ROA（Return On Asset）は、代表的な収益性分析の指標の一つで、規模や事業領域の異なった企業同士を比較する際に、的確に収益性を判断できる点で優れています。ROE（Return On Equity）は、企業の獲得利益によって株主に分配されるインカムゲインやキャピタルゲインが変わってくるため、株主の影響力の強いアメリカでは頻繁に目にする指標です

# 96 収益性分析④ 売上高利益率

## 資本利益率の数値を売上高利益率で見る

資本利益率を「売上高利益率×資本回転率」に分解することによって、その数値となった原因を細かく分析することができます。売上高利益率は一定の売上高に対しいかに多く利益を獲得しているかを表します。

### 資本利益率の分解❶～売上高利益率～

分解すると

$$資本利益率 = \frac{利益}{資本} = \frac{利益}{売上高} \times \frac{売上高}{資本}$$

売上高利益率 × 資本回転率

| 売上高対売上総利益率 | 売上高対営業利益率 | 売上高対経常利益率 |
|---|---|---|
| $= \frac{売上総利益}{売上高}$ | $= \frac{営業利益}{売上高}$ | $= \frac{経常利益}{売上高}$ |

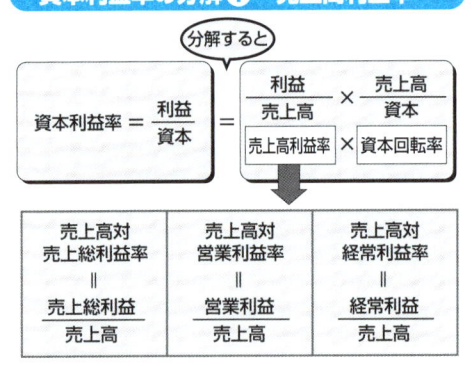

・売上高対売上総利益率……利益率の高い製品を売っているかがわかり、自社製品の競争力を示します。
・売上高対営業利益率…本業での利益率が高いかどうかがわかります。売上総利益に問題がなくこの比率が低ければ、販売費及び一般管理費の割合が高いと言えます。詳細を調べる必要があります。
・売上高対経常利益率…企業の活動全体の利益率が高いかが判明します。

日本企業の売上高経常利益率は一般に低く、上場企業でも４～５％程度です。一般に小売業や卸売業は薄利多売なため２～３％程度、製造業やサービス業は比較的高めです。急成長しているネット企業の中には50％を超える企業もあります

# 97

## 収益性分析⑤
# 資本回転率

### 資本利益率の数値を資本回転率で見る

資本回転率は一定の資本に対していかに売上高を多く獲得しているか（資本の利用効率性）がわかります。総合的な指標としては総資本回転率があり、業種平均や競合と比較して低いときは資本の運用に無駄があることを示します。

**資本利益率の分解②～資本回転率～**

分解すると

$$資本利益率 = \frac{利益}{資本} = \frac{利益}{売上高} \times \frac{売上高}{資本}$$

売上高利益率 × 資本回転率

| 総資本回転率 | 売上債権回転率 | 棚卸資産回転率 | 固定資産回転率 | 有形固定資産回転率 |
|---|---|---|---|---|
| ‖ | ‖ | ‖ | ‖ | ‖ |
| 売上高／総資本 | 売上高／売上債権 | 売上高／棚卸資産 | 売上高／固定資産 | 売上高／有形固定資産 |

細かい資本運用の効率を分析していくことによって、どの部分の資本効率が悪いかを具体的に分析することができます。
・売上債権回転率……売掛金や受取手形などの入金サイトがわかります。回転が悪ければ、資金運用に無駄があるということです。
・棚卸資産回転率……商品や材料などの運用効率がわかります。悪ければ、在庫ロスが発生する可能性が高くなります。

ポータルサイトの多くは広告に依存しています。逆に言えばコンテンツを含めたポータルさえ作ってしまえば、あとはほぼコンテンツの分だけ（ページ分だけ）無尽蔵に広告スペースを作ることができるということで、膨大なインフラ構築費用を賄えるだけの利益を稼いでしまえば、後は運営費以外はコストがかからず丸々利益になると考えられます

# 98

安全性分析①

## 安全性分析の必要性

### 安全性分析がなぜ必要かを学ぶ

企業間の信用取引が成立するためには企業の財務管理が健全でなければなりません。そのためになされるのが安全性分析です。安全性分析とは、企業がどのぐらい財務的に安定しているかを分析することです。

**安全性分析**

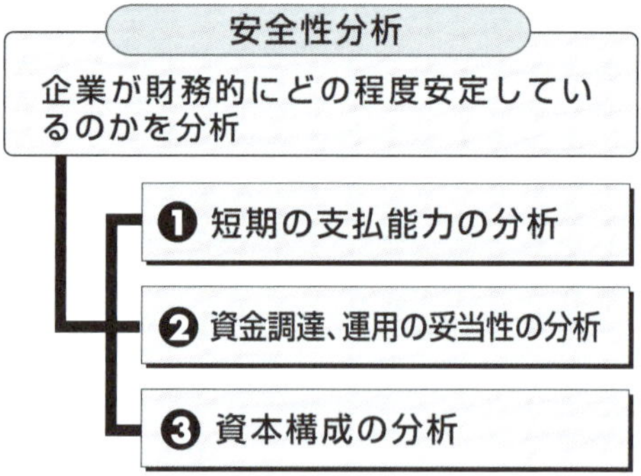


収益性分析によって企業がどれくらい儲ける力があるのかを分析することは重要ですが、黒字倒産ということもありうるので注意が必要です。成長している企業こそ資金需要は旺盛なものです。したがって資金ショートが起きないか、資金調達・運用のバランスが良いかということも分析しておく必要があります。これが安全性分析です。

黒字倒産とは、その名の通り損益計算書上は利益が出ているにもかかわらず、支払い能力を失い営業活動が続けられなくなった状態のことです。バブル崩壊後、不良債権処理に追われていた金融機関による貸し渋りの影響で、資金繰りが悪化した企業の黒字倒産が表面化し問題になりましたね

# 99 安全性分析②
# 短期支払能力

## 短期の支払能力の分析について学ぶ

短期の支払能力を見る指標には、流動比率と当座比率があります。流動比率は「流動資産÷流動負債」で計算し、「当座比率は当座資産÷流動負債」で計算します。

### 短期の支払能力の分析

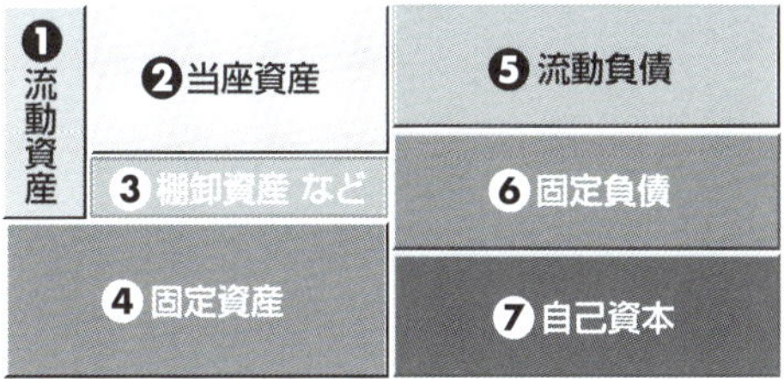


流動比率 ＝ ❶／❺ …120％以上が合格ライン

当座比率 ＝ ❷／❺ …100％超が合格ライン

といわれている

当座比率は、流動比率より厳格に安全性を見る指標です。当座資産とは流動資産の中でも短期に回収される現金・預金・有価証券、受取手形、売掛金などのことです。しかし、流動比率、当座比率を鵜呑みにすることは禁物です。受取手形や売掛金などの売上債権には不良債権が、棚卸資産には不良在庫が含まれている可能性があるからです。

流動資産＝1年以内に回収される資産、流動負債＝1年以内に支払いが発生する負債です

100

安全性分析③

# 資金調達と運用

## 資金調達・運用の妥当性の分析

固定資産は資金回収に時間がかかるため、固定資産の投資は返済義務のない自己資本か、長期にわたって返済できる固定負債で賄わなければなりません。この点から見る安全性分析の指標として固定長期適合率、固定比率があります。

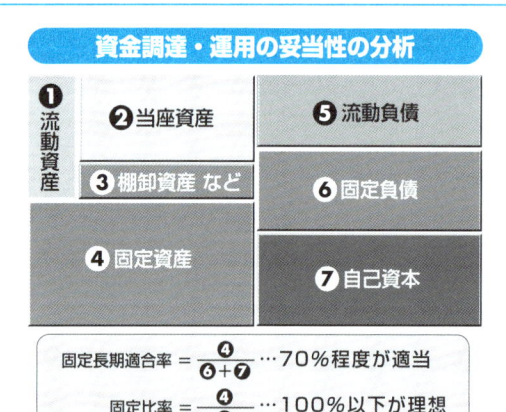

### 資金調達・運用の妥当性の分析

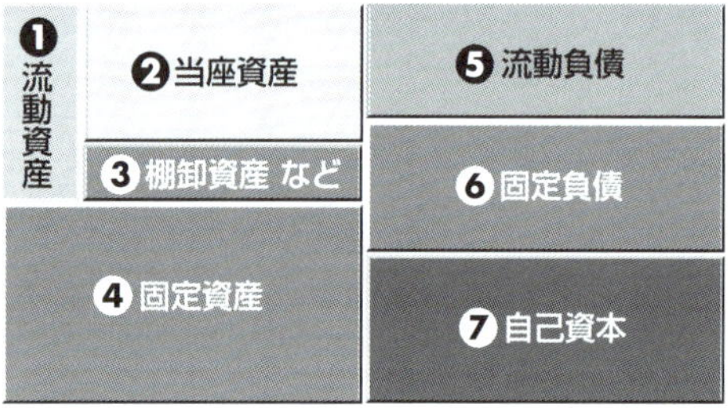


固定長期適合率 ＝ $\frac{❹}{❻+❼}$ …70%程度が適当

固定比率 ＝ $\frac{❹}{❼}$ …100%以下が理想

・固定長期適合率：固定資産÷（自己資本＋固定負債）で求められ、固定資産が自己資本か固定負債でどの程度賄われているかを見ます。単に数値により判断するのではなく、固定資産や固定負債の中身にも目を配る必要があります。
・固定比率：固定資産÷自己資本で求めますが、固定負債が自己資本でどの程度賄えているかを見ます。固定長期適合率よりも厳格な指標であることがわかります。

たとえば、スターバックスコーヒージャパン株式会社の固定長期適合率を見てみましょう。70%とはいきませんが、100%を下回っており、資金調達と運用のバランスは良好だと言えるでしょう

101

## 安全性分析④
# 資本構成

### 資本構成の分析で着目すべき点

返済義務のある他人資本と、返済義務のない自己資本とのバランスを見るのが資本構成の分析です。自己資本比率は「自己資本÷総資本」で、企業が調達した資本総額に返済義務がない自己資本がどの程度含まれるのかを表します。

**資本構成の分析**

$$自己資本比率 = \frac{自己資本}{総資本^{\star}}$$

（総資本＝自己資本＋他人資本）

※自己資本比率が極端に下がると金利上昇時のコスト負担が増えて危険
※自己資本比率が高すぎても、競争に打ち勝つための投資が十分できず成長できないリスクがある

⇩

過度に借金をせず、バランスをとりながら事業を展開していくことが重要

自己資本比率が極端に低くなると金利上昇時のコスト負担が増えて危険になります。しかし、高すぎても成長のための十分な投資ができません。一方、自己資本による調達も、調達コストや配当などを考えれば、負担は決して軽くないことも指摘できます。

銀行の不良債権処理問題のニュースにも頻繁に出てきた「自己資本比率」とは、総資産のうち自己資本がどれだけあるかを示したものです。さて、銀行が貸し出している債権は総資本に含まれているため、銀行の貸借対照表を見ると、銀行の基幹業務としての融資が増加すると総資本も増加します。つまり自己資本比率の計算式の分母が増加するのです

102

生産性分析①

# 生産性分析とは

## 生産性分析でわかること

生産性とは、「産出÷投入」で、「人（労働）」や「資本」などを投入してどれだけの付加価値が得られたかを見るものです。付加価値とは、売上高から外部から購入したもの（たとえば原材料など）を差し引いたものです。

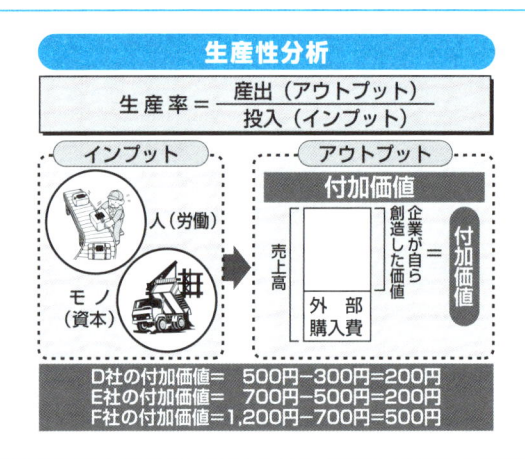

**生産性分析**

生産率＝産出（アウトプット）／投入（インプット）

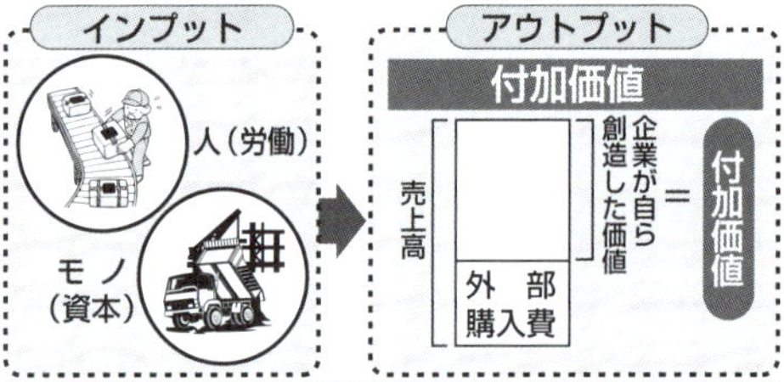


D社の付加価値＝　500円－300円＝200円
E社の付加価値＝　700円－500円＝200円
F社の付加価値＝1,200円－700円＝500円

・D社（小麦粉製造業者）の付加価値
小麦粉製造業者であるD社は、パンの原料の小麦を300円で購入し、小麦粉に加工し、500円で食材卸売業E社に販売する。D社の売上高は500円、外部購入費用は300円で、付加価値額は200円。
・E社（卸売業者）とF社（パン屋）の付加価値
D社同様に全体の価値から外部購入費を差し引いて、E社・F社が自ら創造した価値を計算すると図の下のようになります。

Aライン＝1日に30人で9,000個
Bライン＝1日に20人で7,000個
それぞれを式にあてはめてみると
Aラインはひとりあたり300個（9,000÷30）
Bラインはひとりあたり350個（7,000÷20）
つまり、この場合、Bラインの方が「生産性が高い」と言えますね

103

生産性分析②

# 付加価値の分析

## 1人あたりの付加価値額の分析

生産性は投入に対する産出の割合を見ますが、このうち労働からみた生産性を表したのが労働生産性（従業員1人あたり付加価値額）です。さらにこれを分解すると、「付加価値率」と「従業員1人あたり売上高」という指標が出てきます。

### 人（労働）の生産性① ～1人あたり付加価値額～

労働生産性（従業員1人あたり付加価値額）

＝

$$\frac{\text{付加価値}}{\text{従業員数}}$$

＝ 分解すると

$$\frac{\text{付加価値}}{\text{売上高}} \times \frac{\text{売上高}}{\text{従業員数}}$$

付加価値率 × 従業員1人あたり売上高

・付加価値率：売上に対して付加価値はどの程度あるのかを示す割合。競合他社と差別化の図れた製品を提供し、付加価値率が向上すれば、労働生産性は向上することを意味します。

・従業員1人あたり売上高：従業員1人あたりがどの程度の売上を上げているのかを示す割合。従業員の作業・営業・管理の改善などで効率を高め、従業員1人あたりの売上高を高めれば、労働生産性が向上することを意味します。

少ない経営資源（インプット）で多くの付加価値（アウトプット）を達成すれば、「生産性が高い」と言えます。高い生産性の実現は、企業価値を高めることにつながるので、企業経営では常に意識しておかなくてはならない指標だと言えるでしょう

104

生産性分析③

# 労働分配率

## 労働分配率に関する分析を見る

生産性分析では付加価値をどの程度生み出しているかに加え、その付加価値を適切に分配しているかについても見なくてはなりません。中でも人件費への分配は大きく、その程度は労働分配率によって分析できます。

### 人（労働）の生産性❷～労働分配率～

$$\text{労働分配率} = \frac{\text{人件費}}{\text{付加価値}}$$

付加価値＝売上高－外部購入費用
＝人件費＋賃借料＋租税公課＋支払特許料＋減価償却費＋営業利益

小売業の付加価値は売上総利益（粗利益）だと言えます。たとえば、ある家具小売業で総人件費２億円、粗利益額５億円である場合、労働分配率を計算すると次のようになります。
労働分配率＝２億円÷５億円＝40％
この水準を競合他社や業界標準と比較すると、自社の付加価値の人件費への分配度合いがわかります。家具小売業界の標準が約44％で、この家具小売業の人件費への分配度合いは高くないと言えます。

ただし、個別の基準を見る際に大前提として認識しておかないといけないのは、企業の経営スタイルにより数字を押しなべて比較はできないということです。たとえば、100％正社員でまわしている会社と、アウトソーシングを中心に少人数でまわしている会社とでは、単純に労働分配率で良し悪しは決められないのです

# 105 生産性分析④ 資本生産性

## 資本の生産性分析からわかるもの

資本から見た生産性(資本生産性)は、資本投入に対し、どの程度付加価値が産出されているかを表します。資本生産性を分解すると、「付加価値率×資本回転率」となります。資本生産性に問題があるときはこのように細部の分析を行います。

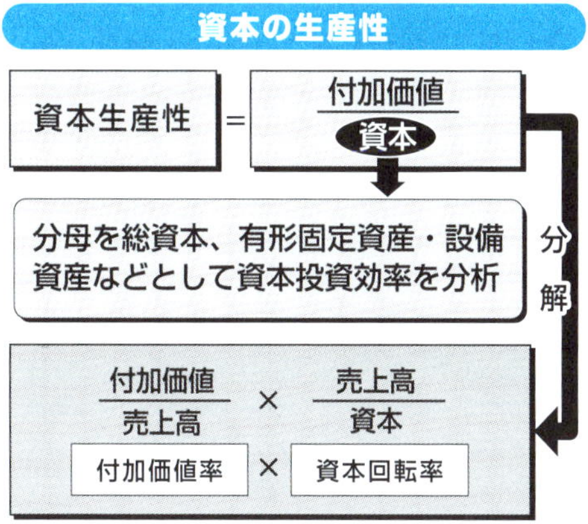


・付加価値率：売上に対しての付加価値がどの程度あるのかという割合。
・資本回転率：資本に対して、売上が何回転したかを表します。つまり資本に対して売上が何倍になっているかを表しています。不良債権、不良在庫などをなくしたり、サプライチェーンマネジメントの徹底などにより資産利用効率を向上すれば、資本生産性は向上することを意味します。

生産性を向上する手段として、設備投資を進め、人の代わりに機械を働かせることが考えられます。少ない人力で大きな付加価値を生み出すことが期待できるからです。多額な大規模設備によって付加価値を稼いでいるような資本集約型企業では、労働の生産性よりむしろ資本の生産性を重視する場合が多いのですね

106

## 損益分岐点の概要①

# 損益分岐点とは何か

### 損益分岐点分析が表わすもの

損益分岐点とは、企業の業績が赤字から黒字へ転換し、採算ベースに乗る点のことを言います。売上高とは関係なく発生する固定費と、売上高と連動する変動費を分類し、どの時点で固定費をすべて回収できるのかを見ています。

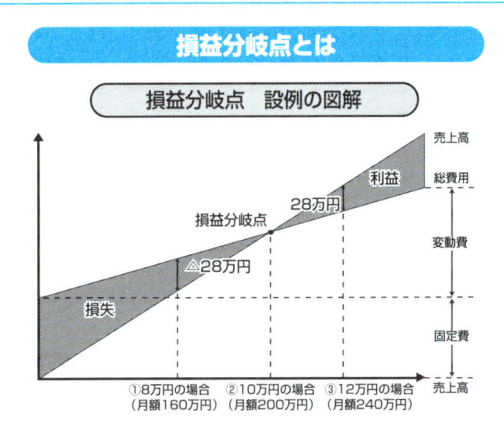

**損益分岐点とは**

損益分岐点　設例の図解

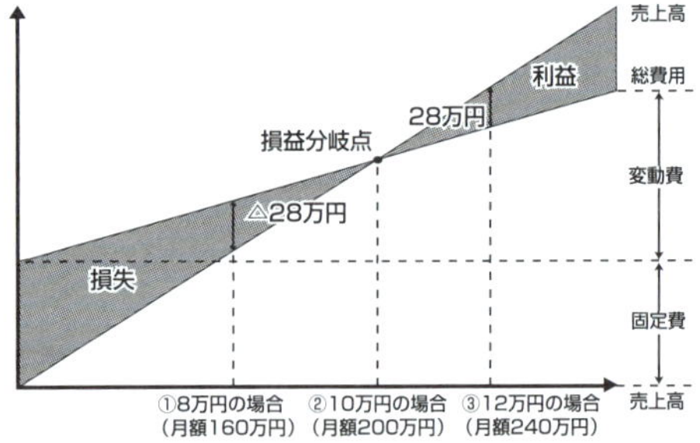


居酒屋店舗で考えてみましょう
店舗の家賃、人件費、水道光熱費などの固定費が 140 万円、商品の原価（変動費）は売上の 30%、1カ月 20 日間とします。1日の平均売上が、①8万、② 10 万、③ 12 万のとき、それぞれの損益推移、最終損益を計算してみると、上の図のようになります。

損益分岐点を意識した経営を行うのとそうでない場合では、プランニングの質に大きく差が出ます。たとえば、費用を変動費と固定費に分けずに利益計画を行うと、まず売上試算を行い、その売上を獲得するための費用を計算し、その結果として利益を計算します。そのため売上げの見込みのブレが大きくなるほど、利益の計画もブレが倍増していくのです

# 107

## 損益分岐点の概要②
# 変動費と固定費

### 変動費と固定費

変動費とは売上と連動して変化する費用です。材料費、製品の運搬費、外注加工費などがこれに該当します。固定費とは売上とは関係なく発生する費用のことで、事務所の家賃代、人件費、機械などの設備費用などがこれに該当します。

**変動費と固定費**

| | 変動費 | 固定費 |
|---|---|---|
| 意味 | 売上高に比例して発生する費用 | 売上高に関係なく発生する経費 |
| 例 | 商品の仕入原価<br>材料費、運賃、<br>外注加工費など | 給料、家賃、リース料<br>保険料など |

勘定科目によって費用を変動費と固定費とに分けるのは実際には困難です。たとえば同じ水道光熱費でも、店舗の電気代は売上と関係ないため固定費ですが、製造機械の光熱費は機械の操業度に比例するため変動費です。実務上では事務効率も重視するため、金額が僅少なものに関しては勘定科目によってどちらかに分類することが多くなります。

一方、損益分岐点の概念を強く認識していれば、固定費と変動費を明確に分け、その固定費を賄って目標利益を達成するために「いくら売り上げなければならないか」「何個売ればいいか」「どのような製品ミックスをすればよいか」という逆の発想から考えることができます

108

損益分岐点の概要③

# 計算方法

## 損益分岐点を実際にどう計算するか

「利益＝売上高－変動費－固定費」において、利益が0になる点を損益分岐点と言います。「限界利益＝売上高－変動費」であるから、「限界利益＝固定費」となります。「損益分岐点売上高＝固定費÷限界利益率」という式が出来上がります。

### 損益分岐点の計算式

**公式による損益分岐点**

$$\text{限界利益} = \text{売上高} - \text{変動費}$$

$$\text{限界利益率} = \frac{\text{限界利益}}{\text{売上高}}$$

$$\text{損益分岐点売上高} = \frac{\text{固定費}}{\text{限界利益率}}$$

居酒屋店舗で考えてみましょう。
店舗の家賃、人件費、水道光熱費などの固定費が140万円、商品の原価（変動費）は売上の30%のときの損益分岐点売上高はいくらか？
（解答）
限界利益率＝1－変動費率30%＝70%
損益分岐点売上高＝固定費140万円÷限界利益率70%＝200万円

限界利益と固定費の関係をカンタンに説明すると……
限界利益＞固定費＝儲かってる
限界利益＝固定費＝損益トントン（ココが損益分岐点）
限界利益＜固定費＝赤字！

109

## 損益分岐点の概要④
# 利益計画

### 損益分岐点を利益計画で使ってみる

「損益分岐点売上高＝固定費÷限界利益率」で、このとき利益は０です。つまり、「目標利益時の売上高＝（固定費＋目標利益）÷限界利益率」となります。

**損益分岐点の利益計画への応用**

目標利益達成のための必要売上高

‖

$$\frac{\text{固定費}+\text{目標利益}}{\text{限界利益率}}$$

店舗の家賃、人件費、水道光熱費などの固定費が 140 万円、商品の原価（変動費）が売上の 30%、目標利益が 70 万円のとき、目標利益達成のための必要売上高はいくらになるでしょうか？
（解答）
限界利益率＝１－変動費率 30%＝ 70%
目標利益達成のための必要売上高
＝（固定費 140 万円＋目標利益 70 万円）÷限界利益率 70%＝ 300 万円

なぜ、利益計画に損益分岐点が活用できるかというと、「損益分岐点分析とは、限界利益による固定費の回収計算」と言えるからだ。つまり、企業の業績が売上高に関係なく発生する経費（固定費）を上回った地点、そこが損益分岐点だからだね。ちなみに、利益計画の視点で見ると、「損益分岐点とは目標利益が０である」ということと同義なんだね

110

損益分岐点の概要⑤

# 利益向上策

## 損益分岐点分析から見た利益向上策

「利益＝売上高－変動費－固定費」で表せることから、利益は、①売上、②変動費、③固定費の３つによって変動することがわかります。よって、利益を増加させるには①を伸ばすか②、③を減らすしかありません。

**損益分岐点分析から見た3つの利益向上策**

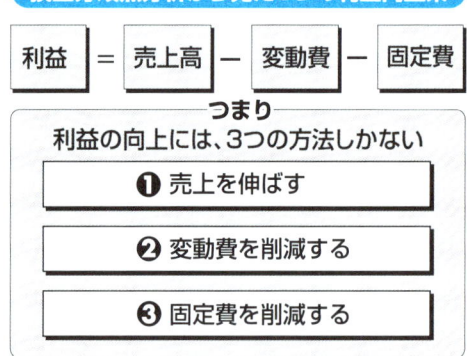

利益 ＝ 売上高 － 変動費 － 固定費

つまり

利益の向上には、3つの方法しかない

❶ 売上を伸ばす

❷ 変動費を削減する

❸ 固定費を削減する

①売上を伸ばす……売上＝販売単価×販売数量。販売単価が低いなら製品差別化などを検討し、販売数量が少ないことが原因なら販売チャネルの不足、生産能力がないなど、原因を突き止めます。
②変動費を削減する……仕入先や外注先との交渉力を高めるための方策や生産プロセスの改善を具体的に考えていきます。
③固定費を削減する……将来の収益に結びつく戦略的な固定費とそうでない固定費を見極めます。

単純に考えて、売上高を伸ばすためには、販売単価を上げるか、販売数量を増やすしかありません。しかし、これは算式だけの話。実際のビジネスでは「もっと販売価格を上げろ」「販売数量を増やせ」だけではなんら問題解決になりません。クリティカルシンキングで、さらに掘り下げて具体的な解決策を追究していかなければならないのです

# 111 経営安全率

## 経営安全率の内容と活用法

経営安全額とは、現在の売上額が損益分岐点に届くまでにどれくらいの余裕があるかを表します。さらにその余裕が売上全体に対してどれほどの割合を占めているかを表したのが経営安全率で、数値が高いほど不況に強いことになります。

### プロダクトミックス

| | A冷蔵庫 | B冷蔵庫 | C冷蔵庫 | 会　計 |
|---|---|---|---|---|
| 販売価格／個 | 50,000円 | 70,000円 | 80,000円 | |
| 変動費／個 | 30,000円 | 55,000円 | 50,000円 | |
| 限界利益／個 | 20,000円 | 15,000円 | 30,000円 | |
| 固　定　費 | | | | 7 億 円 |
| 月額販売可能台数 | 20,000台 | 10,000台 | 15,000台 | 45,000台 |

なお、この会社の生産可能台数は、月額40,000台

たとえば、現状の売上高が 20 億円、損益分岐点売上高は 19 億円のスーパーマーケットの場合、経営安全額、経営安全率は次のようになります。
経営安全額＝売上高 20 億円－損益分岐点売上高 19 億円＝ 1 億円
経営安全率＝経営安全額 1 億円÷売上高 20 億円＝ 5 ％
5 ％の経営安全率ということは、現状の売上高が 5 ％以上減少したら赤字に転落することを意味し、改善を要します。

経営安全率は当然高いほど良いわけですが、目指す数値は 15％と言われています。15％を超えれば儲かっている企業だと言えるでしょう。「TKC 経営指標」のデータから見ると、赤字企業の経営安全率の平均は約－7％、黒字企業の平均は約8％ほどです。これが、黒字企業の上位2割の、いわゆる優良企業の平均を見ると約 18％になります。

# 112 原価管理

## 原価管理の意義について学ぶ

利益は「売上－原価」であり、利益を増やすには売上を上げるか原価を下げるかしかありませんが、競争が激しい現在では売上を増やすのは容易ではありません。そのために原価を徹底的に管理し競争力をつけることが必要となります。

### 原価構成と販売価格

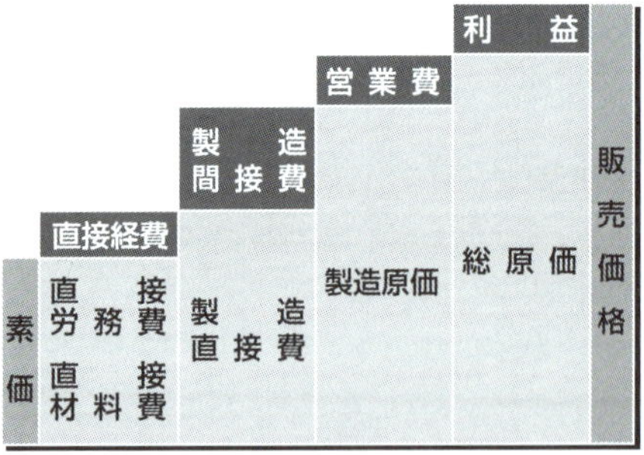


出所：櫻井通晴『管理会計』同文舘、1997年、36頁

原価とは、「企業が一定の財貨を生産・販売する際に消費された経済価値」と定義することもできます。また、製造原価の分け方としては2つあります。直接費（個別の製品の材料費や労務費など直接発生額を計算できるもの）と、間接費（計算しきれないものや金額の小さいもの）に分ける方法と、変動費（材料費や運賃など売上に比例して発生するもの）と、固定費（給料や賃貸料など売上に関係なく発生するもの）に分ける方法です。

桜井通晴氏によれば原価は「経営目的のために消費された経営資源の価値犠牲の貨幣的な測定値」と定義されます。上の図のように原価といっても様々なものがあるんだね

# 113

## 原価計算①
# 役割と手順

### 原価計算の役割と手順

財務諸表を作成する際には原価計算をしなくてはなりませんが、この計算に基づいて原価管理を行うため、経営管理にとっても重要な指標です。具体的には、①費目別計算→②部門別計算→③製品別計算の順で行われます。

**原価計算の手順**

**❶費目別計算**
原価を材料費、労務費、経費など費目別に計算

↓

**❷部門別計算**
工場、製品などの部門ごとに原価を計算

↓

**❸製品別計算**
各部門の製品の種類ごとに原価を計算

どの原価を部門ごとにどのように分けるかという問題があります。直接費に関しては使った分や稼働時間などで部門ごとに割り当てることができますが、様々な部門が稼動している工場建物の減価償却費などの間接費は、どの部門にいくら割り当てるのかを計算するのが困難です。この場合、売上高、従業員数、作業時間、店舗面積などの一定の基準のなかで最も合理的と思われるものを用いて配分します。なお、複数の基準を組み合わせる場合もあります。

原価計算にはいくつかの方法があります。
「総合原価計算」と「個別原価計算」
「全部原価計算」と「部分原価計算」
「標準原価計算」と「実際原価計算」
など

114

原価計算②

# 製品別の原価計算

## 製品別計算に関する2種類の方法

原価計算の最終段階である製品別計算には2種類の方法があります。製鉄や自動車など同一の製品を連続反復して生産するときに使われる総合原価計算と、種類が異なる製品ごとに原価を集計する個別原価計算です。

### 総合原価計算と個別原価計算

**総合原価計算**

一定期間（通常は1カ月）において発生した総製造費用を把握し、それをその期間における生産量で割って単位原価を計算する方法

**個別原価計算**

種類が異なる製品ごと、またはプロジェクトごとに原価を集計していく方法

・総合原価計算……複数の製品を製造する場合には製品原価が平均化されてしまうという欠点があります。
・個別原価計算……製造間接費（複数製品の製造に共通して消費される費用）を製品ごとにどのように配分するかという問題があります。

製品別に原価計算をするというのは、その製品の売価に対する原価を求めるということだね。総合原価計算は大規模・大量生産の工業製品の原価計算に適しているのに対し、個別原価計算は受注生産品の原価計算に適しているんだ

115

原価計算③

# 原価計算の方法

## ２つの原価計算の方法

全部原価計算は、費用を区別せずにすべて製品原価に入れる方法。総合的な原価管理ができる反面、固定費が入るため原価が生産量に左右されます。直接原価計算は変動費と固定費を区別するため、1単位あたりの費用は一定となります。

### 全部原価計算と直接原価計算

**直接原価計算による損益計算書**

| | | |
|---|---|---|
| | 売上高 | 100,000 |
| −) | 変動費 | 60,000 |
| | 限界利益 | 40,000 |
| −) | 固定費 | 25,000 |
| | 利益 | 15,000 |

損益構造が明確になり、採算性の把握や利益管理に役立つ

・全部原価計算……外部報告用の財務諸表は、全部原価計算により計算することが義務づけられています。総合的な原価管理ができます。

・直接原価計算……変動費のみを製造原価とするため、棚卸資産原価が固定製造原価の分だけ過小評価となります。外部報告用の計算としては認められていませんが、損益構造が明確になり利益管理に役立てることができます。

全部原価計算にはちょっとしたからくりがあります。つまり、期末在庫を増やすことにより利益を増加させることができるのです。見かけの利益を増やすために期末間際になって増産体制を敷くなど、企業の資金繰りに悪影響を及ぼすような間違った意思決定をしないようにしないといけません

116

原価計算④

# 標準原価計算

## 標準原価計算について学ぶ

標準原価計算とは、原価管理を行うために目標値としての原価を基準として原価を計算する方法を言います。目標との差が生まれた原因を分析し、原価を管理しようとします。どのような数値に目標設定するかが重要となります。

### 標準原価計算の役割

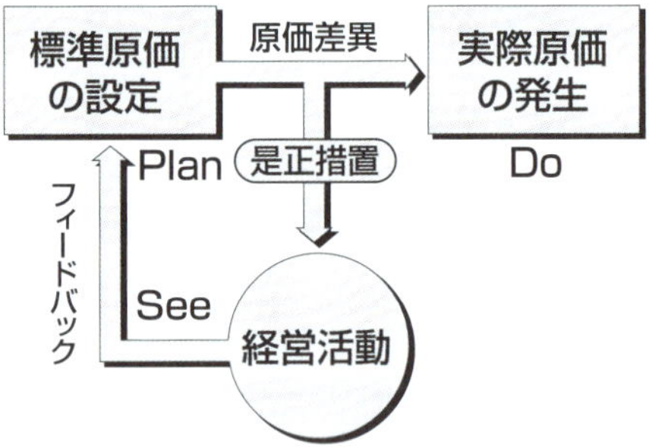


出所：櫻井通晴「管理会計」同文舘、1997年、134頁

標準原価計算の手順は次の順序で行います。
①標準原価の設定→②標準直接材料費の設定→③標準直接労務費の設定→④標準製造間接費の設定→⑤差異の把握→⑥直接材料費（価格差異と数量差異）→⑦直接労務費（賃率差異と作業時間差異）→⑧製造間接費（操業度差異、管理可能差異）→⑨差異の原因分析→⑩価格差異：材料市場価格の変動、支払サイトが長いなどの原因追究→⑪数量差異：在庫管理の劣悪さ、作業の非効率などの原因追究。

標準原価計算は、直接材料費、直接労務費等の直接費および製造間接費について費目別標準原価を算定し、さらに「標準製品原価＝標準直接材料費＋標準直接労務費＋標準間接費配賦額」という算式で標準製品原価を製品ごとに計算します

# 117 原価企画

## 原価企画とは何かについて学ぶ

原価企画とは企画・設計段階からコストを決定し、利益を出すようなコストを企画することです。製品ライフサイクルの短縮や、消費者が価格を決定するようになったことにより原価企画が重要視されるようになりました。

### 原価企画

原価企画と標準原価計算の原価管理の範囲の違い

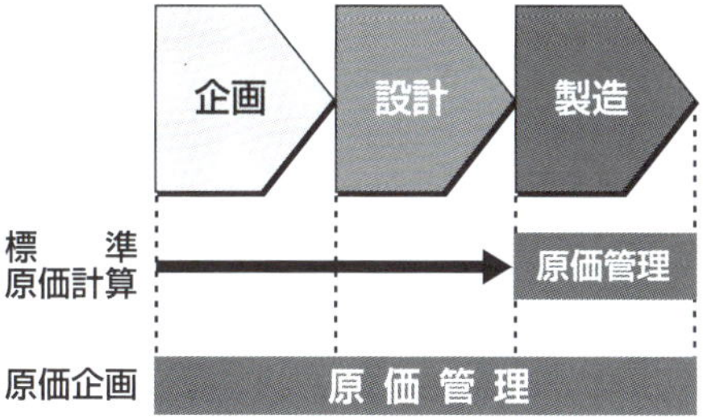


従来の標準原価計算による原価管理は、製造段階で原価管理を行います。原価企画は企画・設計・製造という広い価値創造過程を管理範囲とし、直接的な原価を削減して目標利益を達成することを目的としているのです。

適当と思われる販売価格をすでに消費者が決定してしまっているとすると、一定の利益を出すためには予め目標とする原価が決まってしまいます。顧客の目線に立った商品戦略には、原価企画は欠かすことのできない考え方と言えます

# 118 ABC と ABM

## 新たな管理方法であるABCとABM

ABCは活動ごとのコストを製品・サービスごとに集計し、価値を生み出すプロセスの活動ごとにコストを把握する手法です。一方、ABMはABCによって活動ごとに把握された原価情報を用いて活動を分析し、管理に役立てていく手法です。

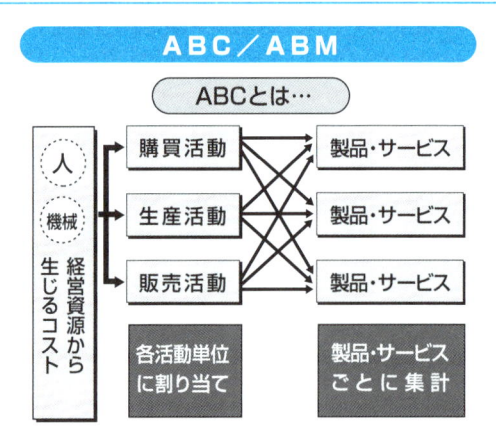

### ABC／ABM

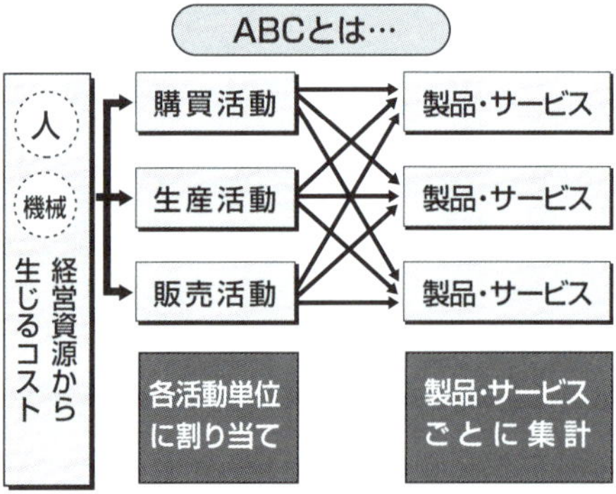


実際にABC、ABMを行うことは容易なことではありません。従来の勘定科目に頼らず、活動単位ごとに原価を集計するのはとても煩雑になるからです。たとえば、従業員1人の費用だけでも複数の活動単位に分類しなければなりません。しかし、これを行えば今までメスが入れられなかった間接費の全容が見え、ビジネスプロセスの改善によって企業が競争優位を再構築することが期待されます。

ABC（Activity Based Costing）は、間接費の正確な原価計算を行うことを目的に、米ハーバード大学のロバート・キャプラン教授が提唱した手法なんだ。そして、それを実際に活動単位の管理や改善に役立てていくのがABM（Activity Based Management）なんだね。ABMは企業だけでなく、官公庁や自治体でも導入を進めているよ

# 119 業績評価会計

## 責任会計の意味と形態

権限の下位委譲は、責任の委譲を意味します。よって責任会計では職務上の業績を明確にします。たとえば、事業部制組織では、プロフィットセンターである事業部長は利益責任、つまりコストと売上に関して責任を負うことになります。

**コストセンター、プロフィットセンター、インベストメントセンターの違い**

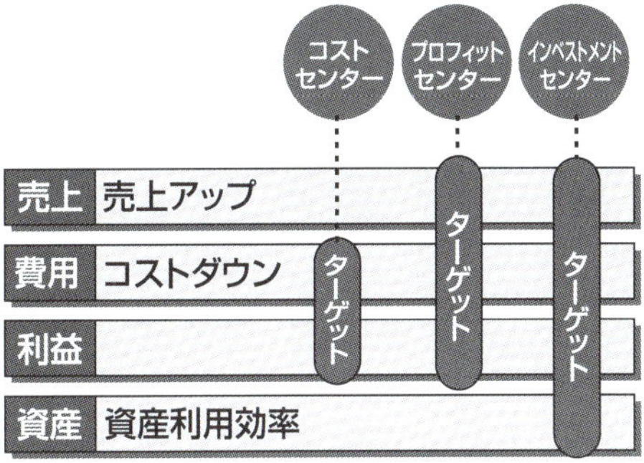


出所：西山茂著『戦略管理会計』ダイヤモンド社、1998年、198頁

各事業部の損益計算書を作成し、固定費を引いて限界利益を算出。さらに責任者の管理領域の事業部固定費を引き、貢献利益を算出します。事業部制組織の責任者である事業部長は、この貢献利益が責任を負うことになります。本社では、各事業部の貢献利益合計から本社共通費を差し引いて最終利益を算出します。

え～っと。コストセンターは、コストのみが集計されるセグメント。プロフィットセンターは、コストと収益が集計されるセグメント。インベストメントセンターはコストと収益だけでなく投資額も集計されるセグメント

# 第4章

## コーポレートファイナンス

Corporate Finance

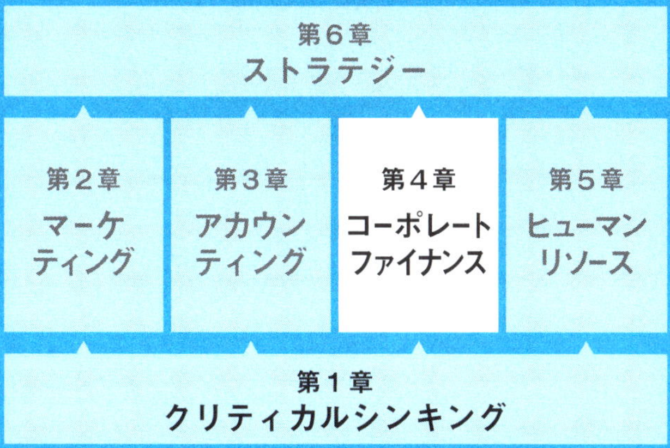


会社の利益を追求する前提として、利益が出る
目標を設定することが必要です。
目標値そのものが誤っていると、その目標を
達成したとしても、本質的な投資効果が
見込めなくなります。最初にあらゆる条件を考え、
しっかりとした方向づけと目標値の設定が
行えるようにしましょう。

# 120 ファイナンスとは

## ファイナンスと経営の関係

相互に関連する「ヒト」「モノ」「情報」という経営資源の組み合わせを「カネ」という視点から管理することをファイナンスと言います。

**企業経営とファイナンス**

**企業経営**

「ヒト」、「モノ」、「カネ」、「情報」といった経営資源を有効に組み合わせ、どのような製品またはサービスを、誰に、どのように提供していくのかを考える

**ファイナンス**

相互に関連する「ヒト」、「モノ」、「情報」という経営資源の組み合わせをキャッシュの観点から管理するもの

たとえば、経営において「このプロジェクトを行うためにはヒトが何人必要か」ということを決める際、ファイナンスでは「このプロジェクトにこれだけの人件費を出す価値があるか」という意思決定をします。そして、その人件費のための資金はどこから調達するのが望ましいかを考えます。

ファイナンスとアカウンティングを区別できていない人は多いけど、両者の違いは目的。まず、ファイナンスは「戦略」。つまり、事業の戦略や企業のとるべき行動、投資の是非などを「お金」という視点から判断して検討する教科だと言える。一方、アカウンティングは文字通り「説明」。他人に説明する財務会計と自社内に説明する管理会計のことだよ

# 121 ファイナンスの役割

## ファイナンス＝どう株主を喜ばせるか

企業活動の目的は株主に対し、経済的価値を生み出し「企業価値」を上げることです。この「企業価値」向上のためのファイナンスの役割には、①投資の決定、②資金の調達、③配当政策の3つがあります。

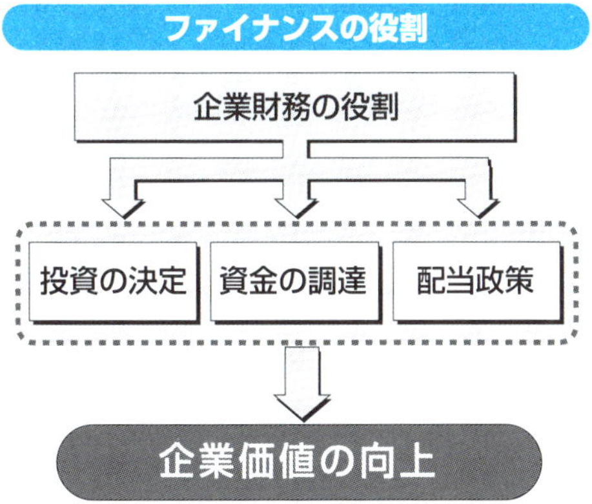


①投資の決定……この事業は大きなリターンを得ることができるのかどうかを判断し、何に投資をするべきかを決めます。
②資金の調達……「株主資本」と「負債」からの調達バランス、つまりどこからお金を調達すればよいか決めるということです。
③配当政策……得た利益を、どの程度株主に対して配当するかを決定すること。少なすぎれば株主は満足せず、多すぎると企業成長のための投資資金に制約が出ます。

ファイナンス（Finance）は、名詞としては「金融、財政、資金、資金調達、財源確保」、動詞としては「財務を管理する、資金を賄う」と訳せます。つまりコーポレートファイナンスとは、企業に関わる財源の確保や資金の調達など、企業活動を行うにあたり必要な資金をどのように調達し、それをどのように運用するのかを考えることだと言えるでしょう

122

# 投資家とは

## 企業で働く全員が投資家である

債券や株式への投資ばかりではなく、企業における設備資産の購入や事業への投資も「投資」であることを認識する必要があります。つまり、投資家とは金融のプロだけでなく、企業で働く人全員が投資家になりうるということです。

### 投資家の考え

銀行金利が4%である場合、100万円の投資が1年後に確実に102万円になる投資案件を実行すべきかどうか

**銀行に預ける**

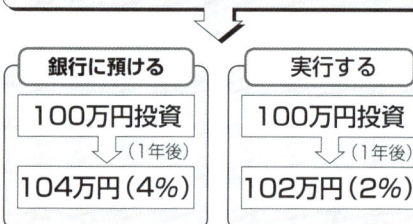

100万円投資
↓（1年後）
104万円（4%）

**実行する**

100万円投資
↓（1年後）
102万円（2%）

「現在100万円に投資すると、1年後に確実に102万円になる投資案件がある。現在の銀行金利が4％である場合、銀行に預ければ100万円は104万円になって戻ってくる。したがってこの案件に投資するより銀行に預けた方がより儲かるので投資しない」。このように、社員全員が投資に対して合理的に判断できる目を養う必要があります。

これまでのMBA的思考法にのっとり、ファイナンスにおいても「客観的」「論理的」思考に基づいて行動しなくてはなりません。つまり、投資するからには「必ず投資に対する収益」を考えた上で、「客観的」「論理的」に判断しなくてはなりません。もちろん、総合的に判断した上で、より収益の高い案件を選ぶのは言うまでもありません

# 123 時間の価値

## 同じ100万円でも今と10年後の価値は違う

今もらえる「100万円」と10年後にもらえる「100万円」は同じと言えるのでしょうか。一見すれば同じ100万円ですが、時間の価値を考慮すれば、今の100万円の価値の方が高いと言えます。

### 時間の価値

**1年後102万円をもらうためには、金利4%でいくら預ける必要があるか**

↓

(1+0.04) $X$ =102万円

$X$ =102万円／1.04

≒98.07万円＝1年後の102万円の現在価値

(Present Value:PV)

102万円＝現在の98.07万円の1年後の将来価値

(Future Value:FV)

| |
|---|
| 現在価値×（1＋割引率）＝将来価値 |
| 将来価値÷（1＋割引率）＝現在価値 |

たとえば市中金利が4％のときに、100万円を投資して、1年後に確実に102万円になる案件に投資するのは良い意思決定ではありません。なぜなら、100万円銀行に預ければ104万円になるからです。98.07万円預ければ102万円になって戻ってくることになります。つまり金利4％の下では、将来価値102万円の現在価値は98.07万円となります（将来価値102万円＝現在価値98.07万円）。

「Time is money」って、このことだったのかな？
　金利や物価は日々変動しているけど、そのことと、時間の価値が違うってことは何か関係がありそうだよね。いくらリターンがある投資でも、他のリターンと比較して決める必要はあるんだね。今は金利が低いと言っても、銀行に寝かしておけば金利分は確実に増えるからね

# 124 単利と複利

## 投資が複数年におよぶ場合の利回りの計算

・単利の場合：将来もらえる金額＝預金額＋(預金額×金利×年数)
・複利の場合：将来もらえる金額＝預金額×(１＋金利)$^{年数}$

### 単利と複利（利息の場合）

100万円を年率5%で運用するとき、
5年間の利息を見てみると

| | |
|---|---|
| 単利の場合 | 100万円×0.05×5年＝**25万円** |

| | | |
|---|---|---|
| 複利の場合 | 1年後 | 100万円 × 0.05 ＝ 5万円 |
| | 2年後 | 5万円 × 1.05 ＝ 5.25万円 |
| | 3年後 | 5.25万円 × 1.05 ＝ 5.51万円 |
| | 4年後 | 5.51万円 × 1.05 ＝ 5.79万円 |
| | 5年後 | 5.79万円 × 1.05 ＝ 6.08万円 |
| | 合計＝5+5.25+5.51+5.79+6.08＝**27.63万円** | |

つまり、利率が変わらないなら１年の投資を５回繰り返すよりも、はじめから５年契約の方がより儲かるということです。しかし、たとえば１年目の利率が５％、２年目以降が10％となるなら、はじめは単利、残りの４年は複利の方が良いでしょう。逆に借入の場合も、借り入れる期間を慎重に考えねばなりません。特に固定金利で契約する際は、将来の借入金利を予測して考慮しなければなりません。

現在の固定金利は約２％。今後景気が良くなり５％程度まで引き上げられた場合を考えてみましょう。100万円借りた場合、総支払額は２％なら５年後110.4万ですが、５％なら127.6万になります。つまり、固定金利２％で契約したら17.2万も得になるという計算です

# 125 将来価値・現在価値・収益率

## 3つの視点、どれで考えても結果は同じ

①投資して将来もらえるお金が銀行に預けるより儲かれば、投資すべき、②投資して将来もらえるお金の現在価値が投資額より大きければ、投資すべき、③投資の収益率が銀行預金の利子率より大きいのなら、投資すべき。

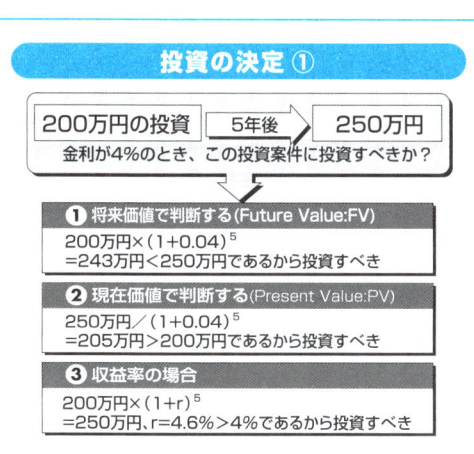

### 投資の決定①

200万円の投資 →（5年後）→ 250万円

金利が4%のとき、この投資案件に投資すべきか？

**❶ 将来価値で判断する(Future Value:FV)**

200万円×(1+0.04)$^5$
=243万円<250万円であるから投資すべき

**❷ 現在価値で判断する(Present Value:PV)**

250万円／(1+0.04)$^5$
=205万円>200万円であるから投資すべき

**❸ 収益率の場合**

200万円×(1+r)$^5$
=250万円、r=4.6%>4%であるから投資すべき

問題：5年後に200万円が250万円になる投資の是非（金利は4％）
答①：将来価値＝200万円×（1＋4％）$^5$＝243万円
銀行に5年間預けるよりも有利なので投資すべき。
答②：現在価値＝250万円÷（1＋4％）$^5$＝205万円
投資額である200万円より大きいので投資すべき。
答③：200万円×（1＋r）$^5$＝250万円　r＝4.6％
銀行金利の4％の利回りを上回るので投資すべき。

時間と利子率に関係から、3つの視点はすべて同じ結果を導くんだね。複眼的な視点で物事を考えるMBA的思考法の代表的な考え方だね

126

# 割引率とは何か

## 割引率＝期待収益率＝資本コスト

投資をするにあたり期待される収益率のことを割引率と言います。投資家からすれば、企業に期待する利回りであり、企業からすれば、投資家から資金を調達するための資本コストとなります。呼び名が違うだけで同じことを意味します。

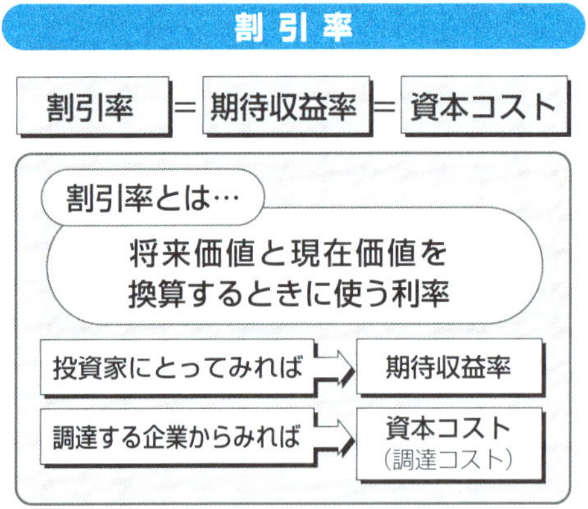

割引率
割引率
＝
期待収益率
＝
資本コスト
割引率とは…
将来価値と現在価値を
換算するときに使う利率
投資家にとってみれば
期待収益率
調達する企業からみれば
資本コスト
（調達コスト）

・資本コスト……資本コストとは、要するに資金を調達するのに費やしたコストのこと。大まかにいえば、株主からの資本コストと負債からの資本コストに区分できる。
・期待収益率……投資家がこれくらいのリターンは欲しいと思う収益率。大きくは投資家の価値観による。
結局資本コストと期待収益率は同じものです。ファイナンスでは割引率と言い、将来価値を現在価値に換算する際に使用します。

「将来 10 倍になります」と言われて、1 年後のことだったらとてもお得な感じがするけど、100 年後と言われたらあまり得とは思えないよね。つまり、人は基本的に同じ金額であれば、将来の価値より現在の価値の方が高いと思っているということ。現在の価値が将来どのくらい上がったらいいと思う割合が割引率＝期待収益率だということなんだね

# 127 キャッシュフローと利益

## キャッシュフローと利益の違い

会計上の利益では、商品が売れた時点、商品を仕入れた時点で収益・費用を認識しますが、キャッシュフローは実際に現金および預金が流出入した時点で初めて計上されます。ファイナンスではキャッシュを重視します。

### 利益とキャッシュフロー

**会計上の利益**

入金・出金の有無にかかわらず、商品を販売した時点、商品を仕入れた時点で売上や費用を認識。そして売上などの収益と諸経費との差額が「利益」として計上

**キャッシュフロー**

売上金額としてのキャッシュの流入、あるいは、費用金額や設備購入金額としてのキャッシュの流出があった時点で、初めて認識。つまり、当座預金勘定の増減という事実に基づき認識

例：A社は掛取引によって70万円で仕入れた（仕入代金未決済）家具を、顧客に100万円で販売（売上代金未決済）した。
会計上は100万円の家具が売れた時点で、売上高100万円、費用70万円を計上し、30万円の利益を計上する。
しかし、キャッシュフローでは、まだ資金が回収されていないので、何も計上しない。

いわゆる粉飾決算とは、実際には手元にキャッシュがないにもかかわらず、決算書上は利益が出ているように見せることです。そういったリスクを考え、企業価値を高めるという考えから、ファイナンスではキャッシュフローを重視せざるをえないのです。ビジネススクールで、財務三表の中でもまずキャッシュフローを学ぶのもそのためです

# 128 キャッシュフローの重要性

## 会計上の利益には主観が入る余地がある

会計処理には、複数の処理方法が認められているために会計をする人の「主観」が入る余地がありますが、キャッシュの移動という事実には客観性があります。

**なぜキャッシュフローなのか①**

| | 企業価値の増大 | 理　由 |
|---|---|---|
| キャッシュフローを増やすような意思決定をする | 企業価値を増大させる | キャッシュの移動という事実に基づいているため客観的である |
| 利益を増やすような意思決定をする | 企業価値を増大させない場合もある | 複数の会計処理方法が認められているため、主観性が介入する余地がある |

たとえば棚卸資産の評価方法だけをとっても、会計上は、総平均法、移動平均法、先入先出法、後入先出法、売価還元法といった複数の会計処理方法が認められています。棚卸資産の期末評価額が変われば、売上原価が増減するため、売上総利益、営業利益、経常利益、当期利益とすべての利益が変わります。同じ企業活動をしても、採用する会計処理方法の違いによって利益が変わる可能性があります。

キャッシュフローとは、企業における現金の流れのことです。また、現金の流入のことをキャッシュインフロー、現金の流出のことをキャッシュアウトフローといい、差し引きの純額のことをネットキャッシュフローと言います。ファイナンスにおいては、キャッシュフローとはこのネットキャッシュフローのことを指します

# 129 キャッシュフローの定義①

## キャッシュフローを求める計算式

キャッシュフローとは、事業を行って入ってくるキャッシュから、事業に投資したキャッシュを差し引いたもの。以下のような計算式で求めることができます。「営業利益×(1－法人税率)＋減価償却費±運転資本の変化－投資」

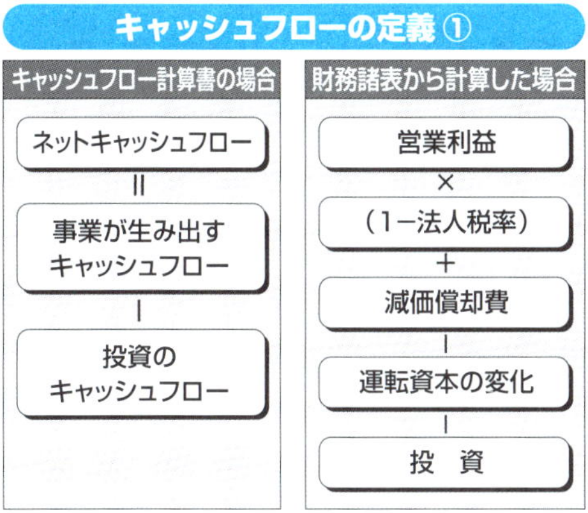


ここで運転資本の変化というのは、流動資産と流動負債の差額の増減のことを言います。企業は通常掛け取引を行っているため、事業規模が拡大し取引が増大すれば、運転資金も大量に必要になります。投資とは、固定資産の取得などのことです。建物や土地を購入してキャッシュは流出しているが、利益は減少していない（会計上資産として計上）ため、キャッシュの計算の際に利益額から差し引く必要があります。

A案：売上高１万、総費用 7,000、純利益 3,000
B案：売上高１万、総費用 10,500、純利益△ 500
それぞれのキャッシュフローを算出してみると…
A案：純利益 3,000 ＋減価償却費 3,000 ＝ 6,000
B案：純利益△ 500 ＋減価償却費 7,000 ＝ 6,500
利益でみるとA案の方が良いように思えるが、キャッシュフローで見るとB案の方が優れているね

# 130 キャッシュフローの定義②

## フリーキャッシュフローってなに？

「営業利益×（1－法人税率）＋減価償却費±運転資本の変化－投資」で求めることのできるキャッシュフローのことを、“投資家が自由にできるお金”という意味で、フリーキャッシュフローとも言います。

**キャッシュフローの定義②**

フリーキャッシュフロー（FCF）

＝

投資家が自由にできるお金

＝

［営業利益×（1－法人税率）＋減価償却費－運転資本の変化－投資］

営業利益を使う → 支払い利息は資本コストである

利益に経常利益ではなく営業利益を用いる理由は、支払利息を反映してはいけないからです（経常利益は支払利息を差し引いた後の利益、営業利益は支払利息を差し引く前の利益）。支払利息は割引率を用いた現在価値換算で反映させる負債コストです。株主資本コストと負債コストを同じレベルで反映するためには、営業利益を用いる必要があります。

経常利益と営業利益の違いを思い出そう！「経常利益」は企業活動全般としての儲け、「営業利益」は本業だけでの儲けのことだったよね。経常利益から差し引くのは、支払い利息をはじめ、株式売却損益や為替差損益などだ。中小やベンチャーなどは大きな金融取引などがない場合が多いから、「営業利益≒経常利益」ということになるね

131

# 永続価値

## 将来のキャッシュフロー予測に行う

投資評価のための将来のキャッシュフロー予測を効率的に行うため、「キャッシュフローは永続的に一定の値で継続する」と考え、10年または5年をしっかりと予測し、その後はその状態が永続するとして計算する方法です。

**永続価値**

**永続価値**

**永続的に継続する将来のキャッシュフローから導き出した現在価値**

⇩

**10年（または5年）を予測し、その後予測にて将来CFを算出**

将来のキャッシュフローの現在価値は、年々縮小し、最後には限りなくゼロに。

**永続価値　PV=CF／r**

永続価値＝CF／（1＋r）＋CF／$(1+r)^2$＋CF／$(1+r)^3$＋……。これを計算すれば、結局永続価値の算式は、「永続価値＝CF／r」となります。ただし、この計算を行うには、同じ状況が永遠に続くという仮定がいります。これが永続価値の考え方です。雑な計算だと非難したくなりますが、20年後のキャッシュフローをしっかりと予測することは、環境変化が激化している時代では不可能に近いと言えます。

たとえば金利が5％のとき、100万円のキャッシュフローが永続する場合を考えてみよう。
PV＝CF／r＝100万円／0.05＝2,000万円
つまり、2,000万円が永続価値となるね

# 132 成長永続価値

## 毎年キャッシュフローが一定の割合で成長すると仮定

永続価値は、同額のキャッシュフローが永続するという考えでしたが、成長永続価値では、毎年キャッシュフローが一定の割合で成長すると仮定し計算します。計算式は「キャッシュフロー÷(割引率－キャッシュフローの成長率)」

### 成長永続価値と永続価値

**永続価値**

**年金のように毎年一定のキャッシュフローが永続的に受取れるものの現在価値**

**成長永続価値**

**キャッシュフローが毎年一定の割合で成長する場合の将来キャッシュフローの現在価値**

**現在価値PV**
＝キャッシュフロー／割引率－キャッシュフローの成長率
＝100万円／0.06−0.02
＝2,500万円

gをキャッシュフローの成長率、rを割引率とすると次の算式になります。
成長永続価値＝CF／（r－g）
保守的なキャッシュフロー計画を立案するときは、永続価値の方が無難です。もっと保守的なキャッシュフローを見積もるときは、永続価値、成長永続価値も使用せず、ある期間でキャッシュフローがなくなるという予測も実務では用いられています。

上の図は、金利が6%のとき、投資家が受け取るキャッシュフローが初年度100万円で、以降毎年2%ずつ増えて、永続的に受け取れると仮定した際キャッシュフローの現在価値を算出する式です。ただし、この式が成立するには、割引率rがキャッシュフローの成長率gを上回ることが条件になります

133

# リスクとは何か

## リスク＝変動する可能性

ファイナンスにおいてリスクとは「危険」という意味ではなく、「不確実性」という意味で用います。したがって、「リスクが高い」とは失敗する確率が高いという意味ではなく、リターンが変動する確率が高いという意味を表します。

### リスクとは何か

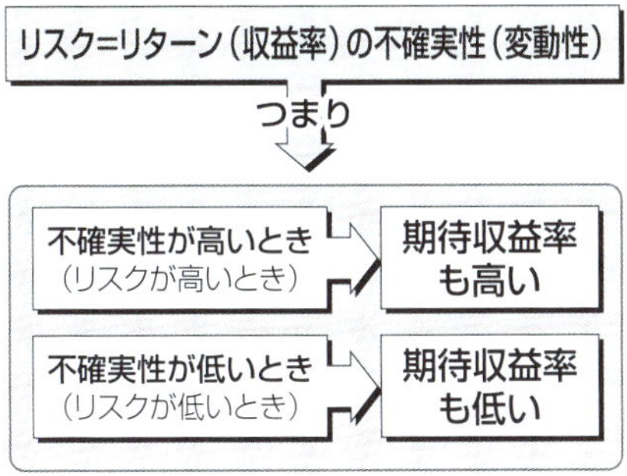

リスク=リターン(収益率)の不確実性(変動性)
つまり
不確実性が高いとき
(リスクが高いとき)
期待収益率も高い
不確実性が低いとき
(リスクが低いとき)
期待収益率も低い

リスクとリターンは正比例の関係にあります。リスクが低ければ一般的にリターンも低くなります。いわゆるローリスク・ローリターン、つまりリスクが低いと高い収益も見込めません。東証一部上場銘柄株式への投資と、ベンチャー企業株式への投資のリスクはまったく違うため、リターンも当然東証一部上場銘柄株式の方が低くなります。リスクが高ければ一般的にリターンも高くあるべき。いわゆるハイリスク・ハイリターンです。

投資案件の種類によってリスクは大きく異なります。たとえばハイテク産業などの株や政治的に不安定な出来事がある国の通貨は、日々大きく変動するためハイリスクな投資です。しかし国債は減少することはないのでローリスクな投資と言うことができるでしょう

# 134 ポートフォリオ

## ポートフォリオを組むとどうなるのか

ポートフォリオというのは分散投資のことです。ポートフォリオを組む、すなわち投資を1つではなくいくつかに分散することで、投資に対するリスクを小さくすることになります。

**ポートフォリオ**

資産を一種類だけ保有

↓

リスクが高い

**対策**

いくつかの資産を組み合わせて保有すること（分散投資）

これを「ポートフォリオを組む」という

たとえばシェアを奪い合うライバル企業2社の株を保有する場合、片方が上がれば他方は下がり、他方が下がれば片方が上がるので、リスクはほぼ0になります。この例では、リターンもほぼ0になってしまいますが、ポートフォリオを上手く組めればある程度リターンもあり、リスクも小さい投資も可能になります。

安全性を重視してローリスク・ローリターンの案件に投資するのか、高い収益性を期待してハイリスク・ハイリターンの案件にするのか？　この判断は、客観的な視点で、論理的に利害関係者を納得させることができなくてはならないことを忘れてはいけないよ。最終的にはリスクとリターンのバランスの問題ということだね

# 135 ２種類のリスク

## 低減できない市場自体のリスクがある

・個別リスク：市場の動きとは関係なく、企業や業界の個別の要因によって引き起こされるリターンの変動のこと。
・市場リスク：市場の動きと連動して起こるリターンの変動のことで、株価や為替など経済的要因によって生まれます。

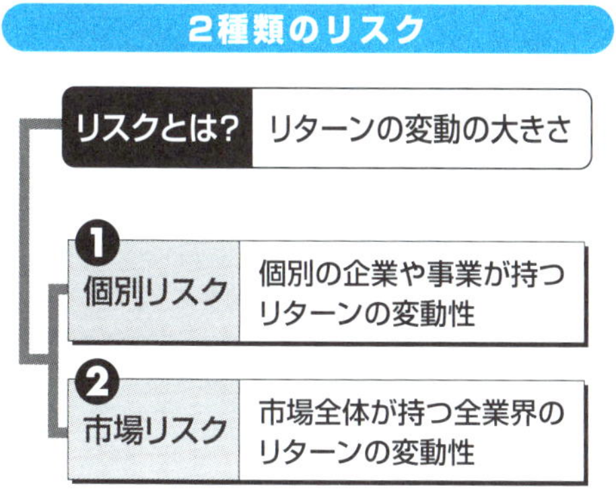

2種類のリスク
リスクとは?
リターンの変動の大きさ
1
個別リスク
個別の企業や事業が持つリターンの変動性
2
市場リスク
市場全体が持つ全業界のリターンの変動性

（例）酒造メーカーの株の場合
・個別リスク……企業自体の業績による影響は個別リスク。ポートフォリオを組むことでリスク分散が図れます。
・市場リスク……税制改正の失敗や政権の構造改革の失敗などで、経済の低迷により市場全体の株価が下落し、酒造メーカー株も下落した場合、ポートフォリオによりリスクを回避するのは困難です。

株式投資などの場合、互いに影響しあわないであろう業界に分散投資することによって、市場リスクをある程度拡散させることも可能です。しかし、大幅な為替の変動や、テロやクーデターなどによる社会的な不安はどんな業界にも影響することが考えられるので、完全にリスクをゼロにすることは難しいと言えます

# 136 β値

## 個別リスクの表し方

「個別株式の変動÷株式市場全体の変動」の計算式で表すことのできる値のことをβ値(ベータ値)といい、個別株式の市場に対するリスクを表しています。このβ値を利用してポートフォリオを形成する場合が多いです。

### 市場リスクの指標：ベータ（β）

| | |
|---|---|
| β>1 | 市場の動きより大きい |
| 0<β<1 | 市場の動きより小さい |
| β<0(マイナス) | 市場と反対の動き |

・β＞1：βが2ならば、市場が10％良くなれば、この株式は20％良くなるわけです。リスクは高いと言えます。
・0＜β＜1：βが0.5であれば、市場全体の株式変動よりも低いといえ、リスクは小さいです。
・β＜0：市場と反対の動きをしていると言えます。βが1.5の株式とβが-1.5の株式でポートフォリオを組めば、事実上ほぼ無リスクに近い形となります。

β値は、株式市場全体の相場の動きに対して、個別企業の株価がどのように動くかを表す係数で、その動きは業界の特色を示している。たとえばハイテク産業や新興IT産業などの業績の変動が激しい業種ではβは1を超えることが多い。一方、電力産業などの安定業種ではベータは1未満になる

# 137 資本コスト

## 資本コストには２種類ある

資本コストには「負債コスト」と「株主資本コスト」の２種類があります。貸借対照表の右側（貸方）に記載されていますが、大雑把にいえば、前者が借金をして調達する際のコスト、後者が株主から調達するコストです。

**2種類の資本コスト**

**資金調達の方法に基づき2種類の資本コストがある**

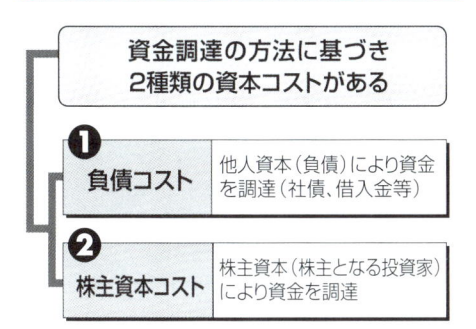

| | |
|---|---|
| ❶ **負債コスト** | 他人資本（負債）により資金を調達（社債、借入金等） |
| ❷ **株主資本コスト** | 株主資本（株主となる投資家）により資金を調達 |

・負債コスト：簡単にいえば金融機関や銀行などからの借金のこと。よって必ず返済しなければなりません。
・株主資本コスト：株主によって出資された資金のこと。法律上の返済義務はありませんが、株主はリターンを要求しています。

どちらも調達した資金を返済・配当によって戻さなくてはいけないのは当然ですが、それぞれに特徴があるので、どちらの調達方法が好ましいかは企業の規模、市場の状況などによって一概に決めることはできません。それぞれの特徴の違いを調べ、シミュレーションしてみましょう

# 138 負債コストの計算

## 負債コストの計算方法を理解する

負債コストを計算する際には、負債の利子率と法人税率が必要です。利子は税金の計算上、損金となるので、その分負債コストが少なくなるのです。負債コストは負債の利子率に(1－法人税率)を乗じた値となります。

**負債コストの計算**

**負債コストを考える上でのポイント**

| 負債コスト | 負債の利子率×(1−法人税率) |
|---|---|
| ❶ 負債の利子率（国債、社債等） | リスクに応じて変動 |
| ❷ 負債の利子率に対する法人税 | 利子は税金の計算上損金になる→税負担分減少 |

個別企業の負債の利子率は国債より高い利子率となります。なぜなら債権者にとって国債のリスクの方が少ないと考えられるからです。また消費者金融の利子率は簡単な審査で受けることができるため貸し手にとってはリターンの変動が高くなります。よって利子率も高くなります。

負債コストについてもう一度確認してみよう。つまり、資金提供者（金融機関などの債権者、または社債を引き受けた人など）が求める、貸したお金に対する利息のことなんだ。上の例で見ると、借入の利子率は4％だけど、負債コストとして資本の調達コストを計算するときには、2.4％と低い値になるということなんだ

# 139 株主資本コスト①

## 株主が求めるリターンとは何か

株主資本コストは株主が求めるリターンで、配当とキャピタルゲインの２種類があります。株主は毎期間の配当だけではなく、企業価値向上（株価の増加）によるキャピタルゲインを求めているのです。

### 株主資本コスト

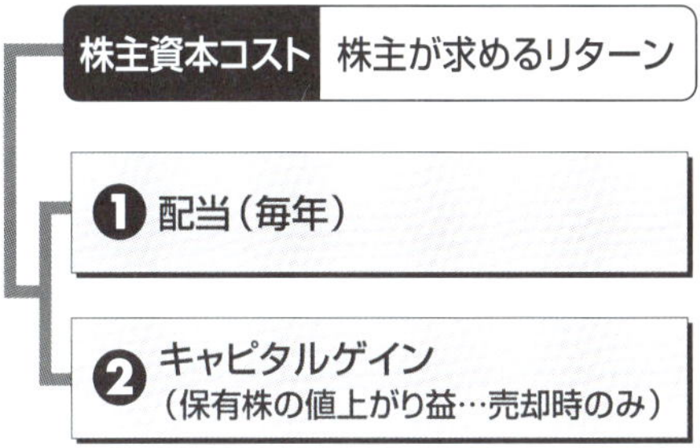

株主資本コスト　株主が求めるリターン
❶ 配当（毎年）
❷ キャピタルゲイン
（保有株の値上がり益…売却時のみ）

株主資本は、返済の義務がなく利息がつかないため、調達コストは低いと思われがちですが、実際には高いです。株主にとって元金が保証されない株式投資では、当然高いリターンを求めます。

投資した企業の業績が悪ければ、当然配当も少ないか、場合によっては無配当という事態もありえます。それだけのリスクをとるのですから、より高いリターンを求めるわけです。キャピタルゲインとは、たとえば１株 100 円で購入した株が 150 円に値上がりしたときに売った際に生じる１株あたり 50 円の利益のことです

# 140 株主資本コスト②

## CAPM（資本資産評価モデル）

株主資本コストの代表的な計算方法として資本資産評価モデル（CAPM）があります。CAPMは次の計算式で表すことができます。「株主資本コスト＝無リスク金利＋β（ベータ）×株式市場プレミアム」

### CAPMによる株主資本コストの算出

株主資本コスト ＝ 無リスク金利 ＋ β（ベータ） × 株式市場プレミアム

#### 資本資産評価モデル（CAPM）のポイント

| | |
|---|---|
| ❶ 無リスク金利 | リスクが限りなくゼロの国債（一般には10年ものの国債） |
| ❷ 株式市場プレミアム | 株式市場が国債よりどれほど高い利回りを提供できるか（市場の収益率－無リスク金利） |
| ❸ リスク指標「ベータ（β）」 | 個別企業のリスクと株式市場全体のリスクとの相関を表す |

株主は過去の利回りと同程度の利回りを要求するのが前提になっているため、実績データを使います。日本における実績値は５～６％だと言われます。

【リスク指標であるβ】

個別の会社のリスクが株式市場全体のリスクより高いか低いかを表わします。βと株式市場プレミアムをかけ合わせることで、個別株式のリスクプレミアムが計算できます。

CAPMとは、Capital Asset Pricing Modelの頭文字をとったもので、「キャップエム」と読みます。スタンフォード大学のシャープ教授やハーバード大学のリントナー教授らによって提唱されたもので、現代ポートフォリオ理論の最大の理論的成果と言われています

# 141 社債の資本コスト

## 転換社債などの資本コストの計算

転換社債は社債を株式に転換できるオプションが、新株引受権付社債は新たに株式を取得できるオプションが付与されています。このような転換社債、新株引受権付社債の価値は、負債コストと株主資本コストに分け、加重平均をとります。

### 社債の資本コスト

**社債の資本コストの計算**

↓

**社債部分の価値とオプション価値の部分をそれぞれ計算し加重平均をとる**

| 普通社債部分 |
| --- |
| 負債コスト「負債の利子率×（1−法人税率）」 |

| オプション部分 |
| --- |
| 株主資本コスト（CAPM）<br>「無リスク金利＋β（ベータ）×株式市場プレミアム」 |

転換社債、新株引受権付社債は、負債コスト的要素と、株主資本コスト的要素の両要素からなります。一般的に転換社債などは利率が低く、資本コストも低いように見えますが、オプション部分の資本コストを加味すれば決して低くありません。

新株引受権付社債（ワラント債）とは、ある期間内に決められた値段で発行会社の株式を購入することができる権利の付いた社債のことです。これは、社債部分と新株引受権の部分を分離しては売買できない「非分離型」と、別々に販売することができる「分離型」に分けられます

# 142 WACC＝加重平均資本コスト

## 最終的な企業の資本コストを求める

企業の資本コストは負債コストと株主資本コストの２種類からなります。企業全体の資本コストを求めるには、WACC（加重平均資本コスト）と呼ばれる、両者の加重平均を取って求める方法を用います。

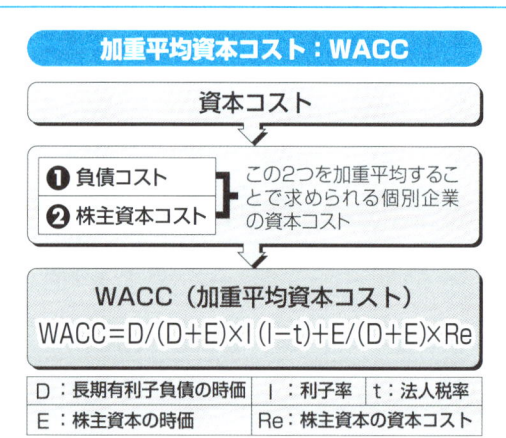

**加重平均資本コスト：WACC**

**資本コスト**

↓

**❶ 負債コスト**
**❷ 株主資本コスト**

この2つを加重平均することで求められる個別企業の資本コスト

↓

**WACC（加重平均資本コスト）**

$$WACC=D/(D+E)\times I(I-t)+E/(D+E)\times Re$$

| | | |
|---|---|---|
| D：長期有利子負債の時価 | I：利子率 | t：法人税率 |
| E：株主資本の時価 | Re：株主資本の資本コスト | |

理論上は負債に関しても時価データを用いますが、実務上は簿価で代用することが多いです。なぜなら投資家は社債以外に関する時価のデータは入手できないからです。負債に関して簿価と時価には大幅な開きは見られないため、さほど問題はありません。また短期の流動負債は、運転資本を支えるもので、直接キャッシュを生むため資産にあてられるものではないため、式の中には含まれません。

WACC（Weighted Average Cost of Capital）は、ワックと呼ぶんだね。CAPM（Capital Asset Pricing Model）はキャップエムだし。言葉だけ見ると難しそうなんだけど、中身は意外とシンプル！　言葉にだまされないようにしないと……

# 143 正味現在価値法（NPV 法）

## 最も代表的な投資意思決定手法

ある事業に投資すべきかどうかという案件は、正味現在価値法（NPV 法）を用いて計算します。NPV 法は、将来のキャッシュフローをすべて現在価値に直し、そこから投資額を差し引き、プラスであれば投資をするという判断を下す方法です。

**正味現在価値法：NPV法**

NPV＝フリーキャッシュフロー（FCF）の現在価値

$$NPV=FCF_0+\frac{FCF_1}{(1+r)}+\frac{FCF_2}{(1+r)^2}+\frac{FCF_3}{(1+r)^3}+\cdots$$

$$\cdots\cdots\cdots\frac{FCF_n}{(1+r)^n}$$

＝−100万円＋10万円／1.1＋30万円／1.21＋40万円／1.33＋25万円／1.46＋35万円／1.61
≒2.4（>0……投資すべき）

初年度に 100 万円投資をし、1 年目で 10 万円、2 年目で 30 万円、3 年目で 40 万円、4 年目で 25 万円、5 年目で 35 万円の投資案（資本コスト r ＝ 10%）。
$NPV = -100 + 10 / (1 + 0.1) + 30 / (1 + 0.1)^2 + 40 / (1 + 0.1)^3 + 25 / (1 + 0.1)^4 + 35 / (1 + 0.1)^5 = 2.74$
結果は 2.74 万円と正（> 0）になるので、投資すべきであるということがわかります。

期間と割引率を所与のものと仮定して考えるため、これら２つの要素についての不確実性が高い場合は、正確な指標としては利用しにくいことになります。ですから、利子率の変動リスクが少ない短期の投資案件に使うことが多いのです。長期の場合でも、不動産の購入価格を決めるときなどには使われています

# 144 内部収益法（IRR 法）

## IRR 法（内部収益率法）とは？

内部収益率は、正味現在価値（NPV）が0になる割引率のことを言います。正味現在価値が0になる割引率を求め、それが資本コストより大きければ、投資すべきという判断が下せることになります。

### NPVとIRRの関係

**NPV（正味現在価値）**

▼

結果が「0」を上回れば「投資すべき」と判断をする基準

**IRR（内部収益率）**

▼

NPVを「0」とする場合の資本コスト r を計算し、その値と実際の資本コストを比較（実際の資本コストよりも値が大きければ投資を行う）

$$0=FCF_0+\frac{FCF_1}{(1+r)}+\frac{FCF_2}{(1+r)^2}+\frac{FCF_3}{(1+r)^3}+\cdots\frac{FCF_n}{(1+r)^n}$$

左図の計算式により、r の値を求めます。
初年度に 100 万円投資をし、1 年目で 10 万円、2 年目で 30 万円、3 年目で 40 万円、4 年目で 25 万円、5 年目で 35 万円のキャッシュフローをもたらす投資案。
表計算ソフトを用いて計算すれば、IRR = 10.9 となります。
資本コストが 10%だとすれば、10.9 > 10 なので、この投資案件は投資すべきということになります。

IRR 法では、最初の投資額とn年後までに生み出されるキャッシュフローの現在価値の総和を比較し、両者が等しくなる割引率を求める。投下資本に見合うだけの収益率を求めることができ、別々の債権を利益率という単一の基準で比較できる点で便利である。不動産と長期国債の利益率を比較し、どちらを買うべきか判断するときなどがこれにあたる

# 145 回収期間法

## 目標期間内に投資額を回収できるか

何年以内に回収したいという目標を立て、それを達成できるかという視点で投資の判断をする方法を回収期間法と言います。目標投資回収期間が6年の場合、5年目で投資を回収できるのなら投資すべきと判断します。

### 回収期間法

回収期間法（Payback Period）

投資額が回収されるまでの期間を計算し、目標回収期間より短ければ投資を決定

・問題点その１：目標回収期間の設定が不明確。何年で回収すればよいのかが明確でありません。
・問題点その２：時間の価値とリスクを考慮に入れていません。
・問題点その３：回収期間以降のキャッシュフローを考慮に入れていません。リターン自体は少なく、回収期間が早い投資案件に投資が偏る可能性があります。

投資が結局のところ、どの程度利益を生み出すかという視点から投資の意思決定を行うためのツールがNPV法、IRR法でしたが、回収期間法は、何年で初期投資額を回収できるかという点を見る、いわば投資の安全性をより重視した方法と言えるかもしれません

# 146 割引回収期間法

## 回収期間法の弱点を克服した方法

回収期間法は時間的価値やリスクを考慮に入れていないという欠点を克服した方法として割引回収期間法があります。しかしリスクや時間的価値は考慮されても、問題の回収期間の設定という意味ではまだ曖昧さが残る方法です。

### 割引回収期間

**割引回収期間**

キャッシュフローの現在価値を使って投資金額を何年で回収できるかを示す値を求め、目標回収期間より短ければ投資を決定

**割引回収期間＜目標回収期間**

計算方法としてはまず、各期間のキャッシュフローを現在価値に換算し、それから、現在価値に換算されたキャッシュフローが投資額を何年で回収できるかを見ます。しかし目標とする投資回収期間をどのように定めればよいのかが不明確な点と、回収期間以降のキャッシュフローを考慮していない点が問題点として残っています。

回収期間法では、資本コストや回収期間以降のキャッシュフローが考慮されないという問題点があったよね。そこで、資本コスト等で割引かれたキャッシュフローに基づいて回収期間を算出するこの方法が提案されたんだ。計算が複雑になるから、主に借入金などの時間価値を考えなくてはならない場合に用いられることが多い

# 147 会計上の収益率

## 会計上の利益を使い投資の判断を行う

会計上の利益を投資の判断に使おうというものです。投資利益率といい、「会計上の利益÷投資額」で求めることができます。一番わかりやすい方法であるが、様々な問題点を抱えています。

### 会計上の収益率（投資利益率：ROI）

**投資額に対する利益の割合を求め、目標とする利益率より高ければ投資を実行**

$$投資利益率=\frac{会計上の利益}{投資額（簿価）}$$

・問題点その１：利益を使うことで、主観的判断が混じってしまいます。
・問題点その２：時間の価値とリスクを考慮に入れていません。そのため過大評価になります。
・問題点その３：判断基準が曖昧。同業他社や過去の自社の数値では基準として曖昧と言えます。

企業価値を算定する方法としてキャッシュフローがメジャーとなる以前は、この会計上の収益率が中心となる基準でした。キャッシュフロー計算書は作成にそれなりの手間がかかるため、ROIは今でも中小企業などでは使われることもあります

# 148 収益性指標（PI）

## 投資額とキャッシュフロー現在価値から判断

将来のキャッシュフローの現在価値と初期投資額を比べて投資の判断を行おうというもので、収益性指標（PI）と言われます。「PI＝キャッシュフローの現在価値÷（初期投資額）」で計算され、1より大きければ投資するという判断をします。

### 収益性指標（PI）

将来キャッシュフローの現在価値と初期投資額を比較し、初期投資額を上回っていれば投資を決定

$$収益性指標（PI）＝\frac{キャッシュフローの現在価値}{初期投資額}$$

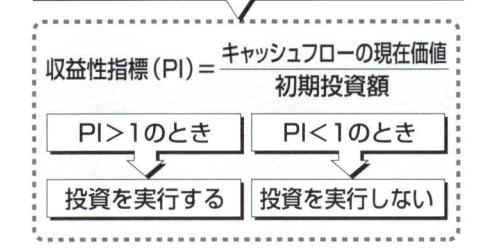

PI＞1のとき → 投資を実行する

PI＜1のとき → 投資を実行しない

問題点：
この数値だけでは事業の規模がわかりません。規模を考慮に入れないため、企業にとってこの事業から得るべき必要なリターン額を確保することができるかということを測定することができません。

この指標を投資判断に使ったものがPI法。投資資金と、将来期待される純利益の総和の累積現在価値を求め、その比率を収益性指標（PI）と見なし、これが1以上であれば投資可と判断するんだ。この手法は比率によって収益性を表すので、効率の良い事業を判断できるという長所を持つ。でも、収益の絶対値の大きさが反映されないという短所もある

# 149 投資の評価

## 場面に応じて投資の評価方法を選択する

投資の意思決定の代表的手法として、①NPV法、②IRR法、③PI法、④会計上の利益率、⑤回収期間法、⑥割引回収期間法の6つがあります。それぞれ長所と短所があるので、各方法をうまく使いこなすことが必要です。

### 投資評価の方法と基準

| | キャッシュフローを用いる | 時間的価値 | リスクを考慮 | 投資の全期間のキャッシュフローを考慮 | 複数の投資案件の比較 | 投資のタイミングを考慮 | 会計データとの連動性 | 計算の容易さ |
|---|---|---|---|---|---|---|---|---|
| ①正味現在価値法（NPV法） | ○ | ○ | ○ | ○ | ○ | ○ | × | △ |
| ②内部収益率法（IRR法） | ○ | ○ | ○ | ○ | △ | ○ | × | △ |
| ③収益性指標（PI法） | ○ | ○ | ○ | ○ | △ | ○ | × | △ |
| ④会計上の収益率 | × | × | × | × | ○ | × | ○ | ○ |
| ⑤回収期間法 | ○ | × | × | × | ○ | × | × | ○ |
| ⑥割引回収期間法 | ○ | ○ | ○ | × | ○ | × | × | △ |

出所:高橋文郎著「実践　コーポレート・ファイナンス」ダイヤモンド社, 2001年を参考に作成

たとえば、会計上の収益率、回収期間法は、ファイナンスの鉄則「キャッシュフローを用いる」「時間的価値、リスクを考慮に入れる」というものに違反しています。かといって、計算の手軽さや会計データとの連動性などを考えればこれらの方法も悪いとは言い切れません。したがって、状況によって使い分けることが必要になります。

投資の決定において最も重要なことは、投資したキャッシュが投資額を上回るキャッシュとして戻ってくるかどうかということですよね？　ですから、限りある企業の資源を、どのように投資するのか？　という意思決定こそが最も重要で、慎重に行われなくてはならないのです。いくらでもリソースを使えば、誰でも強い会社を作れるに決まってますからね

150

# リアルオプション

## 新たな投資評価手法

オプションというのは「あらかじめ決められた価格で、行動を起こすことができる権利」のこと。権利の取得により柔軟な行動が可能になります。この柔軟性の価値を認めた方法がリアルオプションで、NPVより現実的な方法と言われます。

### リアルオプション

| | |
|---|---|
| 延期オプション | プロジェクトの開始を延期できる権利 |
| 中止オプション | プロジェクトを途中で中止することができる権利 |
| 縮小オプション | 一部を売却し、プロジェクトを縮小することができる権利 |
| 拡張オプション | 投資額を増額してプロジェクトを拡張できる権利 |
| 延長オプション | プロジェクト期間を延長する権利 |
| スイッチング・オプション | 製造プラントを休止後に再稼動させるなど柔軟に切り替えができる権利 |

出所:トム・コープランド、ウラジミール・アンティカロフ『決定版　リアルオプション』東洋経済新報社、2002年を参考に作成

経営者は不確実性が高い事業などでは、投資を途中でやめたり、延期するなど、柔軟性に富んだ経営を行う場合が多いです。従来の正味現在価値法（NPV法）で判断すると価値がゼロとなり、「投資を行わない」と判断していたものが、リアルオプションでは評価にオプション価値を認めることで、数値がプラスになり、「投資を行うべき」と判断できる場合が出てきます。

ある新規事業において、初期投資として1年目に1億円、事業拡大のために2年目に30億円の追加投資が必要な案件があったとします。このとき、1年目に1億円投資して事業参入しておけば、市場動向や事業環境などが明確になった2年目で、投資の中止や延期という選択肢も得ることになります。より柔軟な意思決定が可能になったということです

151

# 企業価値とは

## 企業価値＝会社の経済的価値

企業価値とは、会社全体の経済的価値のことを言います。簡単に言うと、企業が事業から生み出すキャッシュフローの現在価値の総和であるとも言えます。この代表的な企業価値の算定方法をDCF（Discounted Cash Flow）法と言います。

### 企業価値

**事業投資全体の価値**

その投資からのキャッシュフローの現在価値の総和

**企業価値**

企業が事業から生み出すキャッシュフローの現在価値の総和

DCF 法の基本的な考え
資産の価値は「その資産が生み出す将来キャッシュフローの現在価値」に等しいです。たとえば東京六本木の土地の値段が岐阜市の土地の値段より高いのは、六本木の土地が将来生み出すキャッシュフローの現在価値の方が大きいからです。事業などの実物資産の投資も同様で、その事業投資からの将来キャッシュフローの現在価値がその事業の価値です。

M&A が盛んになってきた現在、企業の経営者の口からは、さかんに「株主価値」あるいは「企業価値」という言葉が発せられるようになったね。そのうえ、株式交換制度の導入も決定されたこともあって、企業価値への注目はますます高まっているんだ。企業価値が経営戦略そのものにもなったんだね

# 152 DCF法による企業価値の計算方法

## 企業価値を実際に計算する流れ

DCF法による企業価値の計算方法は、①キャッシュフローの予測、②資本構成の計算、③資本コストの計算、④継続価値の計算、⑤金融資産、遊休土地の時価を加算、⑥企業価値、株式価値の計算という手順で行います。

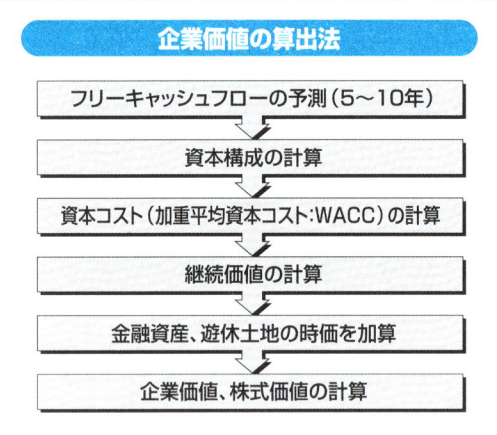

### 企業価値の算出法

フリーキャッシュフローの予測（5～10年）

↓

資本構成の計算

↓

資本コスト（加重平均資本コスト:WACC）の計算

↓

継続価値の計算

↓

金融資産、遊休土地の時価を加算

↓

企業価値、株式価値の計算

企業価値、株式価値の計算
企業価値は「予測期間のキャッシュフローの現在価値＋継続価値の現在価値＋金融資産＋遊休土地の時価」で求めることができます。一方、株式価値は、「企業価値－負債価値」で求めることができます。計算された株式価値を発行済み株式数で割れば、１株あたりの株価が求められます（１株あたり株価＝株式価値÷発行済み株式数）。

企業価値を求める計算は複雑に見えるけど、一つひとつ確認しながら数値を当てはめていけば、しっかり理解できると思いますよ

153

# 経済付加価値（EVA）

## 企業価値を創造しているかを評価する方法

企業が企業価値を本当に創造しているのかを確認する方法としてEVA（経済付加価値Economic Value Added）があります。EVAは会計ベースの利益ではなく経済的利益を用います。

**経済付加価値：EVA**

EVA
＝
税引後営業利益－（投下資本×加重平均資本コスト）

※投下資本＝正味運転資本（流動資産－流動負債＋短期借入金）＋固定資産

図中の投下資本×加重平均コストに相当する部分が資本費用です。資本費用というのは投資家が期待する収益額であるので、それを差し引いて残った利益額は企業の創造した価値にあたります。スタンスチュワート社が開発した手法で、世界の主要企業のいくつかが採用しています。ただし、長期的視野に立つことも重要です。単年度のEVAを見るだけではなく、将来的なEVAがどうなるのかを考慮する必要があります。

企業は資本提供者である債権者や株主が期待する以上の利益を生み出して、はじめて価値を創造したと言えます。EVAとは、まさに債権者や株主が期待している価値、つまり利益額なのです。近年、特にアメリカでは株主重視の経営が求められていますが、このニーズに応える形で登場した、企業の評価方法の一つなのです

# 154 市場付加価値（MVA）

## 株式市場における企業成長の評価

MVA（Market Value Added）という指標を用いれば、企業が事業活動によって価値をどれだけ高めたかということに関する株式市場における評価を見ることができます。

**市場付加価値：MVA**

市場付加価値（MVA）

＝

企業の市場価値－投下資本

＝

企業が獲得するフリーキャッシュフローの現在価値－投下資本

＝

企業が獲得する正味現在価値

MVA ＝企業の市場価値－投下資本
企業の市場価値とは、株式時価総額に負債の時価を加えたものだと言えます。そこから投下資本を差し引いて MVA を算出します。しかし株式の時価は経済の様々な要因によって変動するので、必ずしも企業の業績のみを反映したものではありません。よって MVA が低いからといって、必ずしも企業業績が悪いとは限らない点に留意する必要があります。

理論市場の下では、MVA は将来企業が得るフリーキャッシュフローを WACC によって割り引いた価値、つまり正味現在価値です。資本提供者にとっては MVA の方が価値の創造がされているかどうかを判断する指標となりますが、この値は株式市場に左右されるため、経営者は自分の力量が反映される EVA 最大化の過程で MVA 向上を図っていくことになります

# 155 資本構成と企業価値①

## 資本コストと資本構成の関係（MM理論）

完全資本市場の下では、資本構成は資本コストに影響を受けません。つまり、加重平均コストは資本構成には無関係ということです。

### 完全資本市場の下での資本構成と企業価値

**X社とY社の違い**

**X社**　株主資本価値5,000、負債価値0

**Y社**　株主資本価値2,500、負債価値2,500
負債がある分、負債利子が発生し、その分利益が圧縮

負債コストと株主資本コストを比較すれば、リスクの程度が異なるため株主資本コストの方が高くなります。Y社は負債からも調達しているために、X社よりも加重平均資本コストを低くできます（効果1）。しかし負債利用により「財務リスク」が加わるので株主資本コストが上昇します（効果2）。この2つの効果が相殺しあって、資本構成が資本コストに影響を与えない、つまり企業価値に影響しないと言えます。

たとえば、同じ営業利潤を持つX社とY社のうち、X社がY社より過大評価されている場合、X社の株主は自分の持っている株式を売却して、過小評価されているY社の株式（または社債）を購入することによって利益を得ることができます。この取引は両社の企業価値が同じになるまで続けられるので、結果的に両社の企業価値は同一になると言えます

# 156 資本構成と企業価値②

## 現実の資本市場での資本コストと資本構成

完全資本市場の下では資本構成と資本コストは互いに影響しあいませんでした。しかし現実の世界では①法人税の存在、②倒産の可能性が資本コストに影響を与え、企業価値にも影響を与えます。

**現実の資本市場の下での資本構成と企業価値**

**完全資本市場は存在しない**

- 法人税がある（負債の節税効果）
- 倒産の可能性がある（負債を増やすと倒産の危険が上昇）

**つまり**

❶「両者のバランスをコントロール」（返済が安全確実に可能な範囲で、資金繰りに行き詰まらないバランス）した上で、

❷「同業他社を参考」に実施

①法人税の存在：負債コストは法人税の節税効果分引き下げられ、負債による調達を多くした方が加重平均資本コストは低くなります。つまり企業価値が高くなります。
②倒産の可能性：一方、負債比率が高まると倒産の可能性が高まります。倒産の危険性が高まることによるコストのことを財務的破綻にともなうコストと言います。
よって、両者のバランスを考える必要があります。

理論上は、“節税効果による企業の現在価値の増分”と“財務的破綻に伴うコストの増分”が等しくなるところで企業価値は最大化すると考えられます。
※財務的破綻に伴うコストとは債権者への返済の義務は企業の利益の有無に関わらず生じるので、財政が圧迫されて倒産の危機が増すことによるコストのこと

# 157 配当政策

## 株主にどのように配当すればよいのか？

完全資本市場においてはどのように配当しようが株価には影響がありませんが、現実の資本市場の下では、配当が株価に影響を与えます。多く配当を払えば、資金繰りを圧迫し、少なければ株主が去って行くことになります。

### 「配当率」と「配当性向」

■配当率：額面金額に対する１株あたりの配当金の割合

$$\text{配当率(\%)} = \frac{\text{1株あたり配当金}}{\text{額面金額}}$$

■配当性向：当期（純）利益に対する配当金の割合

$$\text{配当性向(\%)} = \frac{\text{配当金額}}{\text{当期純利益}}$$

かつての日本では、額面に対しいくらの配当金が支払われるかを表している配当率は、額面発行増資が一般的であったため有効な数値でした。また配当率の安定性が重視されていました。しかし今日では時価発行増資が主流となり、時価が企業評価において重要になるため、配当率よりも配当性向が重視されてきています。配当性向は、税引後当期純利益のうち配当に回すお金の割合を表します。

有名企業の配当性向ということで、自動車の３社（トヨタ・ホンダ・日産）の配当政策を比較してみよう。トヨタもホンダも、将来は連結ベースで30%にまで高めることを目標にしている。日産についてその値は明確ではないが、同程度まで上げることを目標にしている。いずれにしても株主価値の見直しが全国的に見直されているということがわかる

# 第5章

# ヒューマンリソース

## Human Resources

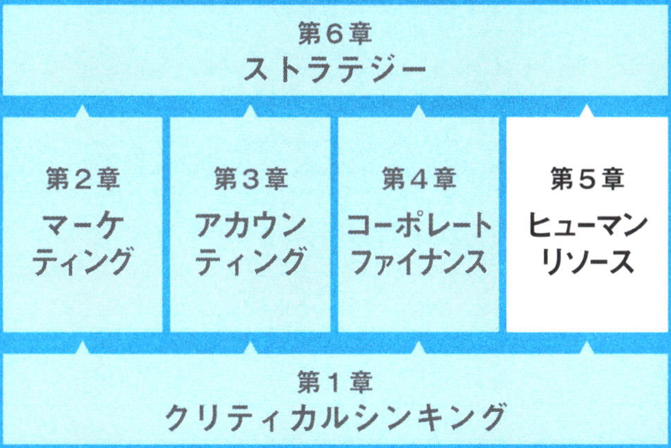


仕事や会社の成果は、そこで働く社員の能力とやる気の掛け算です。つまり、個人や組織のやる気（モチベーション）をいかに向上させるかが重要であり、競争の激しい市場で勝ち残るための重要なポイントとなります。

# 158 人的資源管理(HRM)とは

## 人的資源管理の大きな枠組みをつかむ

人的資源管理とは、組織を構成する人をビジネス活動における重要な資源ととらえることです。採用・開発・配置・評価・処遇などの諸制度と経営戦略とを個別に見るのでなく、相互に連動させるためのマネジメントです。

### 人的資源管理システム

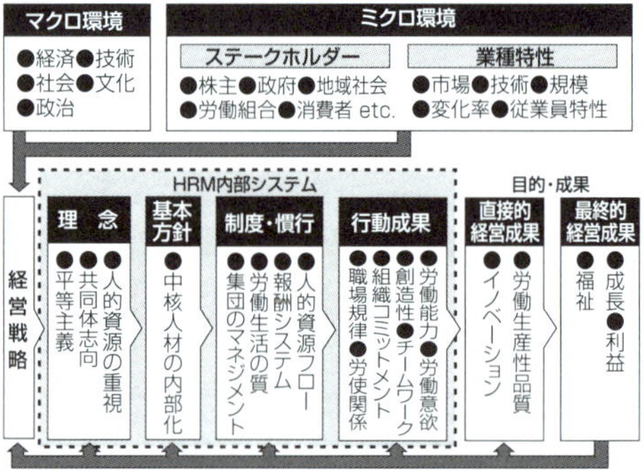


出所：石田英夫ほか著『MBA人材マネジメント』中央経済社、2002年

ステークホルダー（利害関係者）とは、シェアホルダー（株主）のみならず、政府や地域社会、労働組合、消費者など、組織や企業経営に影響を与えるすべての対象者を含みます。それぞれがどのように人的資源管理の領域に影響を与えうるかを考えることが重要です。

組織を作り上げる上で最も重要な資源が人材である。どんなに優れた戦略もシステムも、すべて「人ありき」であり、人次第で結果は大きく変化する。そのために、経営者感覚を持つ上で、HRM を重視するということは忘れてはならない視点の一つと言えるんだ

# 159 人的資源管理の歴史

## 人的資源管理の変遷を理解する

1980年代、アメリカの競争力低下を背景に人的資源管理は誕生しました。それまで採用や賃金管理などは人事に関する独立した機能とされてきましたが、人的資源管理では労務や人事にとどまらず企業の戦略に直結している点が特徴です。

### 人事管理のパラダイムチェンジ

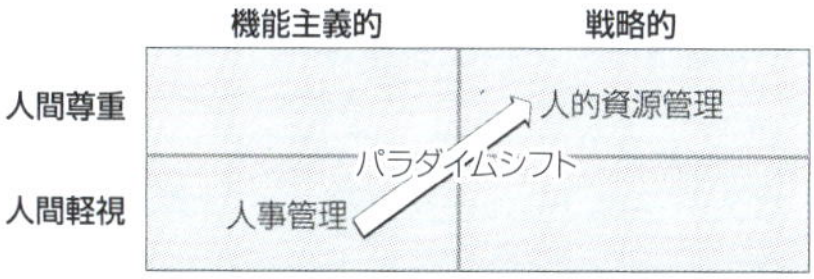


### 人事管理と人的資源管理の違い

| 人事管理の特徴 | 人的資源管理の特徴 |
|---|---|
| ●短期的視点(志向) | ●長期的視点(志向) |
| ●人事管理の機能を重視 | ●人事管理の戦略性を重視 |
| ●従業員=労働力 | ●従業員を全人格的に尊重 |
| ●戦略との連動性に乏しい | ●戦略との連動性が高い |
| ●内部志向的(目標達成型) | ●外部志向的(目標探索型) |

出所:服部治・谷内篤博著『人的資源管理要論』晃洋書房、2000年

アメリカでは製造業の衰退の原因を模索する中で、従来の人事管理から人的資源管理へとシフトしていきました。単なる労働力から重要な経営資源としての人的資源へ変わる過程で、個別機能としてではなく、体系的な戦略の枠組みの中で働く機能群としてとらえることに変貌したのです。

パラダイムシフトとは、アメリカの科学史家T・クーンが著書『科学革命の構造』(1962)に著した考え方です。ある時代において、科学者の集団やその科学者が属する社会の共通思考などの理論的な枠組み(パラダイム)が行き詰まったとき、まったく新しい別の枠組みへ移動するという考え方です

# 160 労働市場と雇用環境の変化

## 労働市場の基礎構造と雇用形態の現状

労働市場は外部労働市場と内部労働市場に分かれます。雇用形態の多様化に伴い、労働に関する価値観も大きく変化しています。環境変化に応じた人的資源管理システムが必要となってきています。

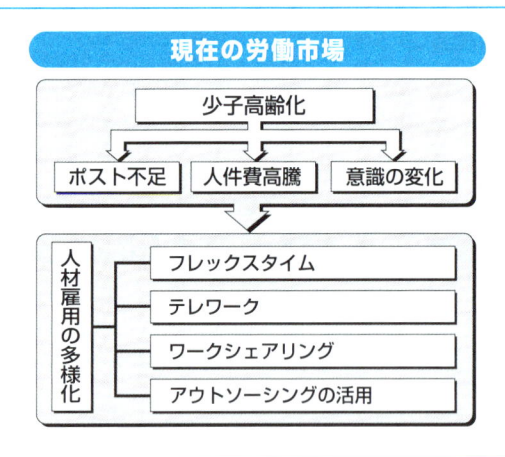

### 現在の労働市場

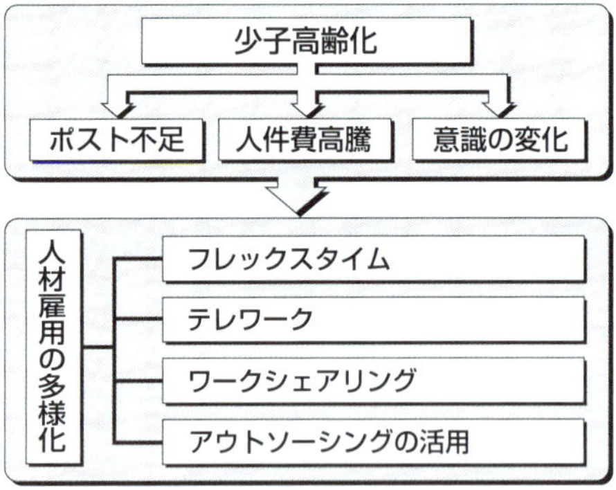


・フレックスタイム……変形労働時間制のひとつで、社員全員が顔を合わせるコアタイムと、出退社が自由で、仕事をする場所を問わないフレキシブルタイムに分かれた制度。

・テレワーク……インターネットなどの情報通信を利用し、従来のような大きなオフィスに集合することなく「遠く離れたところ(TELE)で仕事を行うこと（WORK)」。

ワークシェアリングは、複数の人間で仕事を分かち合うことです。一人あたりの労働時間を短縮することによって、雇用の維持・拡大を図り、失業率の悪化を防ぐ効果も期待されています。アウトソーシングは、業務を外部に委託することです。専門的な知識、経験、設備のある外部企業に委託することで企業としての利益の向上をはかることができます。

# 161 人的資源管理フロー

## HRMの流れと経営戦略との関わり

人的資源フローは、大きく①インフロー、②内部フロー、③アウトフローの３つに分かれます。これらの流れにおける意思決定は売上・利益・成長・配当などの意思決定に大きく影響するので、常に一貫性のある運営が求められます。

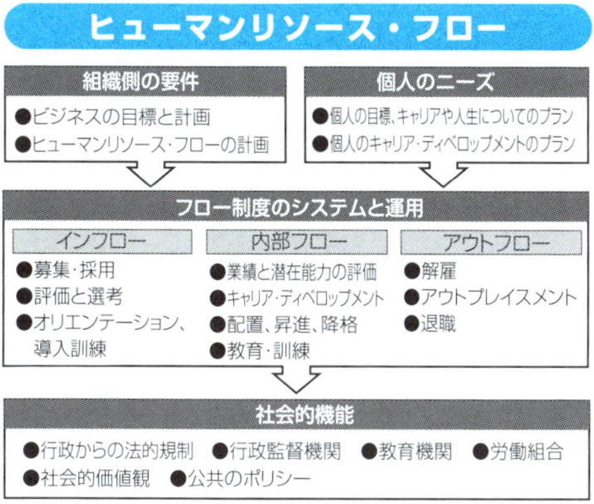

出所:James Walker,Human Resource Planning(New York:McGraw-Hill,1980)を基に作成

人的資源管理フローは、入社（インフロー）し、活動（内部フロー）して、退職（アウトフロー）していくという流れです。問題が発生してから各フローを考えるという対処療法的アプローチではなく、人事部と現場のマネジャーとが常に将来を見越した計画的な運営が必要です。

企業の経営戦略上、人的資源フローの一貫性が重要なのは当然ですが、個人としても自分のキャリアパスに関する一貫性を考えておく必要がありますね。終身雇用制が崩壊したと言われる現代、会社側だけでなく、個人も将来どうなりたいのか、どのようなキャリアを目指しているのか、常に考えておく必要がありそうです

# 162 インフロー

## 採用の役割とは

採用とは外部の労働市場から人を採用する管理のことです。自社が求める人材像を明確に提示し、入社後のミスマッチにともなう機会損失をいかに防ぎ、ライバル企業を含めた人材獲得戦争に勝ち残れるか、ということが重要となります。

### 経営戦略と要員計画

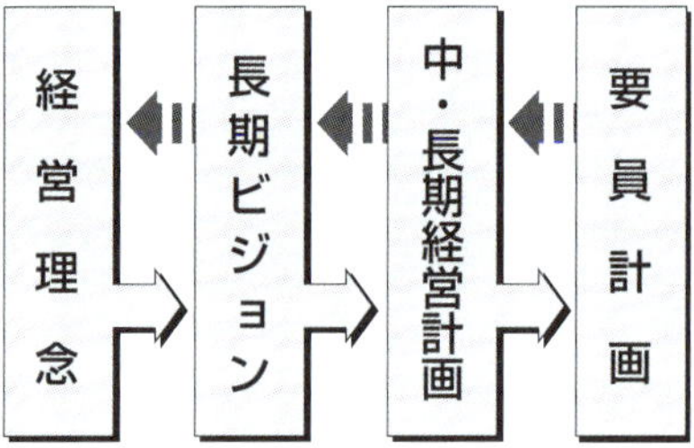


出所:西川清之著『人的資源管理入門』学文社、1997年

日本型といわれていた新卒一括採用の割合が少しずつ減少し、それにともない中途採用の重要性が増してきています。逆に言えば、基本的な知識とスキルを備えた即戦力のニーズがそれだけ高まっているということであり、選別の目も厳しくなってきています。中途採用の重要性が増しながら、失業率も増加しており競争激化の企業経営と同様、勝ち組と負け組の二極化が進んでいることの表れです。

中途採用には2つのデメリットが存在する。1つは中途採用で引き抜かれた方にこれまでの教育が無駄になること。2つ目は中途採用を引き受けた企業のデメリット。つまり、社風になじむことの難しさ。前の会社の仕事のスタイルが自社に合っていれば問題ないが、許容範囲を超えている場合などはトラブルを招きやすい

# 163

## 内部フロー①
# 内部フローとは何か

### 内部フローとは具体的に何か

内部フローとは、採用後の人の配置と異動に関する管理を指します。人の配置はその人の持つ能力やスキル、仕事の適正などに基づいて行われます。適材適所が基本ですが、将来のスキルアップを考えて配置することもまた重要です。

**人的資源管理フロー概略**

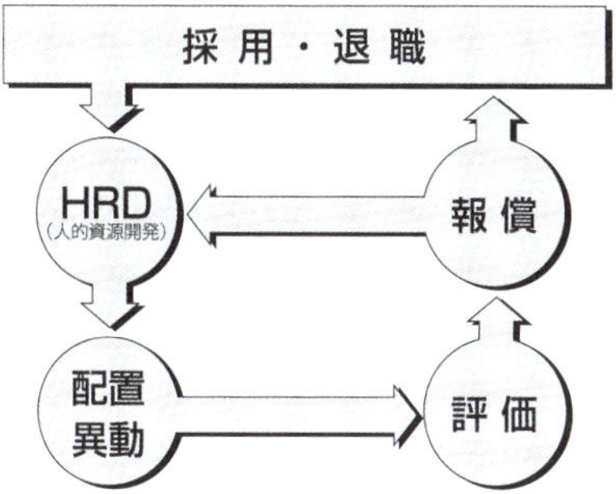


従業員が企業内で活動する管理を扱う内部フローは、３つの人的資源フローの中でも最も長期に渡る企業の事業活動を担うものです。そのため、配置や評価、報償といった個別機能だけでなく、それらを含んだ経営戦略に基づく人材育成（人的資源開発）プランに沿ったマネジメントが必要となります。

HRD（Human Resource Development）とは、人的資源開発という意味で、経営上必要な人材を戦略的に育成・開発していくということです。「人材育成」と言い換えてもいいかもしれません

164

## 内部フロー②
# 昇進・昇格

### 昇進や昇格の基本的な構造を知る

昇進や昇格には次の３つのタイプがあります。①職階上の職位移動、②所属組織内の異動、③所属や職種の異動。これらの配置転換を行うことによって、必要技能とスキルとのミスマッチなどを是正していきます。

**昇進と昇格**

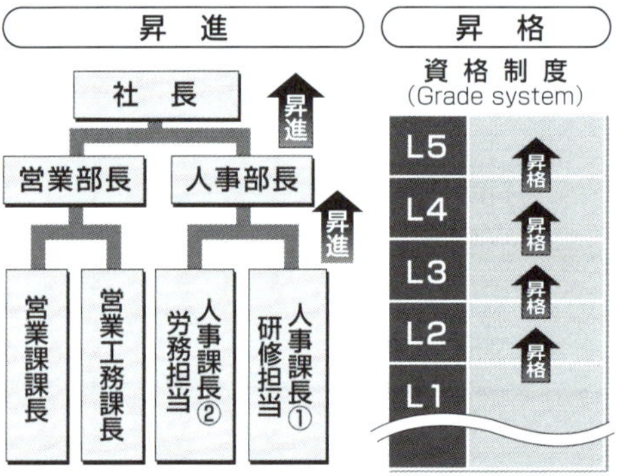


昇進はポストが限られていますが、昇格は制限がありません。前者は成果とプロセス、後者は経験と基本的知識・スキルに基づいて処遇されるのが一般的です。これらの使い分けは便利ですが、その一方、どの程度報償制度へとつなげていけばよいかというバランスが非常に難しいです。

勤続年数の長い社員を降格することは困難な場合も多いが、組織の若返りは比較的容易だ。若手で優秀な社員を積極的に登用することだ。通常の日本企業で 50 歳になってから学習することを 30 代で体験できれば、この 20 年の差は大きい。早期育成も一長一短はあるが、現行の問題点を改善し早期リーダー育成をぜひ実現してほしい

# 165

## 内部フロー③
# 人的資源開発

### 人的資源開発の３つの活動とポイント

人的資源開発は、①個人の集まりとしての組織の能力向上、②評価や配置、報償といった他のHRMの機能とリンクした入社時からの一貫した継続的活動、③会社全体のニーズから見た経営理念・戦略に基づく活動、の３つに分けられます。

**HRDの3つの活動**

1. 従業員に対する将来必要となる知識、技術、能力の向上
2. 体系化された人的資源に対する入社時点からの計画的で継続的な活動
3. 企業そのもの全体の存続、発展を実現するため、経営理念・戦略と整合性のとれた活動

単純で場当たり的な能力開発ではなく、個人のニーズと組織のニーズ、短期的な人材ニーズと長期的な人材ニーズ、基礎的能力ニーズと専門的能力ニーズなど、異なる切り口で複眼的・体系的に検討された人的資源開発システムが重要となります。

これまで学んできたことと基本の部分では同じなんだね。その場しのぎの場当たり的な活動でなく、「客観的に」「MECE（モレなく、ダブリなく）で」「あらゆる状況を考えて判断」するといったことは、クリティカルシンキングの基本だったね！

166

内部フロー④

# HRDの目的別類型

## 人材開発システムの具体例

人的開発システムの手法には、①仕事をする中で取得させるOJT、②職場外の教育や訓練などで習得させるOFF-JT、③自分が必要だと思うものや興味があることを自発的に行う自己啓発の3つがあります。

### HRDの具体例

| ①OJT | ②OFF-JT | ③自己啓発 |
| --- | --- | --- |
| 職場内で実際の仕事を通じて、知識や技術を身につけるという現場重視の人材育成方法であり、仕事だけでなく企業の風土や文化も吸収しながら短期間で効果を上げることができます。 | 職場外で受ける教育訓練で、階層別研修、新入社員研修、専門別研修、技能別研修など、日常の業務を離れて行われる集合研修を指します。 | 自己のニーズと興味に応じたその能力を向上させるために行う個別の能力開発をいいます。自己啓発援助制度など、企業からの補助が設定されているケースが多く見られます。 |

↓

CDPに基づいて実施

CDP（キャリアディベロップメントプログラム）
企業と個人の目標を同時に継続的に達成することを目的に、企業が長期的かつ計画的に技能・能力を身につけることを支援する制度を言います。OJT、OFF-JT、自己啓発などの目的に応じたプログラムも、このCDPに基づいて計画的な運用が求められます。

自己啓発の運用の問題点は、費用対効果をなかなか得にくく、どうしても長期的視野が必要となることだ。さらに、自己啓発で能力が身につき次第退職していくケースが考えられる。自己啓発をただの投資で終わらないためにも、もう一工夫が必要ではないだろうか

# 167

## 内部フロー⑤
# OFF-JT

### OFF-JTとは具体的に何か

OFF-JTは、①新入社員・中堅社員など、階層に応じて行う階層別研修と、②生産・販売など専門に応じて行う職能別研修の２種類に分けられます。

**教育訓練の重点**

| 区　分 | 事業所計 | OFF-JTの充実 | OJTの充　実 | 自己啓発援助の実施 | その他 |
|---|---|---|---|---|---|
| 合　計 | 100.0 | 54.3 | 42.9 | 34.5 | 6.9 |
| 1,000人以上 | 100.0 | 71.0 | 63.0 | 25.0 | 5.2 |
| 500～999人 | 100.0 | 64.0 | 62.6 | 26.8 | 9.7 |
| 300～499人 | 100.0 | 62.4 | 58.6 | 25.4 | 6.5 |
| 100～299人 | 100.0 | 56.5 | 53.8 | 34.4 | 8.5 |
| 30～ 99人 | 100.0 | 52.6 | 37.8 | 35.5 | 6.4 |

(%)

出所:労働省「97年度民間教育訓練実態調査」「労政時報」1999年、No.3426、P69

元来日本では「OFF-JT は実務に直接結びつかない」と言われ、OJT 重視でした。しかし、産業社会の急激な変化にともない、自社のみならず業界で一般的に通じる基礎知識・能力を体系的に理解できる OFF-JT の重要性が認められてきています。

規模の大きい企業ほど OFF-JT を重視していることは図を見てもわかるね。規模の小さい企業では、教育・訓練がマンツーマンに近い形で行えるため、OJT の方が効果が上がりやすいという見方もできるでしょう。経費削減やリストラを迫られている状況で、いかに効果的で無駄のない教育・訓練を実行できるかについて考える必要があるようですね

168

内部フロー⑥

# 専門職制度と選抜式経営幹部育成制度

## 専門職制度と選抜式経営幹部育成制度

専門職制度とは、これまで「昇進＝管理職」であったのを改め、専門職を原則、管理職と対等に扱う制度を言います。選抜式経営幹部育成制度とは、企業が早い段階から経営幹部候補として選抜して育成する制度のことです。

### 専門職制度と企業内システム

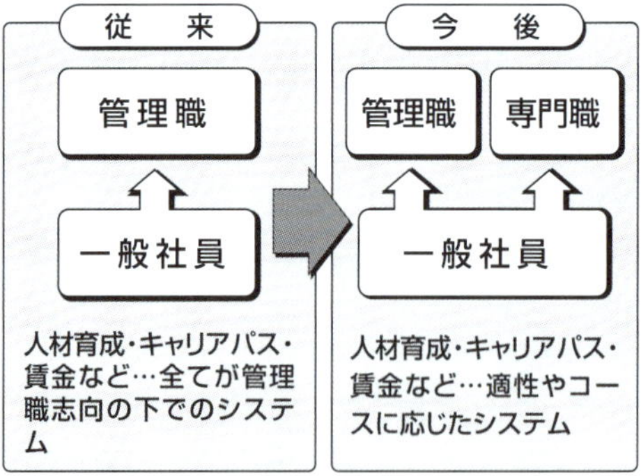


出所:北島雅則著「ビジュアル人事の基本」日経文庫、1995年

ゼネラリストとしての管理者だけでなく、研究者やデザイナー、プランナーなどの専門職でも、従来の管理者と同様の処遇体系（昇進や報償）を設けた複線型人事制度や、トップマネジメントになるまで30～40年費やして人材を選抜・登用する従来型の人事体系から、早期経営者養成を目的とした選抜型教育など、環境の変化にともなって日本の人事制度も確実に変化してきていると言えます。

管理職以外の専門職の人にも報償を与える制度で記憶に新しいのは、田中耕一氏だろう。しかし、田中氏がノーベル賞受賞の対象となった発明で、勤務先から受け取った金額はナント11,000円！　勤務先が田中氏の研究のために支払ったコスト、また得た利益、その他に投じている研究費などを考えて、この金額が多いか少ないかは議論の分かれるところだ

# 169 アウトフロー（従業員の退職）

## 退職の基本的仕組みを見る

退職には自己都合と会社都合とがあります。早期退職優遇制度などは自己都合に含まれますが、雇用調整と第二の人生設計支援といった2つの面があります。会社都合は正当な理由が問われ、残った社員の士気にも関わることがあります。

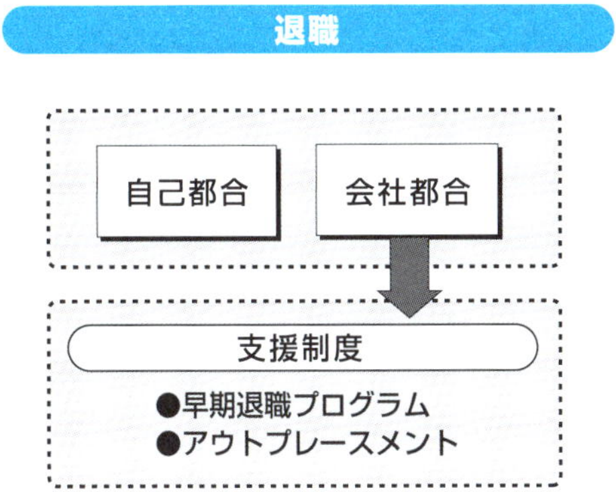


従業員も自社だけでなく、いかに広く一般的に活用でき、評価される能力を自助努力によって開発していくか、個人の能力を向上させるかが重要だと言えます。

早期退職優遇制度は、大手企業を中心に目立つようになってきました。高賃金化が進んだ、中高年の従業員を抱えきれなくなってきたからです。この制度の問題点として、①割増退職金の設定による財務上のコストが増えること、②辞めてほしくない人材から辞めてしまい、辞めてほしい人が残ってしまう可能性があること、などが挙げられます

# 170 人事考課

## 人事考課の役割と位置づけを見る

人事考課とは従業員の能力や業績を評価するための制度です。人事考課は昇進・配置・昇給・教育訓練などの決定に大きく影響します。そのため、公平性、客観性、納得性などが重要になります。

### 職務設計の一延長としての業績評価システム

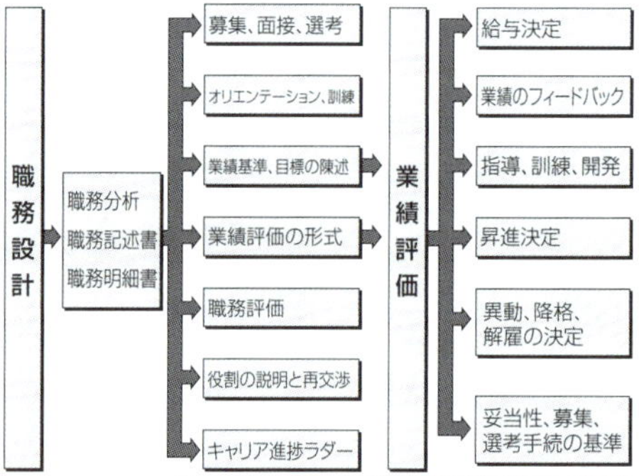


出所:西川清之著『人的資源管理入門』学文社、1997年

公平性、客観性、納得性を追求する方法として、自らの担当職務の遂行状態、勤務態度などについて自己評価する自己申告制や、自己評価に上司や同僚、部下が評価に加わる360度評価などが見られます。

360度評価とは、一人の社員を直属上司だけでなく、同僚、部下、他部門、さらには外部の顧客、取引先担当者などが多面的に評価・観察することで中立性を増すという評価手法である。しかし、実際に360度評価を採用したことで失敗した企業も少なくない。360度評価をよく研究したうえで導入を検討するべきであると言える

# 171 報奨システム

## 報奨システムの仕組みを理解する

報奨システムは、企業の全従業員がモチベーションを高めたり、維持して働けるための制度です。企業のミッションや目標を、個人の目的を会社の利益計画、財務状況と合致させ、報酬との関係などの前提を理解することが重要です。

### 報酬システム

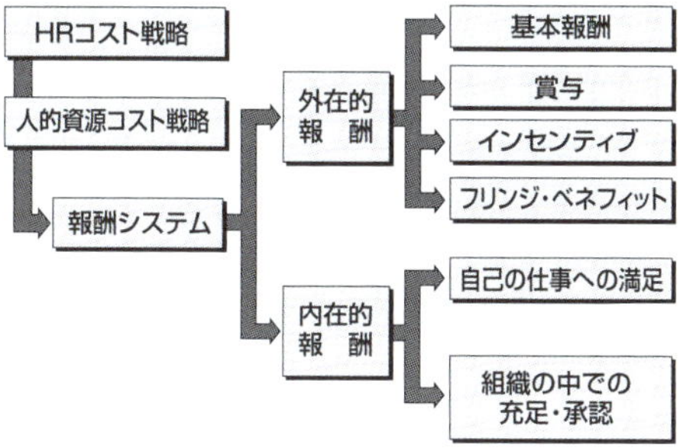


出所:花岡正夫著『人的資源管理論』白桃書房、2001年

報奨といっても、給与や賞与など金銭的なものだけではありません。仕事における満足であったり、組織の中で認められる充足・承認など、非金銭的報酬との両面が存在します（モチベーション理論の項を参照）。

フリンジベネフィット（付加的給与）とは、企業が役員や従業員に対して与える、給与以外の経済的利益のことで、食事の支給、記念品、社員割引、社宅の提供などがあります。日本企業は高い水準のフリンジベネフィットが導入されていましたが、最近では費用対効果の面で見直されつつあり、CSR（社会的責任）に直接関連した企業が注目されています

# 172 賃金管理

## 賃金管理がカバーする領域を学ぶ

HRMにおける賃金管理は、賃金の水準・体系・総額・労務量など、制度の様々な面を考慮しながら、コストとインセンティブの両面をいかに両立していくかが問題となります。公平性を保ち、賃金決定プロセスを明確にすることが重要です。

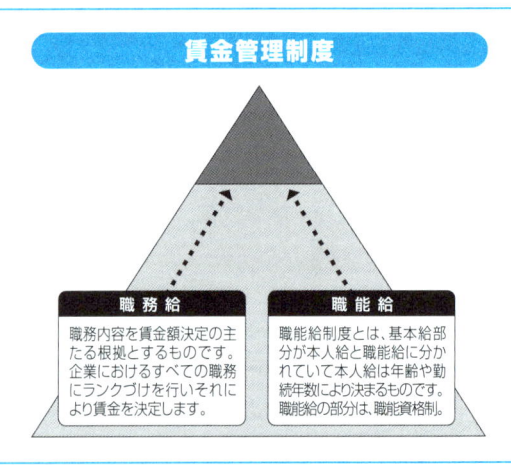

### 賃金管理制度

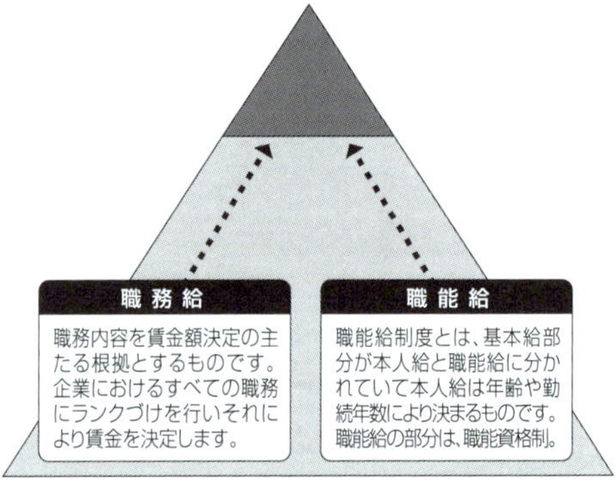

職務給
職務内容を賃金額決定の主たる根拠とするものです。企業におけるすべての職務にランクづけを行いそれにより賃金を決定します。
職能給
職能給制度とは、基本給部分が本人給と職能給に分かれていて本人給は年齢や勤続年数により決まるものです。職能給の部分は、職能資格制。

・賃金管理制度……賃金とは、雇用者が労働の対象として労働者に支払うすべてのもの（ボーナスや退職金を含む）などを指します。
・職務給……アメリカでは職務内容を中心とした賃金制度が中心。
・職能給……日本では、年齢、勤続年数に加え、会社内での職能資格を中心にした決定がされることが多いです。
・頂上……最近では双方をバランスよく導入した賃金制度へと移行しつつあると言われています。

給与制度は、現在は主に実績給に移ってきている。この流れを一言で言うと、勤務時間による給料という考え方から、実際にあげた成果に対する給料への流れであると言える。ただし、実績給のデメリットとして、長期の視野で会社に役に立つ人材を育成することが難しい点や、評価基準が明確でなければ不平不満が多発する点などが挙げられる

173

# 業務評価システム

## 業務評価システムの特徴と種類

業績評価には、人材の選抜や処遇、モチベーションの向上、組織コミュニケーションの促進、法律に基づく企業としての事実の記録など、様々な目的が存在します。どの目的を重視するかは企業の特徴や政策によって異なります。

### 一般的な業績評価の目的

- 人材の選抜、給与・昇進等に関する意思決定
- パフォーマンス向上のためのフィードバック
- 組織内、職場内コミュニケーションの促進
- 事実の記録(法的対策など)

### パフォーマンスの尺度

1. 特定の職務に必要な能力
2. 組織内で通用する広い職務に関する能力
3. コミュニケーション能力(文章力も含む)
4. 努力、持続力
5. 自己啓発の継続
6. チームパフォーマンス向上に向けた仲間への励まし
7. リーダーシップと指揮監督
8. 管理業務

目的が違えば評価項目などのプロセスも異なってきます。人材の選抜を重要な目的とした場合は、自社にとって優れた人材とそうでない人材に分けるためのポイント、能力開発を目的とした場合は弱い部分と強い部分の詳細を含めたポイントが必要になります。

評価をされる立場からすると、その場しのぎで業績評価向上を図ろうとする人もいるかもしれません。しかし、継続的に評価が重ねられると必ずどこかにほころびが出てくるものです。人材の評価はする側もされる側も、公平に、バランスよく行うことが重要であり、トラブルを避ける近道だと言えそうです

# 174 業務評価の正確性

## 業務評価の正確性を上げるのに重要な点

業務評価において、より正確性を高めるには、対象者について十分な情報を持っている人に評価させることです。業務評価システムを効率的なものにするためには、その評価者自身もトレーニングをしなければなりません。

**評価環境のベースとなるもの**

1. 評価者が対象者を直接観察できる機会を増やすような環境を整える
2. 評価者が積極的に対象者の評価に用いる情報を収集するように動機づけさせる
3. 対象者の評価に関する情報を最も手に入れやすい人を評価者にする

物事のモノサシは人によって異なります。その中で評価の信頼性を確保するためには、評価に必要な一定レベルの知識、技術を習得させ、評価の視点や基準を共有化させることです。

業績評価基準を作成するときは、「この観点は重要に決まっている」といった思いこみが含まれる場合が多いが、それでは評価される人の納得感を得ることができません。業績評価基準を作成する際には、まさにこの「思いこみ」を排除したゼロベース思考で設定する必要があります。また、評価項目もMECE（モレなくダブりなく）で設定されている必要があります

# 175 目標管理制度（MBO）

## 目標管理制度の中身を学ぶ

目標管理制度とは、個人で目標を定め、定期的に結果や過程をチェックすることにより、評価と意欲を向上させる制度です。目標設定においては上司がすべての目標や期待を明示したうえで、話し合いをして決めていきます。

**MBO**

1. 顧客のニーズと事業の目標を理解した上で、自分の役割と機能を目標達成のためにどうすることが必要か再確認を実施
2. 役割と具体的な目標を設定
3. 目標と結果を比較した上で、評価を実施、今後のプラン等をフィードバック

業績評価と連動させる場合は、目標の難易度、達成度の判断基準が重要であり、そのためには主観的な判断ではだめです。両者で目標達成に必要なステップと条件を含めた前提をブレークダウンし、その前提の難易度を検証していくことが必要です。この手順によって現実的な目標達成と、それに伴う従業員のモチベーション向上に結びつけることができます。

MBO（Management By Objectives through self control）は、自己統制による目標の管理といった意味で、1950年代にドラッカーが提唱したマネジメント手法の一つです。上司が部下に目標を押しつけるのではなく、個人の自主性を重視することで主体性を高め、大きな成果をあげることを目指すという考え方です。誰だって押しつけられるのは嫌だもんね

# 176 バランス・スコア・カード

## バランス・スコア・カードの中身を知る

バランス・スコア・カード(BSC)とは、経営管理手法の1つです。財務的だけではなくプロセスも重視し、測定には厳密に数字を用いることで明確に管理します。個人の目標も具体的な数字を挙げて客観的に評価し、管理します。

### 人事における測定構造

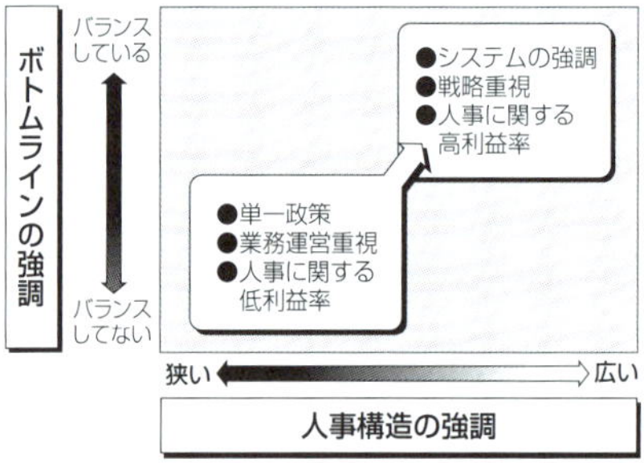


出所:B.E.ベッカー他著『HRスコアーカード』日経BP社

BSCでは曖昧さの排除が要となります。たとえば、「人為的なミスをなくす」というのでなく、「人為的ミスを1%以下にする」など。さらにそのために必要なステップの達成度も含めて評価をしていきます。

BSCは、ハーバードビジネススクールのキャプラン教授と、コンサルティング会社社長のノートン氏が開発した業績評価システムです。「財務の視点」「顧客の視点」「業務プロセスの視点」「学習と成長の視点」の4つを用いることが特徴です。この4つの視点を上手にバランスよく実現させる戦略的マネジメントシステムです

# 177 コンピテンシー評価

## コンピテンシーとそれを用いた評価

コンピテンシーとは「高い成果を生み出すために安定的に発揮している思考・行動特性」を指し、①知識・スキル、②性格・性質、③意識の３つの特性に分かれます。図のような流れで評価基準を設定し、目標管理や能力管理を行います。

### コンピテンシーの特性

| | |
|---|---|
| ❶知識・スキル（Skills） | 対人関係構築力や情報収集力 |
| ❷性格・性質（Character） | 柔軟性や持続性、計画性 |
| ❸意識（Mind） | リーダーシップ等業務を遂行する上で個人が重視する意識 |

### コンピテンシー評価の実施

❶ 部署・ポストごとに“できる”社員（ハイパフォーマー）の行動を分析

❷ 成果を生む特性を抽出

❸ 成果を生むハイパフォーマーの行動特性を評価基準として明示

❹ ハイパフォーマーに共通の行動パターンを抽出、明示、社員の採用や幹部登用の際の判断基準とする

評価制度の最も重要なポイントは「評価基準」つまり“モノサシの具体性”です。ハイパフォーマーの行動特性でも「店舗で挨拶ができる」というレベルではなく、「入店時にお客様の名前を呼んで笑顔で挨拶ができる」というレベルまで具体化できるかがポイントとなります。

コンピテンシー（Competency）のもともとの意味は「資格、適性、能力」のこと。そこから転じて、職務で一貫して高い業績を出す人の行動特性のことを指すようになったんだ。要するに、高いパフォーマンスを発揮する従業員と同じ行動特性をみんなで真似することで、全体のレベルアップを図ろうということだね

# 178 組織行動

## 組織行動の中身について具体的に学ぶ

組織行動では企業の生産性や業績に影響する「個人」「集団」「組織」の行動を研究します。扱う体系は下の図のように3つに分かれますが、この体系から明らかになった理論を利用して、人材育成など経営の現場で生かしていきます。

### 組織行動論の体系

| 分　類 | 個人行動に関する研究領域 | 集団行動に関する研究領域 | 組織そのものの行動に関する研究領域 |
|---|---|---|---|
| 分析レベル | 個人レベル | 集団レベル | 組織レベル |
| 影響を受けている学問 | ●心理学 | ●社会学<br>●社会心理学 | ●社会学<br>●社会心理学<br>●文化人類学<br>●政治学 |
| 代表的な研究テーマ | ●個人の生物学的特徴<br>●パーソナリティー<br>●認知<br>●学習<br>●モチベーション<br>●職務満足<br>●意思決定<br>●従業員の選抜 | ●グループダイナミックス<br>●ワークチーム<br>●リーダーシップ<br>●コミュニケーション<br>●権力（パワー）<br>●コンフリクト | ●組織構造<br>●組織設計<br>●組織変動<br>●組織文化<br>●組織環境 |
| 呼び方（注1） | ミクロOB | | マクロOB（注2） |

（注1）ミクロOBとマクロOBを合わせて、組織科学（organizational science）とも呼ばれている。
（注2）研究者によっては、マクロOBを組織行動論とはみなさず、組織理論（organizational theory）に含める傾向もある。

出所：石田英夫ほか著『MBA人材マネジメント』中央経済社、2002年

人的資源管理（HRM）と組織行動（OB）は異なるアプローチで企業経営の中における人と組織に関するマネジメントを扱います。HRMでは人や組織の評価や、制度などの仕組みを作り上げることで人や組織を活性化していく支援をするのに対し、OBでは管理者やスタッフなど組織の個々人の行動を研究し、その取り組みによって人や組織に働きかけを行うものです。

組織行動論のバイブルとして有名なのが、スティーブン・P・ロビンスの『組織行動のマネジメント』（ダイヤモンド社刊）です。これまで社会学、社会心理学、人類学、政治科学などで個別に議論されていた組織行動を体系的にまとめて分析した書です

# 179 組織行動論の歴史

## 組織行動論のこれまでの歴史的発展を学ぶ

オートメーションなど機械的な管理法に関する疑問が起こり、アメリカのホーソン研究の結果から、もっと人間的な側面に注目した動機づけ、リーダーシップ、集団行動などを重要視する組織行動論が生まれました。

### 組織行動論の歴史的展開

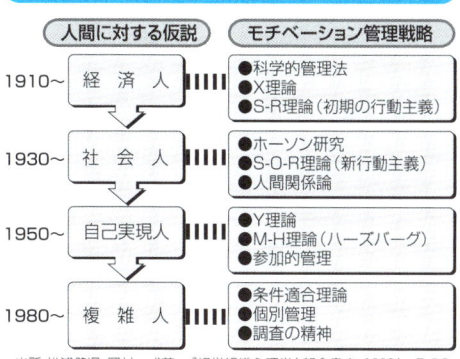

| | 人間に対する仮説 | モチベーション管理戦略 |
|---|---|---|
| 1910～ | 経済人 | ●科学的管理法<br>●X理論<br>●S-R理論（初期の行動主義） |
| 1930～ | 社会人 | ●ホーソン研究<br>●S-O-R理論（新行動主義）<br>●人間関係論 |
| 1950～ | 自己実現人 | ●Y理論<br>●M-H理論（ハーズバーグ）<br>●参加的管理 |
| 1980～ | 複雑人 | ●条件適合理論<br>●個別管理<br>●調査の精神 |

出所：松浦健児・岡村一成著　『経営組織心理学』朝倉書店、1992年、P.32

ホーソン研究とは、1930 年アメリカのホーソン工場で行われた実験です。照明を明るくすると生産性は上がったが、暗くしても生産性は低下しなかったということから、人間は物理的要因よりも内面的要因に影響を受けやすく、科学的な管理だけでなく、人間の態度や行動、モチベーションなど人間的側面に焦点を当てた管理こそ重要であるとされました。

M.H 理論とは、ハーツバーグによって提唱された研究です。人間の満足感を決定する要因として、①達成、②承認、③責任、④昇進、⑤仕事そのものを挙げ、「動機づけ要因」と名づけました。一方、「衛生要因」として、①管理者の質、②所得、③会社方針、④人間関係、⑤労働条件、を挙げ、これら 10 の項目が人のモチベーションを高める要因としました

# 180 組織文化の形成プロセスと特性

## 組織文化はどう作られるのか

創業者の理念や哲学は、様々な経験を経て社内に定着し組織文化となります。一方で、このような組織文化は強力なものになると変えることが困難になり、「組織＝社会」という硬直した世界となる危険性もあります。

### 組織文化形成のプロセス

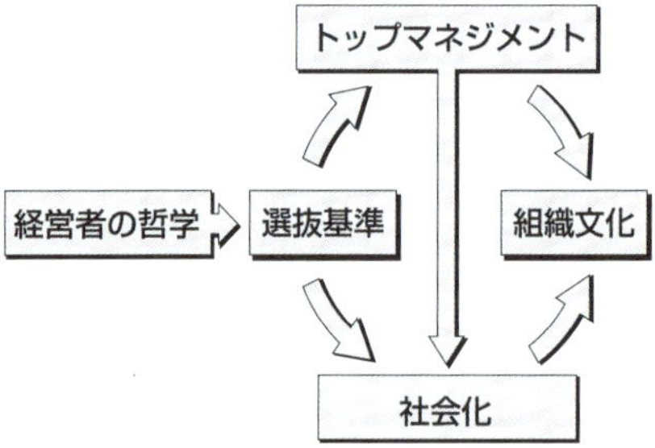


（出所）Robbins, S.P.（1993）, "Organizational Behavior", Prentice-Hall.

カリスマ創業者社長自身の強烈な理念や哲学に基づく組織は、成功しているときは非常に強いですが、環境の変化にともなって事業方向性が少しずつずれていった際にも突進してしまう諸刃の剣となります。事業環境は絶えず変化しているため、常に組織文化の見直しと変革が必要となります。

「産業人タルノ本分ニ徹シ　社会生活ノ改善ト向上ヲ図リ　世界文化ノ進展ニ　寄与センコトヲ期ス」これはかの有名な経営者、松下幸之助が立てた経営理念です。この経営理念は昭和４年に制定されたもので85年以上経った今もなおパナソニックの経営理念として掲げられています。重要なことは、この経営理念が常に維持できているということです

# 181 組織開発

## 組織開発による組織改革の方法

組織開発とは、組織の効率性と健全性を高めるために、組織全体を計画的に変革していくことを指します。このプロセスは①解凍、②移行、③再凍結の３つに分けられ、組織が全体として計画的に変革していくことを目指します。

### 組織開発の変革プロセス

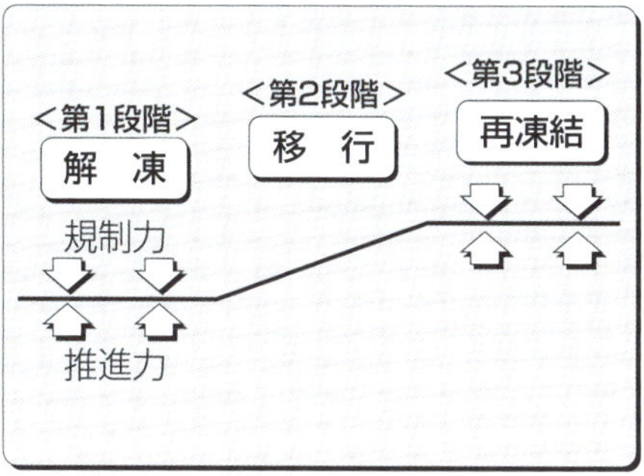


出所:服部治・谷内篤博編『人的資源管理要論』晃洋書房、2000年

①解凍……変革へのモチベーションを作り出す段階。現状を認識し、何らかの新たな変革を起こす必要性を認識する段階。
②移行……望ましい状態に向けて何らかの計画的な行動を起こすという実践的な段階。
③再凍結……新しい状態や行動が定着するように工程や仕組み、その他を確立していく段階。

1960 年代に行動科学に基づいた組織変革の方法として注目されたのが「組織開発」だ。HRM では、従業員の“やる気（意欲）を高め”“能力を向上させる”ことで成果をさらに上げることを目指す。従業員が持てる力を十分発揮できるよう、組織の体質や協調体制を強化し、組織としての成果を上げられるような体制・風土をつくることを目指していくんだ

# 182 組織IQ

## 組織IQとは？

組織IQとは、外部環境の変化に対応する企業の機敏さを表す指標。組織が有用な情報を迅速に意思決定に結びつけ、また内部や事業ネットワーク内でも循環させ、価値の創造に結びつけられる状態にあるかどうかを評価するものです。

**日本のハイテク企業17社の平均組織IQ**

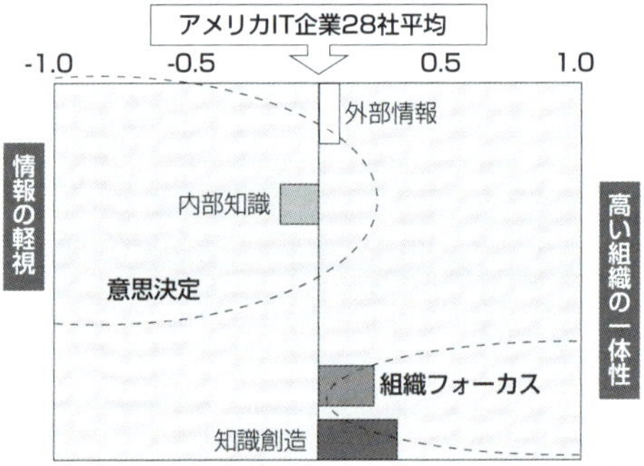


日本経済新聞「経済教室」（2002.1.3～1.31）を元に作成

組織IQは、①外部情報における認識、②意思決定の構築、③内部における知識流通、④組織でのフォーカス、⑤事業ネットワークの活用といった5つの側面によって定量化されます。

IQ（Intelligence Quotient）は実際の年齢と知能年齢の差を基準として絶対値を測定していましたが、現在では同年齢集団内での位置を基準に、相対的に測定するのが一般的です。スタンフォード大学のメンデルソン教授らによって開発されたこの組織IQは、同業者のグループの中で相対的に企業として頭の回転がどの程度良いかを計る指標とも言えそうですね

183

# 機能別組織

## 組織形態の１つ「機能別組織」

機能組織とは開発、製造、販売などの経営機能ごとに編成した組織です。機能別に組織されているため、スキルや知識を共有しやすい反面、組織間のつながりや全社的視野に欠けることが多いです。

**機能別組織**

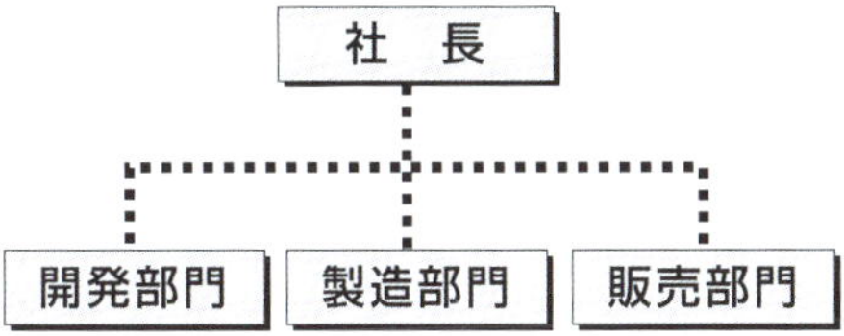


組織間のつながりに欠ける理由としては、機能別組織ごとに利益最大化を追及する傾向があること、組織を横断した人材を欠いていることで組織間の紛争が多くなるなど、事業活動に支障をきたすことが挙げられます。

機能別組織（Functional Structure）は、事業の多角化があまり進んでいない、経営環境の安定した企業では効率の良い組織形態と言えます。たとえば、ある一つの商品だけしか取り扱わないなら、全社的にその商品だけに集中して開発・製造・販売することができるため、組織間の意見の食い違いが起きにくいと考えられるからです

184

# 事業部組織

## 事業部組織とはどういうものか

事業部組織は製品、市場、顧客、地理的立地などを基準に決まります。事業ごとに分権化され、事業部長レベルで判断が下されるので意思決定が迅速となります。

### 事業部組織の例

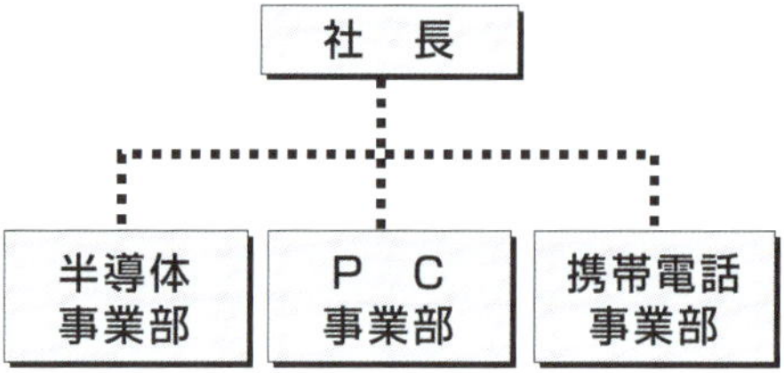


事業部組織の問題点としては、経営資源面でのロス、事業部をまたぐ製品が生まれにくい、短期的思考になるなどが挙げられます。どのような基準で事業を区分していくか、事業部の意思決定と全社的戦略の整合性をどのようにとるかに注意する必要があります。

事業部制を採用しているのは、自動車、食品、電機など、多くの製品を抱えている大規模な企業であることが特徴です。また、多角化を推進している企業では、事業部が増えすぎると事業本部制を取り入れることもあります。たとえば、オーディオ＆ヴィジュアル事業部として、音・映像などの製品を一まとめにしたりするということですね

# 185 事業部制と事業本部制

## 事業部制のデメリットの解決策

分権化が進むがゆえの事業部制のデメリットを克服する解決策として、複数の事業部を統括する「事業本部制」が挙げられます。事業本部の存在によって複数の事業の整合性を取り戻すことになります。

### 事業部制と事業本部制

| | |
|---|---|
| デメリット | ①権限が各事業部に分権されているため本部からの方針に対する忠誠心が低下 |
| | ②利益責任が追求されるため短期的な業績に集中しがち |
| | ③人事交流が乏しくなり組織全体の硬直化が進む |
| | ④各事業部で人事など同じ機能を持つため、重複するため経営的に非効率 |

↓

| | 事業本部制 | |
|---|---|---|
| 対策 | ●複数の事業部の統括に加え、事業に関連するR&Dを事業本部に置くなど事業部門での競争や重複、R&Dの投資重複を避ける | ●ROIとは別に組織全体から見た管轄事業部間の分業調整を実施（集権的なコントロールにより不必要な事業部間競争を避ける） |

事業本部制の導入により、事業部間での顧客の取り合いや新製品の重複、奪い合い、R&D の投資の重複を避けることができます。

R&D（Research & Development）とは、研究開発のことです。事業部制で最も問題になるのは、資源や知識などの重複が複数事業部間でおきて、そこで無駄が出るということです。自動車や電機関連企業では事業部間で共有できる知識も多いため、そこでの重複投資は避けることが重要になってくるんだね

# 186 事業部制組織と分権化組織

## 分権化が進むとどのような形態になるか

事業部制が進むと、各事業部はROIに基づいて資産運営のように管理され、持株会社のようになります。事業部制のメリットを強めた形態です。反面デメリットも強まるため、重点を置くべき前提を固定させた上で検討する必要があります。

**分権化の進んだ事業部制組織の事例**

❶ 継続的に業績を挙げている事業部を分社化し株式を公開

❷ 新規市場への参入のために別会社を傘下に加える

❸ 業績の思わしくない事業部を売却

↓

**この要素が進むと「持ち株会社」化へ**

持株会社とは、子会社の株式を保有し、運営することのみを事業とする会社です。統合した銀行がそれぞれの株を移転してできた、持株会社みずほホールディングスはその好例です。

1997年に法律が変わり、純粋な持株会社を持つことが解禁になると、持株会社を採用する企業が増えてきました。戦前の財閥の復活を阻止するという理由で独占禁止法によって持株会社は禁止されていたのですが、産業構造が変化してくるにつれて持株会社の方が経営戦略上望ましいという声も上がり、独占禁止法が改正され、持株会社が解禁になりました

# 187 カンパニー制

## カンパニー制とはどのような組織か

カンパニー制は事業部よりも独立性が強く、独立した事業体としてとらえた擬似会社制と言えます。意思決定や実行のスピードは速く、本社にとってもシステムの簡素化、将来の経営者育成などのメリットがあります。

### カンパニー制

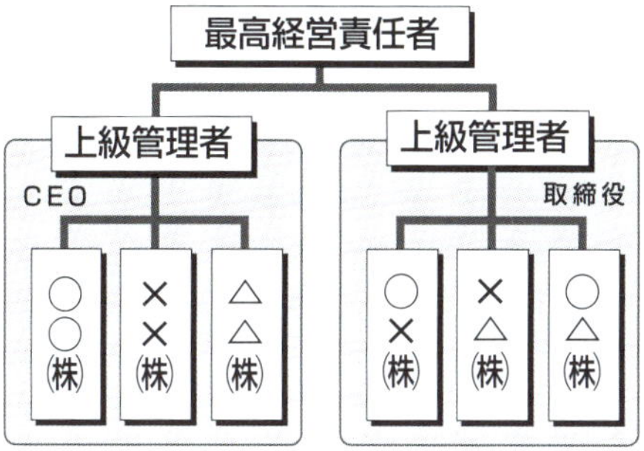


カンパニー制は、事業本部制を進め、独立性を強くしたものですが、持株会社制より導入しやすい擬似会社制です。このため、事業構造の変革やプロダクトポートフォリオの再検討、埋もれていた子会社の価値の顕在化など、戦略的にカンパニー制を敷く会社も増えています。

カンパニー組織は、事業部制組織よりさらに責任の委譲を強め、さらに厳密なP/L責任とB/S責任、加えてキャッシュフローの責任が課されることになる。経営責任をはっきりさせた自己完結型の組織と言うことだ。カンパニー組織の代表例がソニーで、時代とともに組織形態を常に変化させている

# 188 マトリックス組織

## マトリックス組織の仕組みと特徴

マトリックス組織は、機能別組織と事業部制組織を組み合わせ、複数の目的を同時に追求します。機能と製品の２軸からなる機能別組織であれば、「機能ごとの専門性の向上・蓄積」と製品別組織の「環境適応性・顧客適応性」を同時に達成します。

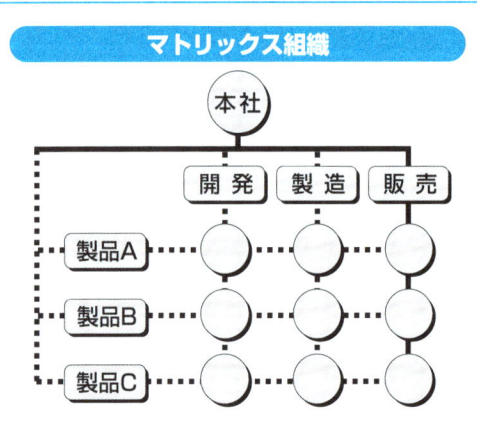

**マトリックス組織**

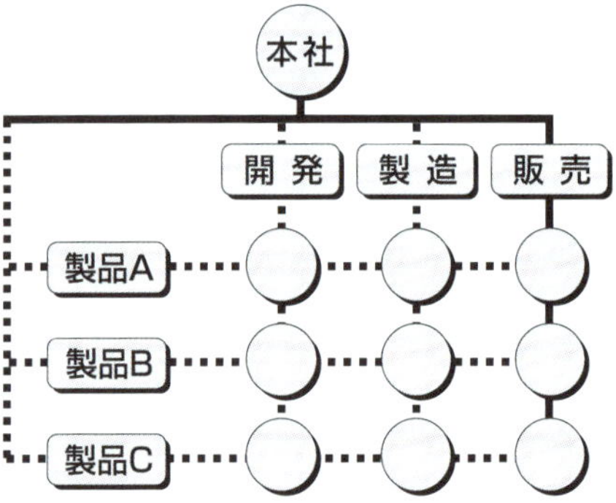


マトリックス組織は、２つの組織の利点を同時に達成できる反面、二元的命令系統による現場の混乱、間接費の増大などの問題点もあります。なお、事業部制組織とは製品や市場、顧客、地理的立地などの基準で決まり、機能別組織は製造、開発、営業などで決まります。図の例で言う事業部制では、特に製品の基準で分けた組織形態をとっています。

マトリックス制を採用する企業の特色として、全国あるいは全世界を対象としている企業ということが言える。やはり、対象市場が大きければそれらを一つの部署でまとめるのは難しく、マトリックス事業をとった方が効率的になるのだろう。その他にも、一般的に規模の大きい企業、海外に生産部門がある企業などもマトリックス型組織をとることが多い

# 189 フレキシブルな組織形態

## ３種類のフレキシブルな組織

プロジェクトチームやタスクフォースは、問題発生と同時に組織され、解決と同時に解散されます。一方、戦略的事業単位(SBU)は、個別のプロジェクトごとにメンバーが一時的に組織横断的に構成され、目的達成と共に解散します。

**フレキシブルな組織形態**

1. プロジェクト・チーム（Project Team）
2. タスク・フォース（Task Force）
3. SBU:戦略的事業単位（Strategic Business Unit ）

既存の組織体制に加えた時限的組織のため、マトリックス制で見られた「ツー・ボス・システム」（上司が２人いることによる責任と権限の不明確さ）のデメリットを最小限にしながら、同様のメリットを享受することが目的です。

現在の日本では、プロジェクトチームとタスクフォースとの明確な違いは定義されていないようですね。やや長い期間組織されている場合、プロジェクトチームと呼ぶことが多いようです。また、問題が発生したときに、それを解決するために組まれた組織を、特にタスクフォースと呼ぶことがあります

# 190 ネットワーク組織

## ネットワーク組織の内容を学ぶ

ネットワーク組織とは、大きな自立性を持つ組織単位が相互に緩やかに連結した非階層的、自己組織的な組織です。自立性や自主性が強く、環境の変化に柔軟に対応できます。また、ITを介して国家や企業を超えて結びつくことができます。

### ネットワーク組織

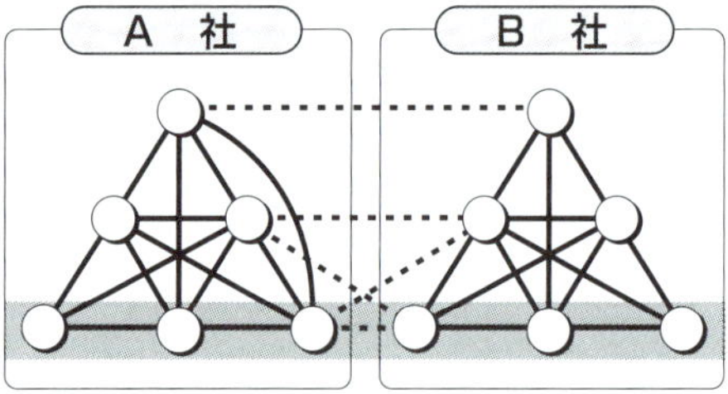


リナックスを作成していた組織はネットワーク組織と言うことができます。オープンソースの概念に近いと言えます。社内においても職位や事業部を超えた知の共有など、実践できることは限りなく存在します。

ネットワーク組織では、系列会社のように主従関係が成り立っているわけではないので、指揮・命令関係で混乱が起きる点に注意しなければならない。あくまでも、個々の組織の独立性を尊重しながら、ゆるいつながりを持つ点が特徴だ。京セラのアメーバ組織がネットワーク組織の一つの代表例と言ってもよいだろう

# 191 チーム型組織

## チーム型組織の内容を学ぶ

組織の基本単位を少数のチームに置く組織形態をチーム型組織と言います。他部門・異機能担当者が一時的にあるプロジェクトのために集まり、自主・自立的風土の中で顧客満足と従業員満足とを重視した組織形態です。

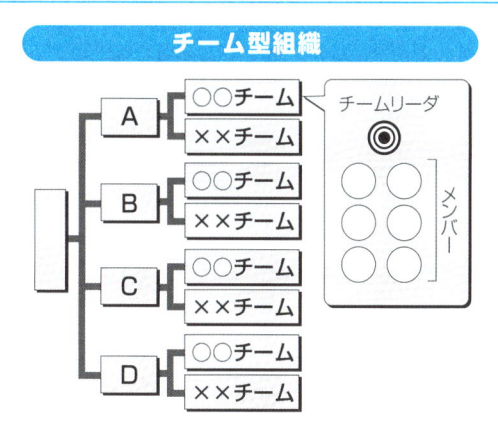

### チーム型組織

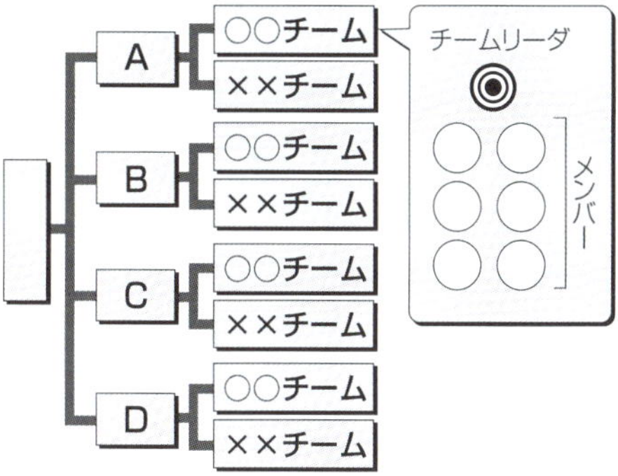


いままでの項で見てきたように、組織は権限の分権化と IT 化の進展などにともなう情報の現場分散化により、横にフラットなチーム型の形態に移行しつつあります。このようなチーム型組織として、SBU やタスクフォース、プロジェクトチームと同様の機能横断チーム、権限が極限まで委譲された自主管理チームが見られます。

チーム型組織は、プロジェクトごとにチームを編成する組織形態です。コンサルタントやメーカーの新製品開発などで使用される場面が多いようです。チームの中の役割には、プロジェクトの指揮をとる①プロジェクトマネジャー、計画調整を担当する② PC スタッフ、プロジェクト運営の総務を担当する③運営スタッフ、④技術スタッフなどがあります

192

# モチベーション

## 業績などに深く影響するモチベーション

高い業績の達成には「能力」に加えて「モチベーション(動機づけ)」が必須です。モチベーションが発動されるには、組織と個人の目的・目標の方向性を一致させることが必要であり、この目的・目標が行動を持続するための源になります。

### モチベーション

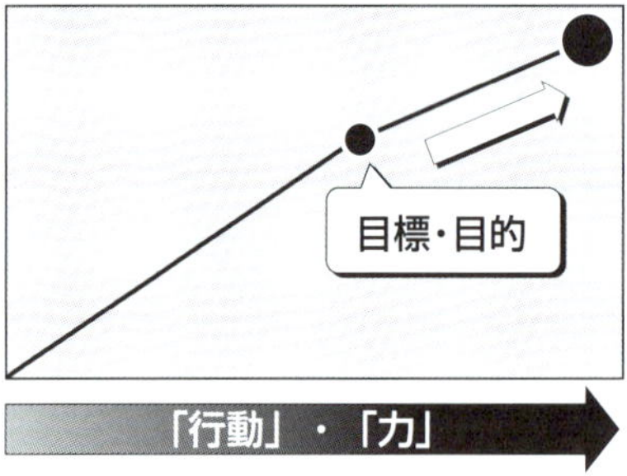


能力の高い人材を多く抱える企業が必ずしも高い業績を上げているわけではない理由は2つあります。
①組織のモチベーションは高いが、トップのめざす方向性が間違っている
②方向性が間違っており、組織のモチベーションも低下している
①の場合は方向性が調整されれば業績が上がりますが、②の場合は方向性が改善されても業績の向上は見込めません。

モチベーション(Motivation)とは、一般的には「動機づけ」と訳されます。心理学的には「人を特定の目標へ向かわせる身体的、心理的過程のこと」です。身体の内側からくる場合は動因と呼ばれ、外側からモチベーションを起こすものを誘因と言います

# 193 モチベーション理論の体系

## モチベーション理論の２つの流れ

モチベーション理論は大きく分けて2つあります。1つはマズローやハーツバーグらの「内容理論」で、動機づけの中身・内容について考察されています。もう1つの「過程理論」ではいかにして動機づけがなされるかを見ています。

### マズローとハーツバーグの動機づけ理論比較

| マズロー欲求階層説 |
| --- |
| ①自己実現欲求 |
| ②尊厳欲求 |
| ③社会的欲求 |
| ④安全欲求 |
| ⑤生理的欲求 |

| ハーツバーグの動機づけ－衛生理論 |
| --- |
| **動機づけ要因（満たされると満足）** |
| ビタミン·ミネラルが5倍（栄養がある） |
| **衛生要因（満たされないと不満）** |
| 農薬含有量が基準値を超える（体に悪い） |

・内容理論……行動の結果として得られる成果に対してどのような要因が影響を与えているのか考えたもの（マズローやハーツバーグなど）
・過程理論……動機づけの内容そのものよりも、動機づけのプロセスを重視したもの（ポーター＆ローラーなど）

モチベーションは、外発的モチベーションと内発的モチベーションがあります。外発的とは外からの動機づけで、「上手くいけば昇進・昇給する」といったことで動機づけし、短期的に高い効果を得られるようです。一方、当人の内側から湧いてくるやる気や動機が内発的モチベーションです。内発的モチベーションは強力で、持続性があることが特徴です

194

## モチベーション理論①
# マズローの欲求5階層説

### モチベーション発動の構造と欲求

人間は不満や不快などがあるとき、モチベーションを強く発動し、具体的な行動へと結びつけます。この具体的方向を示すのが目標、行動を起こすための源泉が欲求で、欲求を5つの階層に分けて説明したのが、マズローの欲求階層説です。

**マズローの欲求階層説**

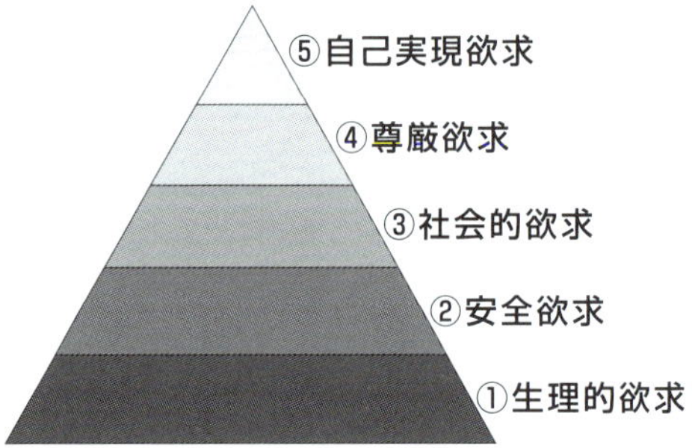


欲求には5段階ありますが、マズローは一足飛びに高い欲求へ発展することはないと唱えました。「生理的欲求」など低次の欲求を段階的に満たすことで、最終的に「自己実現の欲求」を満たせるとしたのです。

エイブラハム・マズロー（Abraham.H.Maslow）はアメリカの心理学者。1934年ウィスコンシン大学で学位を取得、ブランダイス大学教授を務めた。1967～68年にはアメリカ心理学会会長も務めたんだ。主な著書に『創造的人間』『人間性の心理学』『完全なる経営』などがある。心理学だけでなく、経営や看護といった分野でも重要な著作を遺している

195

モチベーション理論②

# ハーツバーグ

## ハーツバーグのモチベーション理論

人間の行動に大きく影響する２つの要因の本質は「不満」と「満足」です。満たされないと不満な要因を“衛生要因”、満たされると満足な要因を“動機づけ要因”と呼びます。

### 動機づけ理論

**❶ 内容理論 ▶ 動機づけの「内容」を考える**

●マズロー（欲求段階説）
●ハーツバーグ（動機づけ――衛生理論）

**❷ 過程理論 ▶ 動機づけの「プロセス」を考える**

●ヴルーム（期待理論…前）
●ポーター&ローラー（期待理論…後）
●アダムス（公平理論）

ハーツバーグは、「満たされて当然のものが満たされていないときの不満は、改善されて満たされるようになっても、人の行動の動機に大きく影響するものにはならない。一方、満たされるとうれしいものが満たされたときの満足は、行動の動機づけとなる」としました。

フレデリック・ハーツバーグ（Frederic Herzberg）はアメリカの心理学者。1966 年に発表された欲求や動機づけに関する「二要因論」で有名です。これは、人が仕事に不満を感じているときは関心が作業環境に向いていて（衛生要因）、満足に感じているときは関心が仕事そのものに関連している（動機づけ要因）というものです

196

モチベーション理論③

# ポーター&ローラー

## 過程理論について考える

動機づけのプロセスを重視し、なぜ欲求が生まれ、どのようなプロセスで行動に至るのかを考えるのが過程理論です。代表が、モチベーション＝期待×誘意性で表したポーター&ローラーの期待理論です。

**期待理論（ポーター&ローラー）**

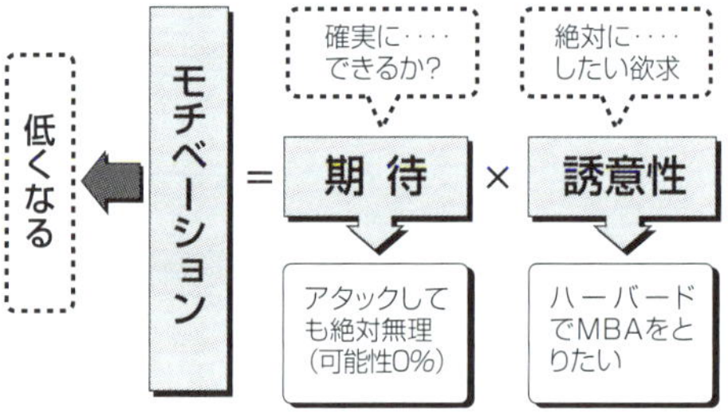


期待と誘意性

期待とは目標の実現可能性で、誘意性とは目標に対する欲求の強さを表します。部下や同僚のモチベーションを上げるのに、魅力的だがほとんど実現可能性がないキャンペーンや、誰もが実現できるが、魅力的ではない報奨制度など、失敗に終わる制度には、この行動に至る動機づけプロセスの要因が適正でない場合が多いです。

一定の売上高増加に伴って報酬が増える報奨制度は正しいと言えます。しかし、その割合がかけ離れていたり、各従業員の貢献度が反映されていなかったりするとモチベーションが下がることもあります。ポーター（Lyman W Porter）とローラー（Edward E Lawler）の期待理論においても、大切なのは適度なバランスなんですね

# 197 モチベーションの向上

## モチベーションと質・サービス

モチベーションが高まることによって、生産性や効率が高まり、業績が向上し、さらには顧客満足、従業員満足にもつながります。このことでさらなるモチベーションが高まり、ここに好循環が生まれます。

### モチベーションの善循環サイクル

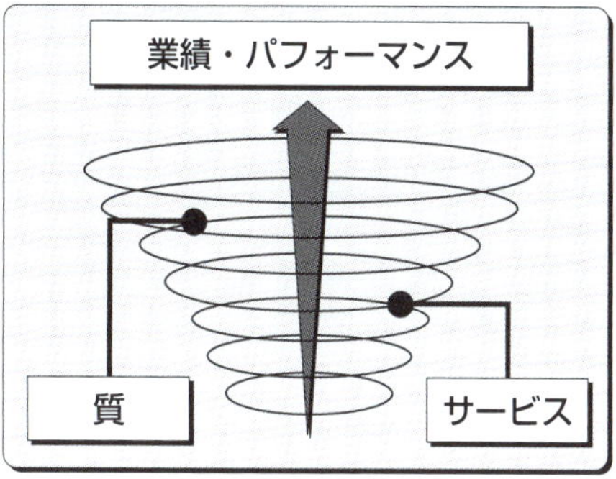


同じ職場の顧客（すなわち、上司、同僚部下など）を満足させることは、組織内の質・サービスを向上させ、実際の顧客の満足を高めることにつながります。逆に組織のモチベーションが上がらなければ、業績向上にはつながり得ないことになります。

部下のモチベーションアップを図るときには①仕事の目的を個人の成長に落とし込むこと、②育成のタイミング、③育成のゴールを明確にすることの３つに気をつけなければなりません。まとめると、「ここまでいけば、これだけの成果（成長）が得られる」という育成内容を部下にタイミングよく伝えることが重要なのです

# 198 「個」と組織活性化

## 組織の活性化に必要なこと

活性化が起こっている会社は、社員が内部において目標を会社全体のものと一致させながら、かつ能動的に活動しています。人的資源管理ではいかに個人と組織の方向性を一致させ、社員が能動的に活動できる環境を整えるかが重要です。

### 「個」と組織活性化

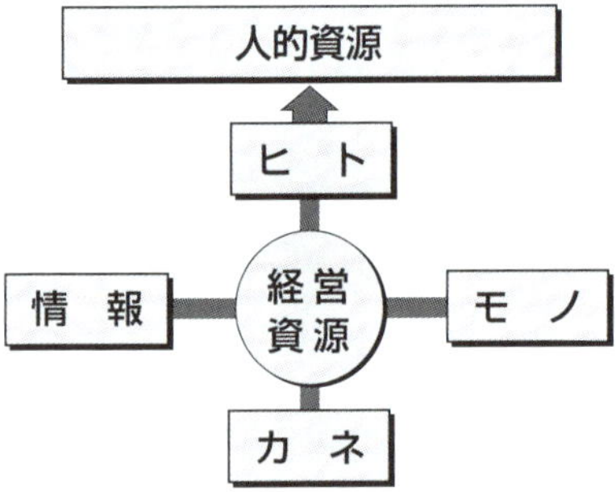


能動的とは、会社の方針にただ漫然と従うのではなく、自ら主体的に問題にアプローチしていく状態を指します。

コンプライアンスとは、日本語に訳すと「法令遵守」。具体的には、企業活動において法令などのルールを守らせることを言う。不祥事を起こした企業は売上の大幅な落ち込みなど経営に大きな悪影響を受けるので、法令などを遵守してルールを守った活動を行うように日頃から全員に徹底させることが重要である

# 199 インセンティブ

## インセンティブの意義と種類を知る

インセンティブとは、人や組織に特定の行動を促す動機づけを行う機能のことです。給与などの金銭的なもの、昇進などの評価によるもの、行動を行うことによって得られる満足など様々なものがあります。

**金銭的インセンティブの例**

**短期的**

歩合、報奨金、賞与、旅行、大入り袋など

**長期的**

昇給、退職金、企業年金、ストック・オプション

金銭的インセンティブには長期的なものと短期的なものの２つがあります。インセンティブの導入では長期的な利益と短期的な利益を両立できること、過度な競争によってチームワークを壊さないことなどが重要です。

インセンティブ（Incentive）には、誘因、動機、報奨、奨励金などといった意味があります。プロ野球の契約更改シーズンに出来高払いという言葉でよく目にしますね。プロ野球界では、打者がヒットを打ったり、投手が勝ち星をあげたりするごとに年俸が上乗せされるシステムが一般的になりつつあります。これも金銭的インセンティブの、一つの例です

# 200 インセンティブの体系

## 様々な種類のインセンティブを学ぶ

インセンティブとは達成欲求を引き起こす源泉となるものですが、組織がどのようなインセンティブを個人に与えるか、個人はどのような欲求を持っているかが重要です。

### インセンティブと欲求

| | |
|---|---|
| 物質的インセンティブ | 生理的欲求、安全欲求 |
| 評価的インセンティブ | 尊厳欲求、自己実現欲求 |
| 人的インセンティブ | 愛情欲求 |
| 理念的インセンティブ | 尊厳欲求、自己実現欲求 |
| 自己実現的インセンティブ | 自己実現欲求 |

出所:伊丹敬之·加護野忠男著『ゼミナール経営学入門』日本経済新聞社、1993年

・物質的インセンティブ……物質的欲求に対するインセンティブ
・評価インセンティブ……仕事に対する評価、仕事の成果、仕事とあまり関係のない貢献に対する評価に対するインセンティブ
・人的インセンティブ……リーダーの牽引力
・理念的インセンティブ……理念や理想に共鳴して人を動かすもの
・自己実現的インセンティブ……仕事そのものが面白い、楽しいといった、自分自身で満足が得られる状況を組織が作るもの

ここでのインセンティブは、マズローの5つの欲求に対応しています。人的インセンティブや自己実現的インセンティブは、必ずしも企業が個人の求める通りに与えることができるとは限りませんが、個人の目標やビジョンを企業活動においての目標・ビジョンの延長線上に置くことはできますね

# 201 業績連動型インセンティブ

## ストックオプションの内容と仕組み

ストックオプションとは､決められた期間内に決められた価格で所定の数の株式を会社から買うことができる権利です。文字通りこの権利は必ずしも行使する必要はありません。

### 業績連動型インセンティブ事例

| | 株価の推移 | 権利行使する場合 |
|---|---|---|
| ストック・オプション付与時 | ¥50,000 | - |
| （株価上昇） | ¥100,000 | ¥50,000の得 |
| （株価上昇） | ¥250,000 | ¥200,000の得 |
| （株価下落） | ¥30,000 | ¥20,000の損 |

株価の下落などによって権利行使価格に達しない状態であったり、ストックオプションを費用としての会計処理する流れの中で、現物株の支給に移行するマイクロソフト社のような事例もあります。それにともない、現状権利行使価格以下で無価値になっているストックオプションを第三者の金融機関に売却する案なども出てきており、業績連動型インセンティブの趨勢が注目されています。

ストックオプションは、アメリカのIT企業から始まった制度だ。IT企業にはベンチャーが多く、ストックオプションは有利に働いていた。しかし、現在ではストックオプションは低迷していると言われている。ITバブルの崩壊後、IT企業の株価は下落したため、ストックオプションは、社員のモチベーションを低下させる原因にしかならなかったのだ

# 202 リーダーシップ

## リーダーの役割

リーダーには、個人と組織の方向性を統一し、個を生かして組織の力を最大限に発揮させる役割があります。ある目的を達成するための行動を社員から引き出すことが必要です。そのためには、インフォーマルなネットワークも必要です。

### GEが求めるリーダーの条件

- リーダーとしての明確なビジョンを持つ
- 情熱を持ち、結果を出す
- 部下をリーダーとして育成する
- 常に変革する
- スピードをもって業務に取り組む
- チームワークを大事にする
- 企業倫理を遵守する
- 高い品質を追求する

組織形態や経営体制にあわせて望ましいリーダーシップのスタイルは異なってきます。作業を厳格に標準化し、指揮命令系統が明確なピラミッド型の組織体制ではトップダウン目的遂行型のリーダーシップが有効であることが多いですが、個人ではなくクリエイティビティや日々の改善による品質の向上をリアルタイムで求められる金太郎飴的組織では、権限を委譲し、モチベーションを上げる人間関係型のリーダーシップが必要です

平均値を見ても日本とアメリカではトップの年齢に20年の開きがあると言います。単に「経営者が若いことが重要」ということでなく、早い段階で実践での重要な意思決定を行う「擬似経営」の機会をつくり、その延長上の結果として「若い経営者」があるというところがポイントです

# 203 リーダーシップの形態

## ２つのリーダーの役割

リーダーの役割には部下に目標を与えて仕事を割り振るなどの仕事での役割と、職場における人間関係などの整理があります。

### リーダーシップの形態

**ホワイトとリピット**

「専制型」「民主型」「自由放任型」の3つに分ける

▼

**民主型が望ましい**

**リカート（Likert,R.）**

①「人間関係中心（従業員中心）型」と「仕事中心型」
②「寛大な監督方式」と「厳格な監督方式」

▼

**人間関係中心型、寛大な監督方式が望ましい**

リーダーシップに関する研究はたくさん実施されており、多くの研究者が「最高のリーダーとは」という命題に対する答えを求めた。リーダーシップの形態は色々ありますが、中でもホワイトとリピットは“民主的”リーダー、リカートは“人間関係を中心”かつ“寛大な監督方式”のリーダーが望ましいとしました。

レンシス・リカート（Rensis Likert）は、ミシガン大学の社会学、心理学教授。また、同大学社会行動研究所（ISR Institute for Social Research）所長。著書は『コンフリクトの行動学』など。

204

## リーダーシップ①
# 特性論アプローチ

### 特性論アプローチについて学ぶ

特性論アプローチでは、リーダーは特別な個人的特性を持っており、リーダーシップの有効性は個人的特性に規定されるという仮定に基づいています。優れたリーダーシップの特性は、①知性、②行動力、③信頼感の３つとしています。

**リーダーシップ特性論アプローチ**

| 優れたリーダー仮説 | リーダーシップの特性 |
|---|---|
| ①一般の人々とは異なる優れた個人的特性を持っている | ①知性（学識、判断力、創造性） |
| ②リーダーシップの有効性はリーダーの個人的特性によって規定される | ②行動力（判断力、協調性、社交性、適応力、達成志向、根気、忍耐力） |
| | ③信頼感（自信、責任感、地位） |

| 欠点 | 特性論アプローチでは、優れたリーダーに求められる個人的特性を特定化することはできない（優れたリーダーに求められる特性や資質は、集団、組織のタイプや状況によっても異なるから） |
|---|---|

特性論アプローチでは、「優れたリーダーは一般の人々と異なる優れた個人的特性を持っている」という前提で研究されましたが、集団や組織のタイプ、状況によって異なるため、結局特定化できなかったと言われています。

かつては、リーダーシップは特殊な能力だと思われていたということなのかな？　つまり、特性論アプローチでは優れたリーダーの存在は認められても、そのリーダーがなぜ優れているのかを証明できなかったということなんだね。確かにカリスマ経営者だけではないよね、成功者は……

205

リーダーシップ②

# 行動論アプローチ

## 行動論アプローチについて学ぶ

優れたリーダーシップを発揮するリーダーには行動パターンに違いがあるという仮定に基づいているのが行動論アプローチです。“構造作り”と“配慮”という2つの軸によってリーダーの行動を分析します。

### リーダーシップ行動論アプローチ

**仮　説**

**優れたリーダーシップを発揮するリーダーと、そうでないリーダーとでは、行動のパターンに違いがある（参考:マネジアルグリッド理論、PM理論）**

**「マネジアルグリッド理論」**

縦軸に人間に関する関心が、横軸に生産業績への関心がそれぞれ1から9の段階で示され、両方の次元に対する関心が高い「9・9型」が、最も有効なリーダー

**「PM理論」**

「課題遂行（Performance）」と「集団維持（Maintenance）」の各次元にそれぞれ高低2つを組み合わせた4つのタイプ「pm型」「Pm型」「pM型」「PM型」という組み合わせで、この中の、「PM型」のリーダーのもとであると生産性や満足度が最も高い

マネジリアルグリッド理論もPM理論も（課題遂行のための）構造作りと（部下・同僚への）配慮といったリーダーの2つの軸を中心にマトリックスを作っています。構造作りとは、メンバーへ仕事を割り当て、評価基準を設定し、指揮命令を行う行動です。配慮とは、部下への関心を示し、目標達成のための支援を行う行動を言います。

PM理論は三隅二不二（集団力学研究所名誉所長、大阪大学名誉教授）によって発表され、マネジアルグリッド理論はロバート・ブレーク（Robert Blake）とジェーン・モートン（Jane mouton）によって発表されました。どちらもマトリクスを作成し、右上に行くほど能力の高いリーダーであるとする点で類似しています

# 206 リーダーシップ③ 状況論アプローチ

## 状況論アプローチについて学ぶ

フィードラーのLPC（Least Preferred Coworker：最も一緒に働きたくない人）スコアでは、部下のタイプによって有効なリーダーシップのスタイルは異なるという状況論アプローチを唱えています。

### リーダーシップ状況論アプローチ

**仮説**

組織構造や技術環境、そして市場環境など様々に状況が変わることにリーダーシップの有効性は変化0

**フィードラーのコンティンジェンシーモデル**

「一緒に働くのが一番嫌いな人」：LPC（Least Preferred Coworker）の概念

**「LPCスコア」が高いリーダー**

嫌いな協働者に対しても好意的に評価している「人間関係志向」が強い

**「LPCスコア」の低いリーダー**

嫌な協働者を否定的に評価し仕事に感情を持ち込まない意味で、仕事の志向性（課題への志向）が強い

リーダーが部下集団を強くコントロールできるとき（高統制状況）あるいはコントロールが非常に困難なとき（低統制状況）は低LPCリーダー、その中間（中統制状況）では高LPCリーダーが有効とされています。これが、優れたリーダーシップは状況によって異なると言われるゆえんです。

ここでも、仮説思考が出てきたね。「仮説を立てる → 仮説から結論を出す → 情報を集め、仮説が正しいか検証する」という一連の流れから、優れたリーダーのスタイルは状況によって変わるということをフィードラーは導き出したんだ

# 207 コーチング

## コーチングとは

コーチングとは、どうすべきかの答えを教えることではなく、必要な知識やスキルの学習能力を高め、育成していく技法です。目標達成の行動を促すことによって、自律的・主体的人材を育成していくことが目標です。

### コーチング

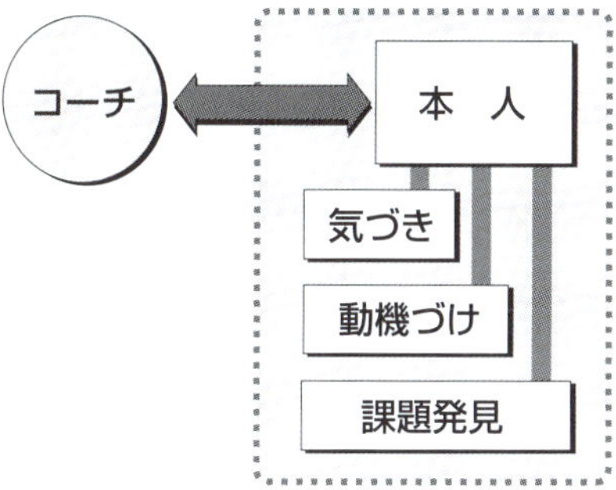


コーチングとは、「何をすべきか」の道筋をたどり、気づきを与える支援をコミュニケーションによって行うことです。このコミュニケーションによって、理解しているが実行できていない多くのタスクに関して、頭の中を整理し、仕事の優先順位とプロセスを再確認し、行動の道筋をつけることを可能とします。

コーチは、スポーツの世界でいうところのコーチとほぼ同じです。スポーツのコーチというと、練習メニューをつくったり、フォームやら精神的なことを教えてくれる存在のような気がします。しかし、実際に競技をするのは本人です。その点はビジネスでも一緒で、コーチによって自分の中から何を引き出せるかが大切なんですね

# 208 パワー

## リーダーシップに必要なパワー

リーダーが組織を牽引していくのに必要なパワーは、①賞罰のパワー、②正当化のパワー、③同一化のパワー、④情報のパワーに分けられ、これらをうまく組織内に分散させることによって全員参加型のグループ運営も可能になります。

### 4つのパワー

**1 賞罰**
年収や出世に影響を及ぼす力を持つ人が他者に権力を行使できるもの

**2 正当化**
個別の損得勘定でない納得性からくる権力。「社長命令なので当然」など

**3 同一化**
心理的に一心同体（＝同一化）となることで発生する権力「この人のためだったら残業してもかまわない」など

**4 情報**
専門的な知識や優れた情報を持っていることを基盤とした権力

適度なパワーの分散は組織力をアップさせ、全員参加型のグループ経営を可能としますが、運営能力のないメンバーに権限委譲（エンパワーメント）することは、チームにとって大きなリスクとなります。そのため、能力と権限の大きさに応じてエンパワーの程度と範囲を検討する必要があります。

エンパワーメント（Empowerment）は、権力を与えること、権限委譲という意味。現場の従業員に重要な意思決定を任せることで潜在能力を引き出し、個人や組織の力を向上させることが目的になる。エンパワーメントの具体的成功例であるGEでは、現場の従業員を積極的に経営に参加させて組織の活性化に成功した

# 209 パワーマネジメント

## 目標を達成する際のパワーの役割

リーダーは目標達成に向けてまず何を達成すべきかを明確にし、達成するためのキーパーソンを把握します。さらに、パワーという観点からキーパーソンと自分を照らし合わせ、具体的な戦略・戦術の策定に移ることが重要になります。

### パワーマネジメント

| | |
|---|---|
| ①達成目標を明確化 | 何を達成したいか |
| ②相互依存関係を明確化 | 誰がキーパーソンか |
| ③キーパーソンの視点を分析 | キーパーソンにとって自分の目標はどう映るか |
| ④キーパーソンのパワーを分析 | どのパワー要素が意思決定に重要か |
| ⑤自分の持つパワーを分析 | どのようなパワーを開発し利用することで目標を達成できるか |
| ⑥具体的な戦略や戦術を検討 | ①〜⑤に基づき最も望ましい戦略・戦術を決定し、実行 |

出所:Pfeffer,J.(1992).Managing with Power Politics and influence in organizations.Harvard Business School

パワーマネジメントは、単に社内政治などネガティブな面を扱うだけでなく、目標達成のためのプロセスを含む戦略、戦術を考えるなど、ポジティブな面も扱います。部下や上司を含めたコンビネーションとタイミングを考える必要があります。

リーダーが、偏ったチーム作りを日常的に行うと、全体のモチベーションが下がるなどの弊害が予想されます。MBA的思考では、常にバランス感覚が要求されますが、人材管理においてはこのバランスがより一層重要だということですね

# 第6章

# ストラテジー

Strategy

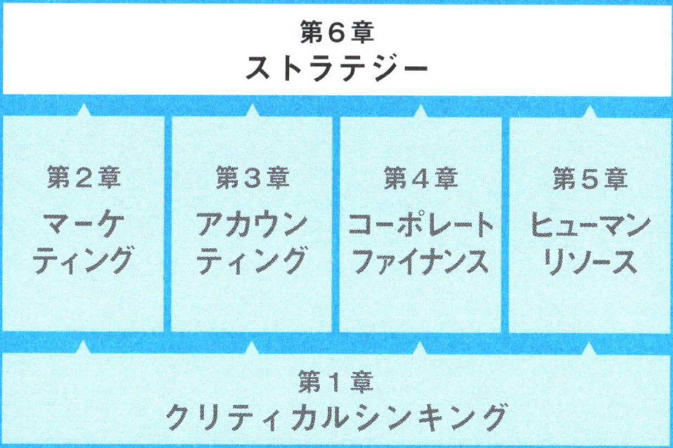


物事には常に表と裏があります。
これは分析も同様です。業界構造と競争状態を把握するには、常に複眼的に見て、モレもダブりもないように分析した上で、戦略を立てることが重要です。これによって、負う必要のないリスクを避けることができるだけでなく、今後の対策や意思決定のための前提も考えることができます。

# 210 経営戦略とは何か

## 経営戦略には４つの内容がある

経営戦略とは、「長期的な視点」で経営活動の「方向づけ」を行うことであると言えます。具体的には４つの要素（①経営環境の分析、②事業分野の選択、③選択した分野における競争優位の確保、④経営資源の有効配分）があります。

### 経営戦略とは何か

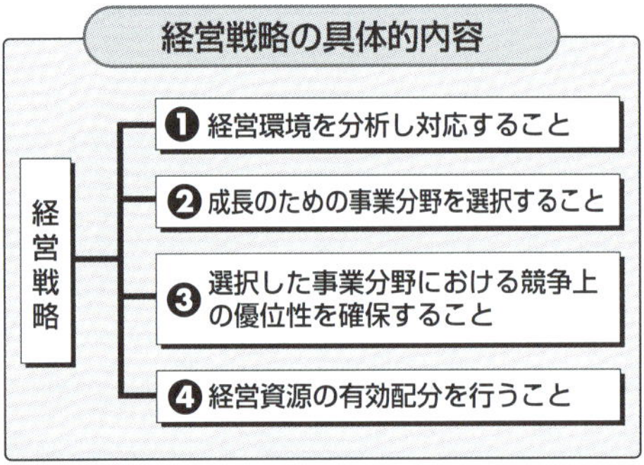
経営戦略の具体的内容
経営戦略
❶ 経営環境を分析し対応すること
❷ 成長のための事業分野を選択すること
❸ 選択した事業分野における競争上の優位性を確保すること
❹ 経営資源の有効配分を行うこと

①経営環境は、顧客、市場、競合といった「外部環境」、そして自社の「内部環境」からなります。
②目先の利益にとらわれず、必ず長期的な視点を維持することが大切です。
③事業分野でいかに競合と差別化できるかがポイントになります。
④経営資源とは「ヒト」「カネ」「モノ」「ノウハウ」「情報」などのことを言います。最適な配分を心がける必要があります。

企業がとるべき戦略は無数にあります。その中で優先順位をつけ、最適な戦略を選び出すのです。そこで明暗を分ける一つの要素として挙げられるのが長期的視点の有無です。経営環境の変化が大きくなっている昨今、企業はどうして短期的視点ばかりを重視するようになっています

# 211 経営戦略の重要性

## 経営戦略を考える必要性とは？

劇的な変化が起こる現代においては、環境の変化に対応し、いかに経営の舵取りをしていくかが企業の命運の分かれ目となります。この基本的な舵取りの方向性となる企業の戦略を誤れば、企業は成長できなくなります。

### 統合科目としての経営戦略

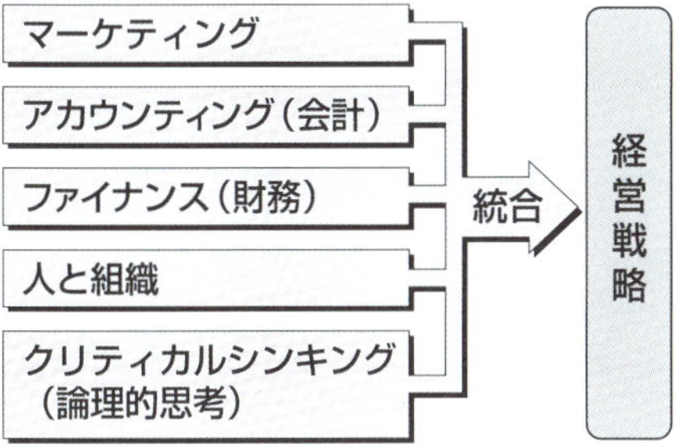


上の図の中で、「マーケティング」「アカウンティング（会計）」「ファイナンス（財務）」「人と組織」は具体的なツールとなってくる部分です。５つ目のクリティカルシンキングはすべてのベースになる必要不可欠な思考能力です。この統合にあたる部分が「経営戦略（ストラテジー）」ということになります。いわば、船の航海図に相当し、経営上の意思決定の指針となります。これが間違っていれば、企業は成長することができません。

これまで学んできた「クリティカルシンキング（論理的思考法）」をベースに、「マーケティング」「アカウンティング」「コーポレートファイナンス」「ヒューマンリソース」のそれぞれを、実際のビジネスに役立てるために必要なのがこの「戦略（ストラテジー）」だということをもう一度確認しよう！

# 212 戦略の3つのレベル

## 戦略の種類にはどのようなものがあるのか

経営戦略には3つのレベルがあります。①企業戦略、②事業戦略、そして③機能別戦略です。この順番に細かくなり、より具体的なものになっていきます。この3つは当然、首尾一貫性が求められてきます。

### 経営戦略の3つのレベル

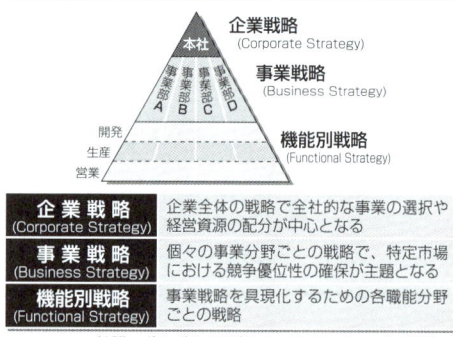

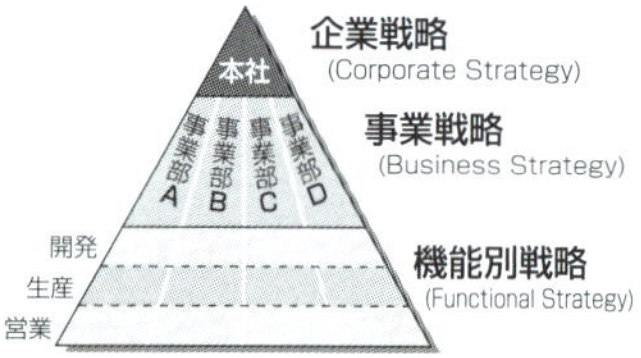


| | |
|---|---|
| 企業戦略<br>(Corporate Strategy) | 企業全体の戦略で全社的な事業の選択や経営資源の配分が中心となる |
| 事業戦略<br>(Business Strategy) | 個々の事業分野ごとの戦略で、特定市場における競争優位性の確保が主題となる |
| 機能別戦略<br>(Functional Strategy) | 事業戦略を具現化するための各職能分野ごとの戦略 |

（出所）：グロービス・マネジメント・インスティテュート編、相葉宏二著『MBA経営戦略』ダイヤモンド社.1999年、11頁

・企業戦略の例：「わが社もこのようなビジネスに参入しよう」
・事業戦略の例：「この分野におけるわが社の競合は……、狙うべきターゲット市場は……、競合にはこうやって差別化をしよう」
・機能別戦略の例：「この戦略を実行するのに、マーケティング部はこう動き、研究開発部はこう動くべきである」

多くの事業部を抱える多角化・大型企業にとっては企業戦略が特に重要になるけれど、中小企業には要らないというわけではないんだ。企業が限りある資源をどのように配分し、効果的に利益をあげていくかを決定づけるのに重要な全社的方針を決める。それが経営戦略なんだから、企業の規模は関係ない

# 213 経営理念①
# 経営戦略の上位概念としての経営理念

## 企業の熱い思い

経営理念は、企業経営を行っていく上での活動のよりどころ、指針を与えるものです。企業はこの経営理念に基づいて経営戦略を講じます。また、ビジョンは、経営理念に基づく具体的な中長期目標を述べたものです。

### 経営理念

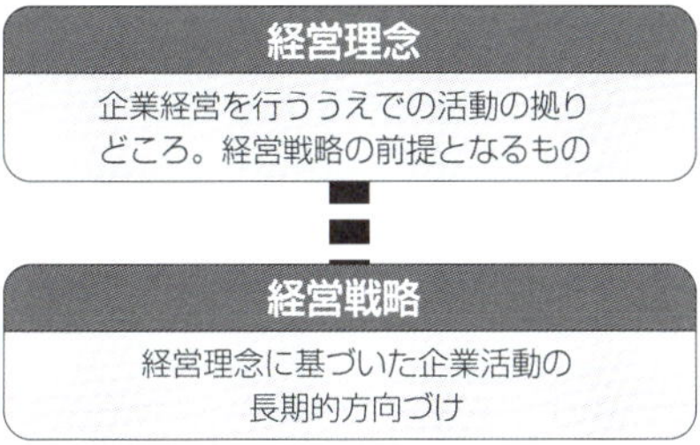

経営理念
企業経営を行ううえでの活動の拠りどころ。経営戦略の前提となるもの
経営戦略
経営理念に基づいた企業活動の長期的方向づけ

たとえばイオンの場合、「お客さまを原点に平和を追求し、人間を尊重し、地域社会に貢献する」という経営理念の下、中長期目標であるビジョンを達成するために、①アジアシフト、②都市シフト、③シニアシフト、④デジタルシフト、というグループ共通の「4シフト」経営戦略を構築しています。

経営理念は自社のみを考えたものであってはいけません。このことは多くのビジネス書に書かれていることですが、最も顕著に述べられているのはピーター・ドラッカー（Peter F. Drucker）による『現代の経営』でしょう。そこでは、企業の活動は少なからず社会に影響を与えるものでありその責任を持たなければならないと述べられています

214

経営理念②

# 経営理念の役割

## 何のために経営理念があるのか

経営理念には図のような５つの役割があります。特に、社員の共感を得て、業務の拠り所にされるためには、経営理念が社員に納得されるものである必要があります。そのためには、経営理念は儲けをあげるためのものではないことが重要です。

### 経営理念の役割

❶ 自社の存在意義を社内･社外を問わず、明確にする

❷ 組織目的の達成のための諸活動を統合し、社内･社外におけるコンフリクトを防ぐ

❸ 構成員の一体感や信頼感を醸成し、組織目標のための貢献意欲を高める

❹ 組織行動や意思決定に指針を与える判断基準機能を有している

❺ 情報伝達の基盤となり、コミュニケーションの円滑化を図る

不明確な経営理念はあまり意味を持たなくなります。自社特有の価値観や、最も優先されるべきものなどが明確であれば、社員や組織も理解をして適切な行動を起こすことができます。たとえば、「肥料の生産」という業務について、農業の生産性を高め食料不足を解消するという大きな括りでとらえることで、社員に目的意識を持たせることができます。

ホンダの企業理念“ホンダフィロソフィー”は、一人ひとりの人間を大切にするという、自立・平等・信頼から成る「人間尊重」、そして、買う喜び・売る喜び・創る喜びの「３つの喜び」だそうです。他のマネをせず、常に現場主義だった創業者・本田宗一郎氏の考え方が、今も理念として受け継がれているんですね

# 215 経営戦略策定・実行プロセス

## 実際にどのように使うのか

下の図の５つのプロセスで経営戦略の立案を行えば、非常に画期的な戦略構築を達成できます。ただし、自分を見失わないためにも、各ステップにおいて必ずフィードバックを行うことを忘れてはいけません。

**経営理念と経営戦略策定プロセス**

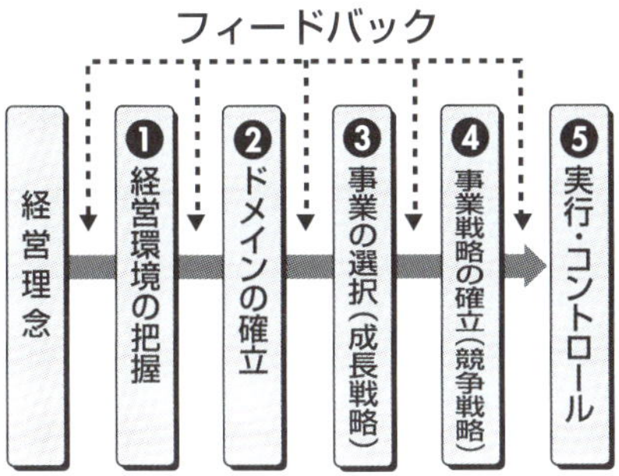


①外部環境と内部環境の分析、そしてそれらの情報から SWOT 分析を行うプロセス
②事業活動の範囲を決定するプロセス
③どの製品をどの市場に送り込むべきかを考えるプロセス
④競合に対して、どのように優位性をつけるのかを考えるプロセス
⑤戦略が実行された際に上手くいくように定めるプロセスで、実行後のフィードバックを受け、次回の戦略策定に反映させるプロセス

経営理念も時に見直すことが必要。環境の変化によってその意味が失われている場合、あるいは組織が拡大し新しい市場に参加することで不明確になっている場合といったときだね。見直すことで戦略との一貫性を保つことができるしね

# 216 外部環境

## マクロ環境とミクロ環境

外部環境とは企業がコントロールできない環境を言います。外部環境はさらにマクロ環境とミクロ環境に別れ、マクロ環境は①政治的環境、②経済的環境、③社会的環境、④技術的環境に分類できます。

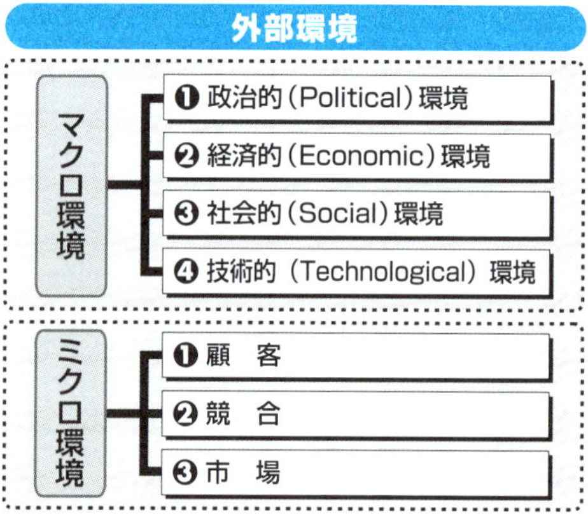


マクロ環境の視点である①政治的（Political）環境、②経済的（Economic）環境、③社会的（Social）環境、④技術的（Technological）環境、それぞれの英語の頭文字をとり、PEST（ペスト）と呼んでいます。また、ミクロ環境も戦略の立案において非常に重要な情報です。一つも欠けていてはなりません。

環境分析の代表的な手法に「SWOT 分析」があります。まず、企業の経営環境を外部環境と内部環境に分けます。そして、縦軸に外部環境と内部環境、横軸に好影響と悪影響をとり、マトリックスをつくります。外部環境について好影響は「機会」、悪影響は「脅威」、内部環境について好影響は「強み」、悪影響は「弱み」と分類し、自社の戦略策定に役立てようとする手法です（43 ページ参照）

217

外部環境ーマクロ環境①

# 政治的環境

## 政治や法律がビジネスに与える影響とは

PESTの最初のPは“政治的な”を表すPoliticalのPです。法律の改正により、業界の前提が変わったり、参入障壁の高低が変わったりする場合があります。政治的環境はロビー活動によってあらかじめ予想できる場合もあります。

### 政治的・法律的環境変化の影響

1. 業界内でのルールや前提を変えてしまう
2. 新規参入障壁を変えたり、成功をもたらす競争優位の源泉を変えてしまう
3. ロビー活動などの企業自身による政治的変化の促進で自社を有利に展開させる

最近では、自由化や環境への規制などが挙げられます。タクシー業界などでは自由化によりその成功要因が大きく変化しました。ロビー活動とは、政府機関に企業が直接働きかけ自分に有利にすることを言います。実際にアクションを起こす前に政府機関が動いている可能性もあり、そのような情報からも予想ができます。

かつては経団連の会長が「財界の総理」と言われ、経済界全体を代表して、政治に影響力を行使していました。それくらい政治に影響力のある団体が多く存在したのです。政治献金の禁止によってその力は衰えたと言われていますが、それでも「経済界の政治資金のまとめ役」として、経済界の団体が政治に今なお大きな影響力を与えていると言えるでしょう

218

## 外部環境ーマクロ環境②

# 経済的環境

### 経済の波が企業に与える影響とは？

PESTの2番目のEは“経済的”を示すEconomicのEです。たとえば景気によって事業の成功要因が変わったり、金利の変動によって、企業の設備投資政策を変更させたり、資金繰りを圧迫したりします。

**経済的（Economic）環境**

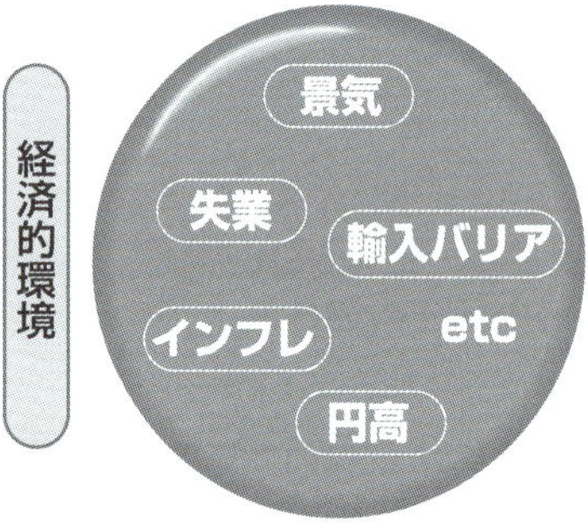


外国為替相場は、経済的環境の最もわかりやすい例です。円高は、輸入企業には機会を与え、輸出企業には大きな痛手となります。こういった経済的環境の変化に対応できるように、企業は常にアンテナを張っておかなければなりません。

デフレが続く日本で、デフレの影響を受けた企業は数多くあります。デフレとは商品の価格が低くなることですが、そのことで得した企業と損した企業がはっきりと分かれるのです。得した企業とは、価格低下を容認し、いち早く海外（特に中国）に工場を進出させるなどビジネスモデルの適応を果たした企業でしょう。ユニクロやいわゆる「100円ショップ」はその代表例です

# 219 外部環境－マクロ環境③ 社会的環境

## 企業に影響を与える社会の変化とは？

PESTの3文字目のSは“社会的”という意味のSocialのSです。社会的環境には「人口統計学的環境変化」と「消費者の嗜好の変化」があります。消費者がどれぐらい存在し、その性質について具体的に認識する視点は重要です。

**社会的（Social）環境の変化**

**❶ 人口統計学的環境変化**

少子化の進展、高齢者の増加、核家族の増加など

**❷ 消費者の嗜好の変化**

健康志向、余暇の過ごし方の変化、牛肉離れなど

①少子高齢化の社会には、高齢者向けの介護サービスを展開するなどの対応が考えられる。
②牛肉が危ないと騒がれ、一時期牛肉に対する脅威が強まった。このことで牛丼屋や焼肉レストランなどは大打撃を受けた。

①と②それぞれを、もう少し詳しく見てみよう。
①少子化はマイナスの経済要因ばかりではない。各家庭で一人の子供にかけられる消費額が増えたため、新たな需要も発生していることに注目が必要
②ユニクロに代表される低価格衣料が一般的になる一方、世界的ブランドの日本における旗艦店が続々オープンしており、消費の二極分化が感じられる

220

外部環境－マクロ環境④

# 技術的環境

## 技術の進歩と企業活動の関係とは？

PESTの最後の一文字は“技術的”という意味のTechnological のTです。技術革新によって作業が少なくなることで大幅なコスト削減を見込めたりします。その一方で、産業全体に大きなショックを与える要因であるとも言えます。

### 技術的（Technological）環境変化の影響

- 既存の優位性の源泉を壊す
- 売り手の交渉力に対抗
- 代替品に対抗
- 参入障壁を壊したり新たに作り出す

インターネットの登場は、世の中のビジネスのシステムを大きく変える結果となりました。
（例）外交員中心の営業に基づいた保険業界で、オンラインによる保険のダイレクト販売が誕生。
（例）企業と個人間の仕事のマッチングを行うクラウドソーシングによって、不特定多数の個人に仕事を発注することが可能に。

ソニーのウォークマンは「音楽を持ち歩く」というコンセプトで一世を風靡しました。その後、携帯型音楽機の主流はカセットテープからCD、MD、そして現在はアップルのiPodに代表されるメモリー型にシフトしています。このジャンルでかつてはトップ企業であったソニーも、現在ではその座をアップルにすっかり奪われた感がありますねぇ

221

外部環境－ミクロ環境①

# 顧客分析(1)

## 市場を細分化する

ミクロ環境は、①顧客分析、②競合分析、③市場分析に分類できます。顧客分析の１つとして有効なのが市場セグメンテーションです。市場を事業にあったテーマで細分化し、どの顧客層が狙い目かを選択するというものです。

### 顧客のセグメントを識別する基準（セグメンテーション基準）

| 基準 | 例 |
| --- | --- |
| ❶ 地理的基準 | エリア、人口密度、気候 |
| ❷ 人口統計学的基準 | 年齢、性別、家族構成、職業 |
| ❸ 心理学的基準 | 社会階層、ライフスタイル、性格 |
| ❹ 行動基準 | 購買状況、使用頻度、使用者状態、ロイヤルティ |
| ❺ ベネフィット基準 | 経済性、品質、サービス |

行動基準とは、「１カ月の間にいくら使ってくれる顧客であるか」といった消費者行動に焦点を当てた基準を指します。これらは市場を細分化（セグメンテーション）する際の重要な基準になります。

セグメンテーションについては、「第２章 マーケティング」ですでに取り上げました。セグメンテーションが細かく分類されていることで的確にターゲットを絞込み、精密な分析を可能とすることができるんだったね。でも、セグメンテーションの基準って個人用と法人用では違ったような気が……。すぐに調べなきゃ！

222

外部環境－ミクロ環境②

# 顧客分析(2)

## 消費者がどうして買うのかを分析する

顧客分析では、顧客が購買の際にどのような点を重視しているのかを考えます。顧客の購買動機を分析できれば、それに重点を置いた戦略を考えることができます。この購買動機の分析は図に記した4つのステップからなります。

### 顧客の購買動機分析の4つのステップ

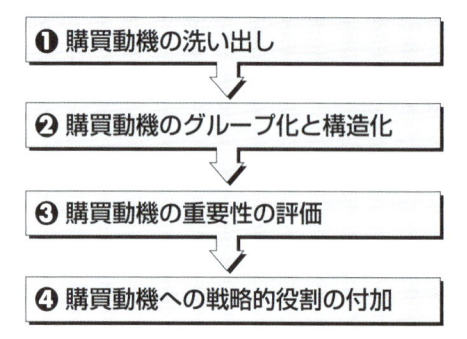

❶ 購買動機の洗い出し

❷ 購買動機のグループ化と構造化

❸ 購買動機の重要性の評価

❹ 購買動機への戦略的役割の付加

①顧客に対し、インタビューを行うことで、顧客が実際どう思っているのかを把握します。
②顧客から得た購買動機をグルーピングしたり、レベルをそろえたり、階層化したりして、モレ・ダブりのないものを完成させます。
③整理された購買動機の優先順位を決めていきます。どの顧客が優先されるかも決定します。
④単なる購買動機ではなく競争優位性がある購買動機を設定します。

CRM（Customer Relationship Management）が重要なのは、顧客獲得コストに差があるからなんだ。企業が売上を伸ばすには、①新規顧客を獲得する、②リピーターに再び買ってもらう、③一度離れてしまった顧客に再び買ってもらうという3つの方法があるけど、一般的に②に比べて①は5倍以上、③は100倍以上のコストを要すると言われている

223

## 外部環境ーミクロ環境③

# 顧客分析(3)

### 未充足のニーズを洗い出す

未充足ニーズとは、現状ではいまだ満たされていない顧客ニーズのことを言います。顧客の未充足ニーズを解明することは、新たなビジネスチャンスを創出させることにつながります。その際には以下のようなポイントがあります。

**未充足ニーズを発見するための顧客への質問例**

- その製品の不満は何か
- 他の製品と比較してどうか
- 改善すべき点はどこか
- 製品が組み込まれているトータルシステムにはどのような問題があるか

未充足ニーズを発見する際、苦情のモニタリングが重要な役割を果たします。苦情の調査をプロブレムリサーチと言います。プロブレムリサーチでは問題の頻度、重要性、解決策の有無を調べます。こういった情報は顧客の実際の使用経験に基づいたインタビューにより発見できます。

ニーズは「顕在的な欲求」、ウォンツは「潜在的な欲求」と言えます。すなわち、ニーズは過去のモノで未充足な状態を示し、ウォンツは現状では満足している状態でさらに望む欲求、つまり「あったらいいな」を示しているのです。ニーズはすでに多くの技術によって満たされ続けてきたので、これからの戦略上で重要になるのは当然ウォンツの方です

224

外部環境－ミクロ環境④

# 競合分析(1)

## 競合相手は誰か

この項からしばらくは競合についての分析です。まずは競合を把握せねばなりません。同業者などの顕在的な競合だけでなく、代替品や異業種といった潜在的な競合も含まれることを認識しておく必要があります。

**競合分析**

- ❶ 競合相手の特定 ― だれが相手なのかを認識すること
- ❷ 競合相手の評価 ― 競合相手の資産や能力について評価すること

**競合相手の特定のための2つの方法**

- ❶ 顧客の視点による特定
- ❷ 戦略グループによる特定

〈競合を特定するための方法〉

①顧客に自社と同じ種類の商品を提供するメーカーの名前を挙げてもらうことで特定します。

②戦略グループとは、過去に類似した競争戦略をとっている、類似した特性を持っている、類似した資産と能力を持っている企業群のことです。これらの情報から特定します。

ここでも重要なのは、競合を過不足なく特定し、勘や曖昧な情報に頼らずに客観的に分析をするということです。中小企業の経営者に「ウチの商品に競合は存在しない！」と言われる方が多くいますが、「どこ（競合）」と比べて、「どの部分が」「どの程度（値、％など）」すごいのかを超具体的に言えないとまったく意味がないんだよ

225

外部環境ーミクロ環境⑤

# 競合分析(2)

## 潜在的な競合を把握する

潜在的な競合とは、目に見えない競合のことです。潜在的な競合には、次の５種類の狙い（①市場拡大、②製品拡張、③垂直的統合、④資産・能力の流出、⑤報復あるいは防衛戦略）があるとアーカーは述べています。

### 潜在的な競合相手

❶ 市場拡大を狙う競合

❷ 製品拡張を狙う競合

❸ 垂直的統合を狙う競合

❹ 資産・能力の流出を狙う競合

❺ 報復あるいは防衛戦略を狙う競合

①他の地域のスーパーが自社の商圏内に進出してくる場合など
②かばん製造メーカーが革靴に参入してくるなどといった場合
③自動車メーカーが自社で備品を内部製造するために統合するなどのケース
④既存の小さな競合が別の企業に買収された場合など
⑤小さな企業が市場に飛び込むと大企業につぶされる場合など

デービット・A・アーカー（DavidA.Aaker）は、ブランドマネジメントの権威として世界的に有名です。主な著書に『ブランドエクイティ戦略』『ブランド優位の戦略』『戦略立案ハンドブック』などがあります

226

外部環境－ミクロ環境⑥

# 競合分析(3)

## 競合相手を評価する①

競合を特定できたら、次にその競合を評価しなければなりません。評価のポイントとして、図のような８つの視点があります。これらの項目に関して自社と競合を比べることで、自社の戦略を導出する手がかりとなります。

### 競合相手の評価における8つの視点

1. 規模、成長性、収益性
2. イメージとポジショニング
3. 目標とコミットメント
4. 競合相手の現在の戦略と過去の戦略
5. 競合相手の組織と企業文化
6. コスト構造
7. 撤退障壁
8. 弱みと強み

（出所）：D.A.アーカー著、今枝昌宏訳『戦略立案ハンドブック』東洋経済新報社,2002年、96頁を参考に作成

①規模、成長性、収益性といった基本的な内容以外に、競合のイメージや競合が目標としていることを認識しておくことも大切です。
⑦撤退障壁とは、企業が撤退したいのにできない原因のことを言います。たとえば、回収できていない固定費や、膨大な在庫などがこれにあたります。
⑧競合の強みや弱みを把握することも大切です。これに関しては次項を参照。

「彼を知り、己を知れば百戦あやうからず」と孫子の兵法の中にもある。競合の力を過小評価して痛手をこうむったり、逆に過大評価して機会を逃したりということがないように客観的な評価が必要なんだね

227

## 外部環境ーミクロ環境⑦

# 競合分析(4)

### 競合相手を評価する②

競合相手の強みと弱みを把握するとは、競合の「資産」と「能力」に関する強み、弱みを把握するということです。具体的には、下の図の６項目について把握することが強みと弱みを把握することになります。

**競合相手の「資産」と「能力」に関する強みと弱みの分析**

| | | |
|---|---|---|
| 1 | 革新性 | 製品技術力、新製品開発、特許など |
| 2 | 製　造 | コスト構造、生産能力、従業員の態度とモチベーション、設備など |
| 3 | 財　務 | 営業活動からの資金、資金調達能力など |
| 4 | 経　営 | 経営者の質、事業に関する知識、文化など |
| 5 | マーケティング | ブランド認知、流通、製品特性、顧客サービスなど |
| 6 | 顧客ベース | 市場シェア、規模とロイヤリティなど |

（出所）：D.A.アーカー著、今枝昌宏訳『戦略立案ハンドブック』東洋経済新報社.2002年、106頁を参考に作成

図の６項目それぞれに次の４つの質問を当てはめてみることで、競合相手の強み、弱みを把握することができます。
①競合の、どのような能力や資産が成功に寄与したのかを調べる
②顧客にとって何が重要なのかということを見極める
③製品やサービスの付加価値の大きな部分はどこにあるかを調べる
④バリューチェーンの構成要素を考えることで、どの要素が競合の競争優位性を生み出しているのかを考える

「資産」と「能力」の分析においては、定量化できるものはできる限り数値として取り出すということが大切です。これは、定量化した数値が客観性の基準となるからです

228

外部環境－ミクロ環境⑧

# 市場分析(1)

## 市場を分析する観点

市場の分析は、下の図の７つのポイントを分析することによって達成されます。さらに、目に見える市場だけではなく、その下位にある市場を潜在対象として把握しておくことが重要と言えます。

### 市場分析の7項目

1. 現在の市場規模と潜在的な市場規模
2. 市場の成長性
3. 市場の収益性
4. コスト構造
5. 流通システム
6. 市場のトレンド
7. 主要成功要因(KSF:Key Success Factors)

①将来どの程度市場が成長するかを見極める。市場が大きくなっているということは、需要過多になっていることを示し、機会となる
④市場のコスト構造とは、経験曲線を考え、規模の経済性がどの程度働くかを調べることである
⑤有効で効率的なチャネルを利用できないかを調べる（チャネルの選択肢、チャネルパワーの所有者、チャネルの動向、競争など）
⑦市場分析の総まとめにあたる部分。これに関しては次項を参照。

下位にある市場を把握しておくことが重要なのは、ターゲットとする市場の規模や将来性に関係するからです。たとえば下位の市場が拡大しているなら、自社がポジションをとっている上位の市場にも拡大が波及してくることが容易に予想できますよね

229

## 外部環境－ミクロ環境⑨

# 市場分析(2)

### 市場の競争優位を見極める

市場の競争優位を見極めるということは、その部分が「資産」「能力」といった基礎の部分からなるものなのか、それ以外の部分からなることなのかを見極めることです。さらに、現状だけではなく、将来に関する分析も必要です。

**2つの主要成功要因（KSF:Key Success Factors）**

**競争優位の基礎ではない要因**

他社にも備わっているので優位性は構築することはできないが、ない場合には競争に負け、市場において失敗に終わる不可欠な要因

**競争優位の基礎となる要因**

競合相手にはないその企業にしかない優れた資産・能力で、競争優位性の基礎となる要因

主要成功要因とは、企業がその市場において成功するために必要な「資産」と「能力」のことを言います。要はこの部分が差別化できる部分ということです。競争優位において、差別化は核となる重要なものです。そして、現在において重要な資産・能力を認識するだけでなく、将来においても最も重要となる資産・能力は何かについて把握しておかねばなりません。

ポーターによれば、競争戦略とは「業界内で防衛可能な地位をつくり、5つの競争要因に上手く対処して、企業の投資収益を大きくするための、攻撃的または防衛的アクション」と定義されています。競争戦略において、業界内での地位をつくりだすために最も重要なポイントが“競争優位”ということなんですね

# 230 内部環境－自社分析①

## 財務分析から自社分析をする

内部環境分析とは、企業が所有する経営資源の強みと弱みを明確にすることです。最終的には自社の強みである持続可能な競争優位性の源泉（①優れた資産、②特徴的な能力、③戦略的連携）を生かした戦略を構築することです。

### 財務業績による自社分析

分解すると

$$\text{総資産利益率}=\frac{\text{利益}}{\text{総資産}}=\frac{\text{利益}}{\text{売上高}}\times\frac{\text{売上高}}{\text{総資産}}$$

売上高利益率 × 総資産回転率

**総資産利益率は、企業の運用資金全体である総資産を使用してどれだけの利益を稼いだかを表す収益性を総合的に判断する指標**

内部環境分析では、まず自社の財務状況を見る必要があります。財務状況が不十分であれば、現在採用している戦略が変更を必要としていることを意味するからです。財務状況の中でも、特に自社の売上高と収益性は必ずチェックしておくべき項目です。収益性の代表的指標である総資産利益率（ROA）は、上の図のように売上高利益率と総資産回転率に分解でき、自社の過去実績や同種平均、他社と比較することでより細やかな分析が可能となります。

「総資産（資本）利益率＝ROA（Return On Asset）」について復習。ROAは代表的な収益性分析の指標のひとつで、「%」で表すんだったね。規模や事業領域の異なった企業同士を比較する際に、的確に収益性を判断できる点で優れているんだ。日本企業の平均はおおむね3％くらい、優良企業で10％くらいだと言われているよ

231

# 内部環境－自社分析②

## 財務業績以外の観点から自社を分析する

財務業績以外にも、自社分析には様々な指標がありますが、代表的な７つの観点を紹介します。このような項目について詳細に分析し、強み、弱みを克服するような戦略を考えることで、はじめて自社を分析したと言えます。

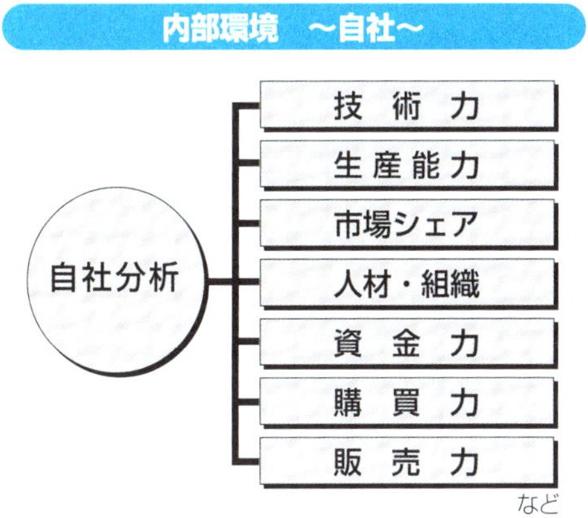


このような分析で最も大切な視点は、他社との比較です。他社より優れている点で、真似できない部分をコア・コンピタンスと言います。自社のコア・コンピタンスを明確に把握することは、競争に勝つ上での重要な視点となってきます。

自社の製品が明確なコア・コンピタンスを確立できないときには、後述する「製品ー市場マトリックス」を考えるんだ

# 232 事業の選択

## 事業ドメインの確立①

### 企業の事業の領域を確定する

環境に関して把握した次のステップは、その環境のどの部分に参入していくのか、すなわち事業の領域（事業ドメイン）を決めることです。事業ドメインを定義する軸は、①顧客ターゲット、②顧客ニーズ、③独自技術の３つです。

**事業ドメインの確立**

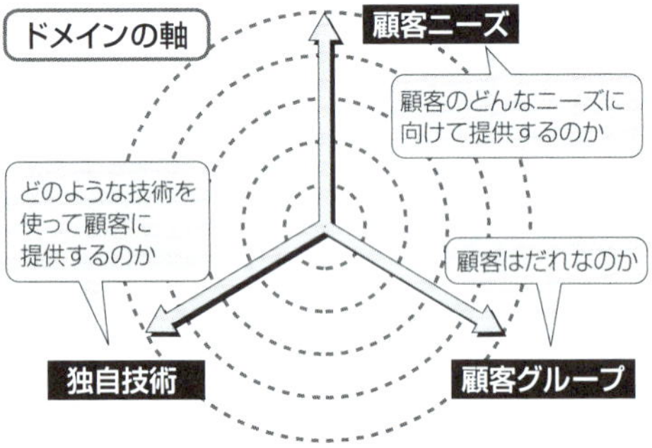
ドメインの軸
顧客ニーズ
顧客のどんなニーズに向けて提供するのか
どのような技術を使って顧客に提供するのか
顧客はだれなのか
独自技術
顧客グループ

出所:P・コトラー著、小坂恕他訳『マーケティング・マネジメント［第7版］』プレジデント社、1996年に加筆・修正

この独自技術の部分がライバル企業と差別化できる部分であり、参入障壁ともなることに注意します。製品に基づく事業の定義よりも、市場に基づく事業の定義の方がより有効なものになります。

ここでも顧客思考が大切だ。たとえ革新的な技術であっても、それが顧客にとって欲しいもの（ウォンツ）、必要なもの（ニーズ）に結びつかなくては意味がない。そうでないと軸がぶれてしまい、戦略の思考もままならないという事態に陥ってしまう。現代の企業経営においては、市場に基づく事業を顧客中心に考えていくことが大切なんだ

233

# 事業の選択

## 事業ドメインの確立②

### コア・コンピタンスとは何か

他社には真似できない自社の強みをコア・コンピタンスと言います。自社の独自技術などの他、特許やブランド力、生産方法、組織能力など、他社に真似できない能力がこれに含まれます。

**コア・コンピタンス**

**定　義**

顧客に対して、他社にはまねできない自社ならではの価値を提供する、企業の中核的な力

**具体例**

技術、特許、ブランド力、生産方法、組織能力など

コア・コンピタンスを考えず企業の多角化を行うことは、思いつきによるものが多く、失敗に終わることが多いです。具体的には顧客ニーズへの対応力、迅速対応力、組織学習能力といったものに現れてきます。

コア・コンピタンス（Core Competence）は、ゲイリー・ハメル（Gary Hamel）とC・K・プラハラード（C.K. Prahalad）によって広められた概念です。業務の効率化、スリム化による競争優位ではなく、未来の競争を想定し、長期的に競争優位をつくりだすことがコア・コンピタンスという概念のポイントです

234

# 事業の選択

## 製品ー市場マトリックス①

### 製品ー市場マトリックスとは？

環境分析、事業ドメインの選択の次のステップは「事業の選択」です。「製品－市場マトリックス」はその手法の１つで、４つの事象（市場浸透戦略、新製品開発戦略、新市場開拓戦略、多角化戦略）に分けられます。

**製品ー市場マトリックス**

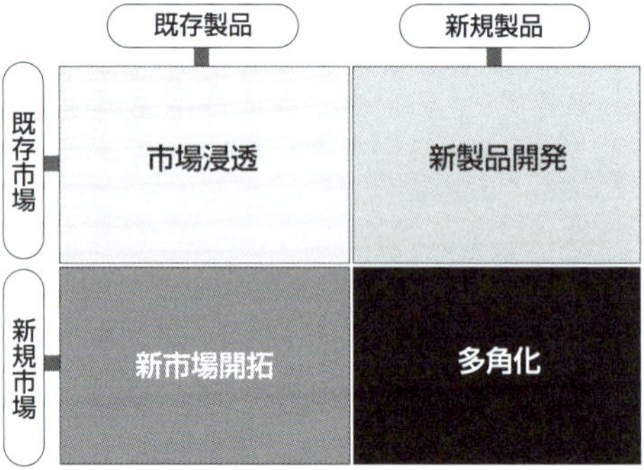


横軸には製品が既存か新規かをとります。縦軸には市場が既存か新規かをとります。たとえば、自社の商品が既存で、市場も既存のものと判断できれば、その商品をどれだけ浸透させていくかがポイントになるとわかります。

このマトリックスは、別名「アンゾフのマトリックス」とも言われています。名前の由来になったイゴール・アンゾフ（H.I.Ansoff）は、ロシア生まれのアメリカの経営学者で、戦略経営理論の世界的権威です。主な著書に『戦略経営』などがあります

# 235 事業の選択
## 製品－市場マトリックス②

### 市場浸透戦略（既存製品－既存市場）

製品－市場マトリックスで、製品も市場も既存のものである場合、とるべき戦略は市場浸透戦略です。具体的には製品の使用量を増加させることにあり、その手段として次の4つが考えられます。

**製品の使用量を増加させる方法**

❶ 注意喚起情報を提供する

❷ 使用頻度を増加させる

❸ インセンティブを提供する

❹ 頻繁な使用による好ましくない結果を排除する

製品の使用量を増加させるには「一回あたりの使用量」を増加させる方法と、「使用頻度」を増加させる方法の2種類があります。①、②、③はどれも使用頻度の増加を目的としたもので、④が一回あたりの使用量の増加を目的としたものとなります。

製品市場マトリックスにおいて、製品の一回の使用量を増加させるための方法を考えた例です。

❶オイルの交換時期が近づいてきた旨をダイレクトメールで知らせる
❷浄水器の交換時期を色で知らせる
❸ポイントカードなど使用量に応じて特典を与える
❹低カロリービールを、体重を気にしている人に売り込む

236

# 事業の選択
## 製品－市場マトリックス③

### 新製品開発戦略（新規製品－既存市場）

製品－市場マトリックスで、製品は新しいが参入すべき市場は既存のものである場合、とるべき戦略は新製品開発戦略です。既存の市場の強みを活かし新製品の導入を行います。次の3つの手法があります。

**新製品開発戦略の手法**

❶ 製品特性を追加する

❷ 新世代製品を開発する

❸ 製品の幅を拡張する

①既存の製品に何か新機能を追加する。これも立派な新製品開発戦略です。
②まったく違う製品を開発する。
③同じ顧客に向けて新製品を開発する。同じマーケティングを利用できるという利点を持ちます。

③の製品ラインは、幅と深さで規定することができます。この場合、幅は製品の種類、深さは一種類におけるシリーズのことを言います。ラインの幅を拡大することをライン拡張と言い、深さを掘り下げることをラインの充実と言います。たとえばビール会社が発泡酒や第3のビールに手を出したのもライン拡張の例と言えるね

237

# 事業の選択
## 製品－市場マトリックス④

### 新市場開拓戦略（既存製品－新規市場）

製品は既存のものでもそれを提供していく市場が新規である場合、とるべき戦略は新規市場開拓戦略です。新規市場開拓とは、商圏の拡大などである。図に挙げた２つの視点（地理的に拡大、新たな市場セグメントへの拡大）があります。

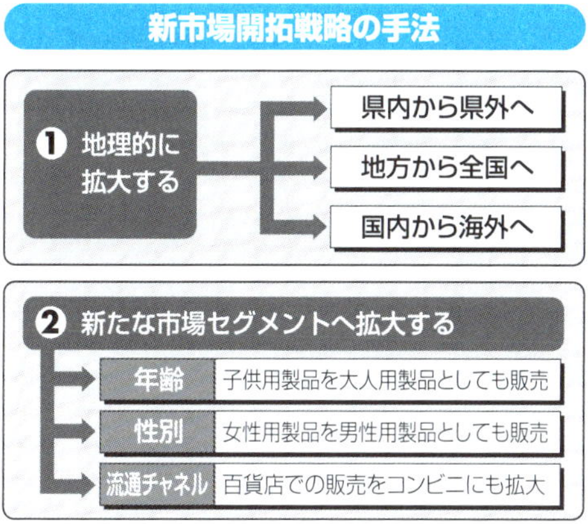

新市場開拓戦略の手法
❶ 地理的に拡大する
県内から県外へ
地方から全国へ
国内から海外へ
❷ 新たな市場セグメントへ拡大する
年齢
子供用製品を大人用製品としても販売
性別
女性用製品を男性用製品としても販売
流通チャネル
百貨店での販売をコンビニにも拡大

新市場開拓戦略において、とかく忘れがちなのが②の「新たな市場セグメントへの拡大」です。商圏を地理的に拡大しなくても狙うセグメントを拡大することはできます。ただし、両者とも、むやみな拡大は逆に自分の首を締めつけることになりかねないので注意しましょう。

補足になるけど、②の新たな市場セグメントへ拡大する際、年齢・性別・流通などの拡大が考えられるね。年齢のセグメントを変更した事例としてはゲーム機がある。昔は子供向けだったものが、徐々に大人向けに、操作も複雑になってきているよね

# 238 事業の選択

## 製品－市場マトリックス⑤

### 多角化戦略（新規製品－新規市場）

製品も参入する市場も新規である場合、とるべき戦略は多角化戦略です。多角化戦略には２種類（シナジー効果のある関連多角化、シナジー効果のない非関連多角化）あります。

**多角化戦略の種類**

**❶ 関連多角化**　新事業領域が既存事業と戦略上意味のある共通性をもたせて行う多角化

↓

シナジー（相乗効果）あり

**❷ 非関連多角化**　戦略上意味のある共通性を持たせず行う多角化

↓

シナジー（相乗効果）なし

関連多角化は、生産技術や研究開発活動に共通性があり、規模の経済性やノウハウの交換を行えるシナジーを期待できます。一方、非関連多角化、すなわち意味のある共通性を持たない事業への多角化を計ることは、シナジーは得られませんが、収入は多いが成長見込みの少ない事業を行っている企業が、資金はかかるが成長見込みのある事業への投資を行っているという意味で資金的なメリットがあります。

多角化のメリットは、シナジー効果だけではありません。まず、多角化によりいくつかの安定した事業を組み合わせることで、適正な事業バランスが生まれ、収益を安定させることができます。さらにリスクの高い事業と低い事業を組み合わせることで、リスク分散を図ることができます。また、自社の未利用資源の活用というメリットも生みます

# 239 事業の選択
## 製品ー市場マトリックス⑥
### 多角化戦略のシナジー効果

シナジー効果とは、1＋1が2よりも大きくなる効果のことを言います。各事業間で経営資源などの有効活用をすることによって、高い収益率を望むことができます。シナジーの種類には図に示した4種類があります。

**多角化のメリット**

| | |
|---|---|
| シナジーが発揮できる | リスクが分散できる |
| 適正な事業バランスで収益が安定する | 未利用資源が活用できる |

**シナジー（相乗効果）の類型**

| | |
|---|---|
| ❶ 販売シナジー | ❸ 投資シナジー |
| ❷ 生産シナジー | ❹ 管理シナジー |

①自社の能力に見合わない多角化では、逆の意味のシナジーになってしまうことに注意。
②生産における人材・資材の共通利用、設備の共通利用や研究開発の共通化によって生まれる相乗効果。
③流通チャネル、ブランドなどの共通利用から得られる相乗効果
④管理活動における既存の知識やノウハウが、新規製品―市場分野でも活用できる場合に生じる相乗効果。

多角化戦略をとる際に、まず思い出さなくてはならないのは、この章のはじめに出てきた「経営理念」。ただ闇雲に事業の拡大だけを目指すのは、シナジー効果が期待できないだけでなく、無駄な投資による財政圧迫、企業イメージのダウンなど、マイナスの要因ばかりを引き起こすことになりかねないので注意が必要だよ

240

# 事業の選択
## 製品－市場マトリックス⑦

### 垂直統合という奥行きの軸の存在

今までの製品－市場マトリックスは2次元の話でした。これに奥行きをつけた場合、その奥行きは垂直統合を表します。製造業が卸売りや小売業者を統合する場合は「前方統合」、原材料メーカーを統合する場合を「後方統合」と言います。

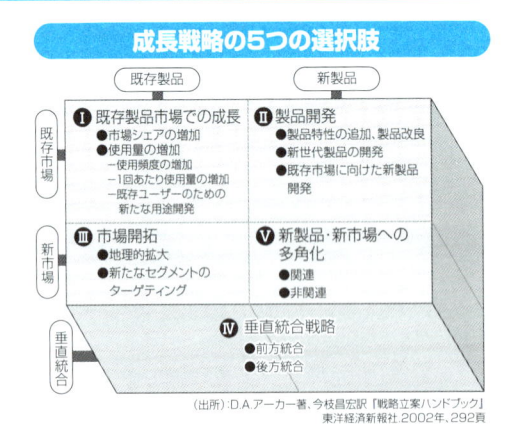

**成長戦略の5つの選択肢**

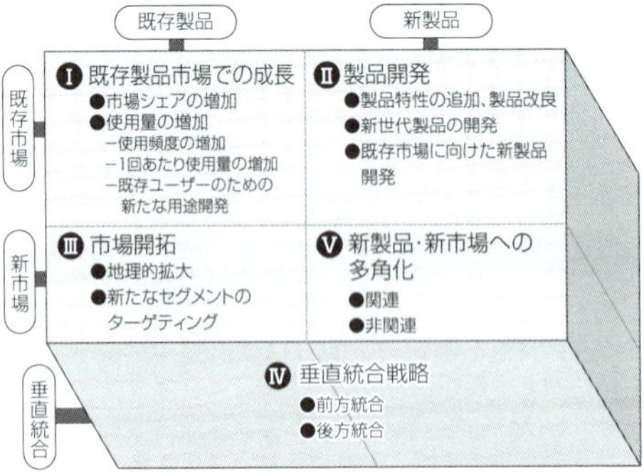


(出所):D.A.アーカー著、今枝昌宏訳『戦略立案ハンドブック』東洋経済新報社.2002年、292頁

垂直統合することのメリットは、顧客に包括的なサービスを提供したり統合的なソリューションを提供することが可能になるということです。さらに、既存の買い手や売り手に対する交渉力が強まり、収益率が高くなる可能性もあります。一方、垂直統合のリスクとして、今までの事業とはまったく異なる資産や能力が必要になり、その市場が悪化した場合、統合により利益の悪化がより厳しいものになってしまう場合もあるということです。

垂直統合とは、製造と小売のようにサプライチェーンで言うところの「異なる階層の数社」が統合することを言うけれど、これで成功した事例として最も知られているのは携帯電話業界でしょう。携帯電話業界はネットとコンテンツ、ハードなど、徐々に垂直統合を繰り返して大きくなった業界として知られています

# 241 プロダクト・ポートフォリオ・マネジメント（PPM）

## 経営資源の有効配分のノウハウを学ぶ

事業が複数ある場合、経営資源を有効に配分することは必要不可欠です。それを実現するノウハウがこのPPMです。縦軸に「相対的マーケットシェア」、横軸に「市場の成長率」をとり、現在の事業がどの位置にいるのかを見ます。

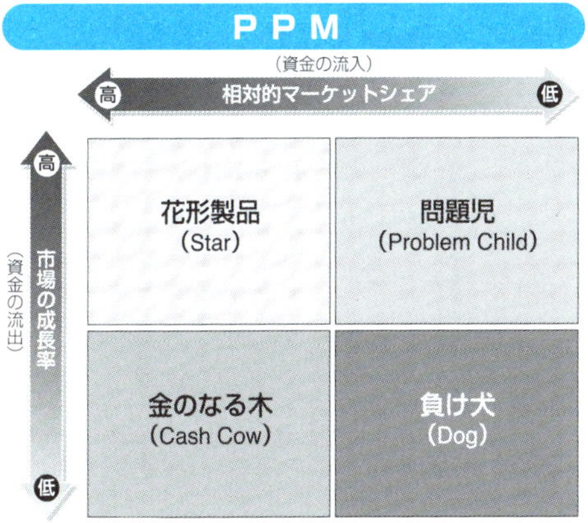


・問題児エリア……資金が必要だが、市場の成長性に期待できる
・花形製品エリア……問題児製品がこれに化け、のちに市場の成長率低下とともに金のなる木へと変化していく場合が多い
・金のなる木エリア……一番の理想であるが、この状態もずっと続くわけではなく、負け犬になる
・負け犬エリア……成長性も収益性も何も希望のない分野。負け犬と判断されれば、撤退が望ましい

PPMは便利なツールではありますが、完璧ではないことも理解しておきましょう。たとえば、市場シェア・成長率ともに低い事業であっても、社会貢献といった視点からは撤退せずに継続するという判断をせざるを得ない場合もあります。常に、様々な角度から判断する習慣を身につけておきましょう

# 242 なぜ競争優位が必要なのか

## 競争に優位性を持たせる理由

たとえば自動車メーカーが1社しかなかった場合、顧客はこのメーカーに頼らざるを得ず、自動車メーカーは自由に価格を決めることができます。しかし、競争があればそういきません。利益が低くなってしまうからです。

**獲得する利益を増やすため、競争優位が必要になる**

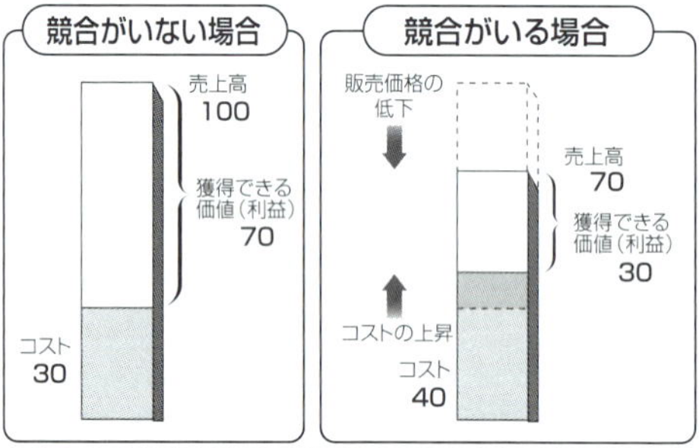


**競争優位を構築することによって販売価格の低下を防ぎ、コストの上昇を抑え、利益を増やす。**

競合によって販売価格が下がり、また競合より良い製品・サービスを提供しようとするためにコストが上昇します。したがって、企業は競合他社に対して、競争優位を構築し、自社が必要とする利益を獲得していかなければなりません。

同じ性能でデザインに差がなければ、より価格の低い商品が選ばれるのは当然だよね。現代では同じ業界内の各企業間の技術の差は小さくなっているから、競合がいる場合、販売価格が下がる。シェアの減少を防ぐためには、新機能の開発や広告に費用をつぎ込まなくてはならないけど、コストは上昇するので企業が獲得できる利益がさらに減っていくんだ

# 243 持続可能な競争優位

## どのように競争の優位性を構築するのか

ここでのポイントは、長期間の優位性を視野に置くということです。これを持続可能な競争優位性といいます。考え方として、図に挙げた3つのポイントがあります。これらの3つは単独ではなく、相互補完的に結びつけることが重要です。

**持続可能な競争優位性**

| | |
|---|---|
| ❶ 優れた資産 | 優れた立地、優れた流通・販売ネットワーク、特許、トレードマーク、ブランド、優秀な人材、高い価値を提供する商品な |
| ❷ 特徴的な能力 | 研究開発能力、製造能力、マーケティング能力、営業能力、情報管理能力、優れた資産を管理・維持する能力など |
| ❸ 戦略的な連携 | M&A（合併・買収）、合弁会社の設立、資本参加、事業連携など |

※これら3つを効果的に結びつけることが重要

戦略的な連携には、既存の優位性を強化する目的と、新たな優位性を構築する目的の2種類があります。特に、自社の資産や能力だけでは優位性を構築できないとき、その補完として戦略的連携を活用します。

最近よく目にする「敵対的M&A」とは、買収者が買収対象会社の取締役会の同意を得ないで買収を仕掛けることを指します。買収する側の立場から見ればこれも立派な戦略的連携と言えることに注意が必要です。なぜなら、買収前に敵対的M&Aを行うことで、買収者は、そもそも自社に利益は出るのか、シナジーは生じるのかなどを深く検討するからです

244

# 業界分析

## ファイブフォース分析①

### ファイブフォース分析とは？

競争優位性を構築するために業界の構造を知ることは大切です。ファイブフォース分析とは、業界の魅力度を測定するためのフレームワークであり、「５つの要因」がどのように作用するかを見極めることで、業界の競合の状況を把握します。

**ファイブフォース分析（five forces analysis）**

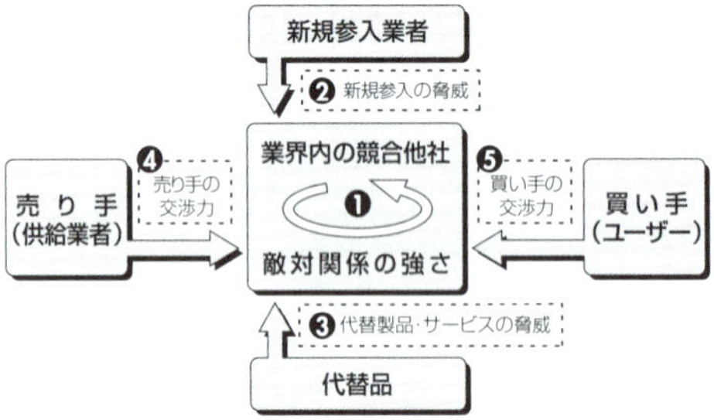


出所：M.E ポーター著　土岐坤他訳『新訂 競争の戦略』ダイヤモンド社、1995年

この５つの力が業界に対してどのような影響を及ぼしているかを分析することで、業界の収益性を把握することができ、その業界内での企業の戦略が決定します。大事なのは、「５つの力」それぞれを掘り下げて分析し、各要因の源泉を分析することです。競争圧力の源泉を把握することで、自社の強みと弱みが明らかになり、業界での位置づけを把握でき、次にとるべきアクションが明確になるからです。

マイケル・E・ポーター（Michael E Porter）は、競争戦略論と国際競争力研究の第一人者です。代表作に『競争の戦略』『競争優位の戦略』『国の競争優位』『日本の競争戦略』『競争戦略論』などがあります。アメリカだけでなく様々な国で多くの企業や政府機関のアドバイザーとしても活躍しており、日本にも崇拝者が多いことで有名です

245

# 業界分析

## ファイブフォース分析②

### 業界内の既存の競争について学ぶ

ファイブフォース分析の１つ「業界内の既存の競争」についてです。既存の競争が激しくなる場合には、次の５つがあります。競争が激しければ企業の収益は低下し、さらに業界全体の収益も低下します。

**業界内の既存の競争が激しくなる場合**

❶ 規模が似かよった企業が多数存在する場合

❷ 固定費が高い

❸ 業界の成長率が低い

❹ 製品の差別化が難しい

❺ 撤退する際の障壁が高い

①規律が働かず、勝手な行動をする企業が登場するため
②企業は生産を増やし、元を取ろうとする。それによって供給過多になるため
③市場の拡大が起こらず、限られた市場を競合と奪い合う結果となるため
④買い手は価格の安さとサービスの確実さで製品を選択するため
⑤企業の思い入れが強くなり供給超過が起こるため

IBMは主力のPC事業を非常によいタイミングで中国のレノボに売却したと評価できるでしょう。なぜなら、IBMビジネスコンサルティングなど別の主力事業を固めた上で売却を行ったからです。PC事業を売却した後でも「IBMらしさ」を確立できるような計られたタイミングは、「さすがIBM」と認めざるを得ないですね

246

# 業界分析
## ファイブフォース分析③

### 新規参入の脅威①～参入障壁とは？～

ファイブフォース分析によると、魅力的な業界には新規参入が登場し、競争が激化します。この新規参入を防ぐための参入障壁が図に挙げた６つです。参入障壁が高ければ、業界の高収益性は持続されます。

**参入障壁**

❶ 規模の経済性

❷ 製品差別化

❸ 巨額の投資

❹ 仕入先を変更するコスト

❺ 流通チャネルの確保

❻ 政府の規制

①製品を多く作ることで１つあたりのコストを下げることができるというもの。既存の企業が有利になります。
⑤既存の企業が流通網を整備してしまっている場合、新規参入企業がそのチャネルに入り込むのは難しいです。
⑥貨物運送業などは、政府によって新規参入が規制されていた。これなどは絶対的な参入障壁の例です。

③の巨額の投資が必要な業界は、参入障壁が高いことが容易に想像できます。たとえば、2004 年にプロ野球の球団新規参入問題が大きな話題となりました。最終的には楽天が参入することになりましたが、巨額の初期投資額に注目が集まりました（フランチャイズ球場の確保、選手の年俸、ユニフォームのデザインなど、挙げればキリがありません）

# 247 業界分析
## ファイブフォース分析④

### 新規参入の脅威②～既存企業の報復活動～

既存の業者が新規参入企業に対し報復手段に出ることで、新規参入業者に障壁を作る場合があります。報復活動とは、価格競争で圧倒的な力を見せつけたり、新規企業を弱らせて買収したりすることです。次のような場合に注意すべきです。

**新規参入業者が、既存の業者からの反撃を予想して参入を躊躇する場合**

1. 既存の業者が多額の資本を投入している
2. 業界の成長率が低いため、参入によって既存業者の収益が大幅に減額する
3. 過去に参入に対して報復にでた事実がある
4. 資金力など報復に十分な経営資源を保持している

新規企業が参入を思いとどまるように、あらかじめ強いシグナルを送っておくことが必要になります。たとえば、かなりの設備投資を行い、生産設備を拡大するといった行動は、相手のやる気をそぐ結果になります。

参入障壁が高い業界の事例として、宅配便業界があるよね。この業界は、既存の流通網が発展しているし、初期投資額も大きい。さらに業界内の既存の企業同士の価格競争もあるから、参入障壁は高いことが容易に予想できる。あるいは、鉄道業界などのインフラ業界も参入障壁の高い業界の一つと言えますね

248

# 業界分析
## ファイブフォース分析⑤

### 代替品の脅威を認識する

たとえ業界が違っても、自社の製品・サービスと同じニーズを満たす代替品は、自社の製品の価格を低下させ、コストを増加させる競合になります。代替品への対抗方法としては図に挙げた3つが考えられます。

**価格を下げること以外の代替品への対抗方法**

❶ 品質の改善などで、自社製品・サービスの顧客に対する価値を向上させる

❷ 自社の市場でのポジションを移す

❸ 業界全体として共同行動をとる

②自社の市場でのポジションを移すことで、あえて代替品との競争を回避するというもの
③業界全体で一丸となって、同じ危機感を覚えているもの同士で代替品を跳ねのけるというもの

代替製品の対抗策を考える際、完全対抗姿勢で打ちのめす戦略をとるか、それとも避けられない強敵として対抗する戦略をとるかを決めなくてはなりません。完全対抗姿勢ではなく、避けられない強敵として対抗するためにはどうしたらよいのでしょう？　この場合、代替品との相違点を把握し、その相違点を活かした戦略を確立する必要があるのです

249

# 業界分析
## ファイブフォース分析⑥

### 売り手の交渉力とは？

自社にとって、売り手にあたる企業の力を把握しておくことも大事です。売り手の交渉力が強くなる場合の例としては、売り手の方が権力を握っているような業界で、供給業者が価格を上げたり品質を下げたりしてくるようなことがあります。

**売り手の交渉力が強くなる場合**

❶ 製品・サービスに差別化が図られていて、代替品と戦う必要がない場合

❷ 売り手にとって自社（買い手）が重要な位置づけになっていない場合

❸ 売り手が少ない場合

❹ 売り手の製品・サービスが、買い手の製品・サービスの品質面などにおいて非常に重要な製品となる場合

❺ 売り手が川下統合を計画している姿勢を示す場合

❻ 買い手が取引先を替えるコストが高い場合

④売り手のサービスが相手にとって重要なときには、売り手に交渉力を渡してしまう
⑤川下統合とは、小売店や販売店を自分の傘下に置いて支配することである
総じて、買い手がどうしてもその売り手でなければいけないという度合いが強まれば強まるほど、売り手の交渉力が上がります。

①や③は製品の差別化を図ることで交渉力を増すことができるということがわかるね。つまり、経営において、他社との差別化を図るということがどれほど重要であるかということが確認できたと思う

250

# 業界分析
## ファイブフォース分析⑦

### 買い手の交渉力が高くなる場合

ファイブフォース分析においては、買い手の交渉力を考えることも大切です。買い手の交渉力が強くなってしまった場合、業界の収益性を圧迫する結果になります。買い手の交渉力が強くなるケースとして、図に挙げた７つが考えられます。

**買い手の交渉力が強まる場合**

❶ 代替品がたくさんある場合

❷ 売り手にとって、特定の買い手への売上依存度が高い場合

❸ 買い手の購入する製品が、買い手の購入全体に占める割合が高い場合

❹ 取引先を替えるコストが低い場合

❺ 買い手の情報量が多い場合

❻ 売り手の製品が買い手の製品やサービスの品質にとってあまり影響がない場合

❼ 買い手が川上統合を計画している姿勢を示す場合

①代替品がたくさんある場合、買い手は「そんなに高いのなら他で買う」となる。したがって、買い手の交渉力は上がる
⑤買い手の情報量が多い場合は、買い手が多くの選択肢を持つということである。したがって、買い手の交渉力は上がる
⑦川上統合とは、卸や原材料のメーカーを統合することを言う。この場合、買い手が「統合する」と脅しを行うことで交渉力が増す
このような場合、買い手の交渉力は上がります。

ほとんどの項目が、売り手の交渉力が高くなる場合の裏返しですね。通常企業は、売り手、買い手双方の側面を持っていますから、どちらでも有利な立場を確立できるように自社のポジションを常に気にしておくことが大切です

# 251 アドバンテージマトリックス

## アドバンテージマトリックスとは？

業界の競争要因が多いか少ないかという軸と、競争優位性の可能性が大きいか小さいかという軸を組み合わせることで、どのような事業の優位性を構築できるかが違ってきます。アドバンテージマトリックスはこれを表したものです。

**アドバンテージマトリックス**

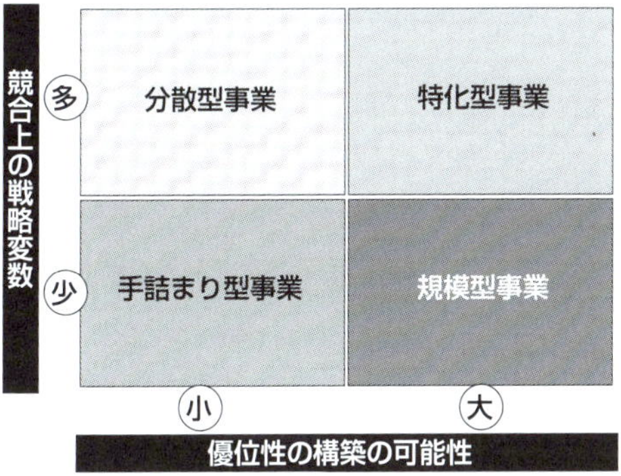


・規模型事業……規模の大きなことを優位性に利用できる事業
・特化型事業……差別化や集中化によって特定の分野にこだわることで、優位性が確保できる事業
・手詰まり型事業……優位性構築が困難な事業で、撤退か統合かを考えるべきであることを示す
・分散型事業……競争要因が多く存在するが、優位性構築が困難な事業。小規模な状態では収益性も高いが、大規模となると難しい

この「アドバンテージマトリックス」というフレームワークもボストン・コンサルティング・グループ（BCG）によって開発されました。BCGは1963年、米ボストンで誕生した世界的コンサルティングファームです

# 252 ポーターの3つの基本戦略①

## 競合に打ち勝つ3つの基本戦略

5つの力のどの部分を最も強化するか分析することで、将来の大きな機会と脅威を認識することができます。その上でポーターの3つの基本戦略(コストで主導権を握るか、差別化するか、どの事業に集中するか)に沿って戦略を立てます。

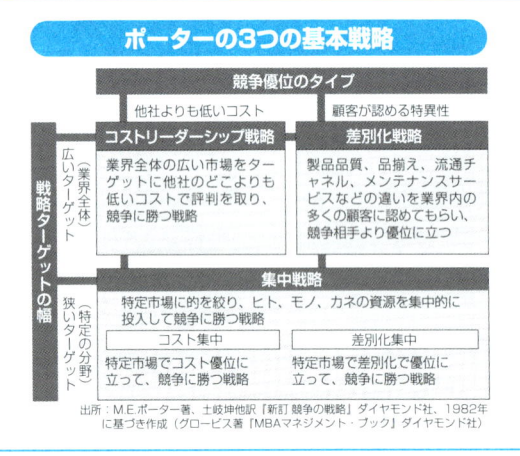

### ポーターの3つの基本戦略

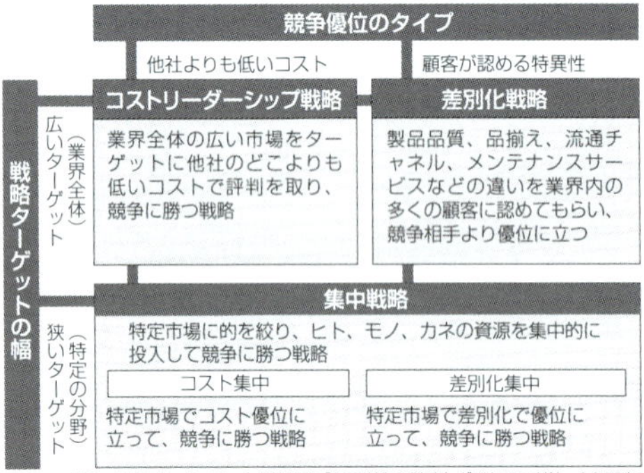

競争優位のタイプ
他社よりも低いコスト
顧客が認める特異性
戦略ターゲットの幅
広いターゲット（業界全体）
狭いターゲット（特定の分野）
コストリーダーシップ戦略
業界全体の広い市場をターゲットに他社のどこよりも低いコストで評判を取り、競争に勝つ戦略
差別化戦略
製品品質、品揃え、流通チャネル、メンテナンスサービスなどの違いを業界内の多くの顧客に認めてもらい、競争相手より優位に立つ
集中戦略
特定市場に的を絞り、ヒト、モノ、カネの資源を集中的に投入して競争に勝つ戦略
コスト集中
特定市場でコスト優位に立って、競争に勝つ戦略
差別化集中
特定市場で差別化で優位に立って、競争に勝つ戦略

出所：M.E.ポーター著、土岐坤他訳『新訂 競争の戦略』ダイヤモンド社、1982年に基づき作成（グロービス著『MBAマネジメント・ブック』ダイヤモンド社）

ポーターは、競争戦略を「業界内で防衛可能な地位を作り、5つの競争要因にうまく対処し、企業の投資収益を大きくするための、攻撃的または防衛的アクション」と定義します。そして、他社との競争優位を築くために、次の3つの競争戦略があると主張しています。
①コストリーダーシップ戦略
②差別化戦略
③集中戦略

コーヒーショップのオーナーになった気持ちで考えてみよう。街で一番のコーヒーショップを目指すため、競争優位を確立したいとき、とるべき戦略は3つある。つまり「コストリーダーシップ戦略」「差別化戦略」「集中戦略」だ。どれを選んでも構わないけれども、大切なのは1つの戦略を選んだら、「とことんやる！」こと。これを「戦略の集中」と言う

# 253 ポーターの３つの基本戦略②

## コストリーダーシップとは？

「コストリーダーシップ」は、誰よりもコストの面で優位に立つというものですが、単に製品やサービスを安く提供するのではなく、誰よりも安く提供できる“コスト構造”を作ることを言います。

### コストリーダーシップ実現のための5つの方法

❶ ノーフリル（実施本位）の製品とサービス

❷ 製品設計

❸ オペレーション

❹ 規模の経済

❺ 経験曲線

①余計な機能を取りのぞき、最低限にすることで、コストを減らす
②製造の時点でコストのかからない設計にする。
④規模の経済とは、製品の数が増えれば増えるほど、1つあたりのコストが低くなるという生産の性質
⑤経験曲線とは、累積生産量が増えることで経験値が上がり、製品の単価コストが少なくなるということ。しかし、コストとともに提供される価値とのバランスを取ることが大切である

たとえば、コーヒーを1杯100円で提供できれば間違いなく街一番のコーヒーショップになれる。でも、ただ価格を安くすることは、コストリーダーシップ戦略ではないんだ。原価を抑えたり従業員を減らすなど、無理なく100円という価格を実現できるための戦略すべてを含めて、初めてコストリーダーシップ戦略だということをしっかり認識しておいてね

# 254 ポーターの3つの基本戦略③

## 差別化の種類にはどんなものがあるのか？

ポーターの３つの基本戦略の１つとして、「差別化戦略」があります。ポーターによれば、差別化の観点は図に挙げた８つがあります。差別化した箇所が顧客の目にどう映るかがポイントになります。

### 差別化の具体策

| | |
|---|---|
| ❶ 成分あるいはコンポーネント | ❺ 製品ラインの広範さ |
| ❷ 製品提供：製品の性能 | ❻ サービスバックアップ |
| ❸ 製品の組み合わせ | ❼ チャネル |
| ❹ サービスの追加 | ❽ デザイン |

④商品を手に入れれば、新たなサービスが受けられるなどということ
⑦チャネルの差別化とは、特定の販売店や入手方法でないと手に入らないことをいう

差別化戦略では、サービスの差別化を図ります。従業員への給料を上げてやる気を向上させ、レベルの高い接客をウリにします。さらに、高いバイト料を武器に街の美人を店員として雇うというのもありかもしれません。必然的に1杯のコーヒーの値段は上がってしまいますが、お客様に愛されるコーヒーショップとして賑わうことになるでしょう

255

# ポーターの3つの基本戦略④

## 成功する差別化とは？

差別化すること自体に難しさはありませんが、成功するか否かには、図に挙げた3つのポイントがあります。そして、持続可能な差別化でなければならないのは当然です。差別化には、優れた資産と特殊な能力が必要です。

### 成功する差別化戦略の特性

❶ 顧客価値を創造すること

❷ 知覚価値を提供すること

❸ 模倣が難しいこと

①顧客にとって差別化の価値が意味を持たないものでは差別化の効果はない。あくまで顧客本位の視点が大切
②顧客によって差別化のポイントが認知されなければ意味がない。気づかれなければ、ただのお人よしである
③差別化の模倣が容易ならば、競合も模倣を始めてしまう。差別化のポイントはユニーク性にあるので真似されては意味がない

差別化戦略をとるときに、最も考えなくてはならないのはコストだね。たとえば、普通の食品に栄養価の高い高価な成分を入れたり、競合製品にはないような多機能をつけて機能的差別化が図れていても、価格が競合よりはるかに高くなってしまっては、効果的な戦略とは言えないものね。結局、“費用対効果”だからね

256

# ポーターの3つの基本戦略⑤

## 集中するとは？

ポーターの３つの基本戦略の１つが「集中戦略」です。集中戦略は戦略自体が散漫なものになるのを防ぎ、効率的に戦略実行ができるようになります。具体的な方法としては、図に挙げた３点が挙げられます。

### 集中戦略の具体策

❶ 製品ラインの集中

❷ 顧客ターゲットの絞り込み

❸ 地理的エリアの限定

①技術的優位性を強化できる可能性がある
②より特定の顧客のニーズを満たすことで、より大きな満足を得ることができる。そういった意味でも効率がよい
③地域の風習や行事に従うことで、マスマーケティングとは違うより密着したアプローチができる

たとえば、カフェのターゲットを学生だけに絞り込んで、テスト期間の営業時間の延長やコピー機の設置といったサービスを展開する場合、成功すればターゲットとしたセグメント（この場合は学生）を根こそぎ顧客にできるという魅力がありますが、セグメントが実は収益性の低いものだったときは完全に失敗に終わってしまうというリスクがあります

257

# 価値連鎖（バリューチェーン）①

## 価値連鎖（バリューチェーン）とは？

これまで考えてきた戦略を、どのように実行すればよいのか、その手がかりとなるのが価値連鎖（バリューチェーン）です。事業行動を価値連鎖により分類していくことで、どの時点で優位性を構築できるのかを分析できます。

### 価値連鎖（バリューチェーン）1

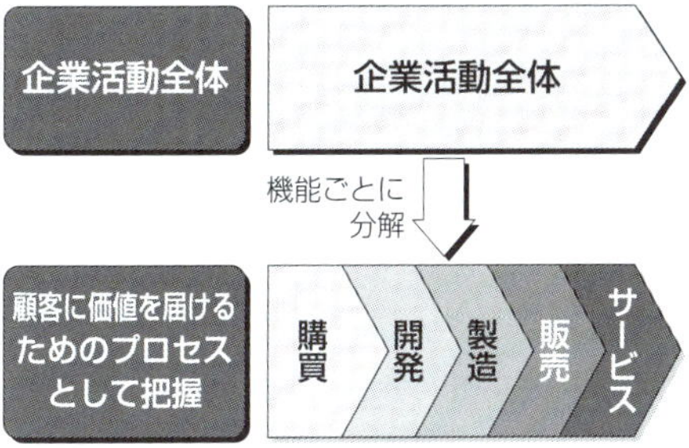


どの部分で優位性を構築できるかを考える

このように活動を1つのまとまりとして考えるより、複数の行動の集合と見る方が戦略を考える上でわかりやすくなります。

自社のバリューチェーンの中で、販売部門に競争優位が見られない場合には、教育を強化する、優秀な販売員を新たに雇用する、思い切って販売部門全体をアウトソースする、といった選択が可能になってきますね

# 258 価値連鎖（バリューチェーン）②

## 価値連鎖（バリューチェーン）の中身

価値連鎖（バリューチェーン）とは、事業がどのような機能から成り立っているかを示すモデルです。一般的には以下の図のようになります。上の支援活動の部分はインフラにあたる部分を示しています。

**価値連鎖（バリューチェーン）2**

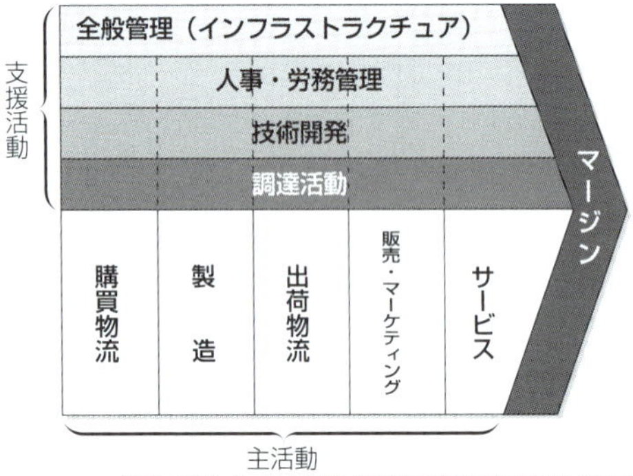


（出所）:M.E.ポーター著、土岐坤訳『競争優位の戦略』ダイヤモンド社.1985年

バリューチェーンでは、それぞれの価値創造活動においてコストとその成果を調査し、競合との比較により改善点を探索します。このフレームワークは新規事業を開発したり、協力企業とのアライアンスを構築する際にも重要な示唆を与えるものです

協力企業とのアライアンスを構築する際に、その企業のどの部門が事業の中心を担っているのかを判断するツールとして使うことができます。発言力の強い部門との関係を強化したり、弱いと思われる部門への協力を集中したりすることで、協力企業との全社的なつながりを密にしたり、交渉力を増すことができるのです

# 259 戦略的ポジショニング①

## 戦略的ポジショニングとは？

戦略的ポジショニングとは、競合や市場との関係において事業がどのように知覚されるかを明示するものです。①ターゲット市場に受け入れられるもの、②競合との差別化、③自社の組織、文化、諸資源との適合、これらを考えます。

### 戦略的ポジショニングとは

**戦略的ポジショニング**

当該事業がその競合や市場との関係でどのように知覚されるかを明示

**戦略的ポジショニングが成り立つ条件**

| | |
|---|---|
| 市場 | ❶ ターゲット市場に受け入れられる |
| 競合 | ❷ 競合相手との差別化 |
| 自社 | ❸ 自社の組織、文化、諸資源との適合 |

この戦略的ポジショニングを考えることで、戦略立案プロセスに規律と明確性を与えることになります。詳細は次項より説明します。

むやみやたらと統一性のない事業活動を行っていても、企業として利益をあげることはできません。マーケティングの外部環境分析でも出てきた、①市場（顧客：Customer）、②競合（Competitor）③自社（Company）の3Cが、戦略的ポジショニング策定においても最重要項目なのです

# 260 戦略的ポジショニング②

## 戦略的ポジショニング立案の際に考える点

戦略的ポジショニングを考える際は、図に示した15のポイントを考える必要があります。最も重要な点は①ターゲット市場に受け入れられること、②競合との差別化できていること、③自社の組織、文化、諸資源と適合していることです。

**戦略的ポジションのオプション**

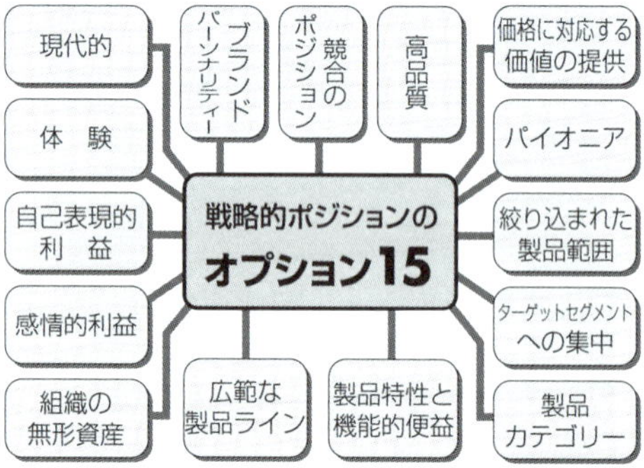


（出所）:D.A.アーカー著、今枝昌宏訳『戦略立案ハンドブック』東洋経済新報社、2002年を参考に作成

・パイオニア……業界で常に最前線かどうかを確認する
・絞り込まれた製品範囲……消費者が製品に感じる感情を用いてポジショニングをとる
・パーソナリティブランド……個性のある事業によって記憶されやすく、好感を持ちやすいものを提供する
顧客の「自分を表現する手段とするために商品を購入しようとする力」を戦略的ポジショニングに用いることです。

図に挙げた15のオプションすべてを完璧に満たさなくてはならないというわけではないんだって。上で重要な点として挙げた3つのポイントを中心に、競争優位を確立できるかどうかを検証していくことが大切なんだ！

# 261 戦略の実行①

## 戦略実行のための７つのＳ

マッキンゼーが考えた“７つのＳ”というフレームワークがあります。戦略を策定しても組織に見合わないといけないことを確認するものです。7つのＳとは、3つのハードのＳと4つのソフトのＳから成り立っています。

**戦略実行とコントロール**

**マッキンゼー社7つのS**

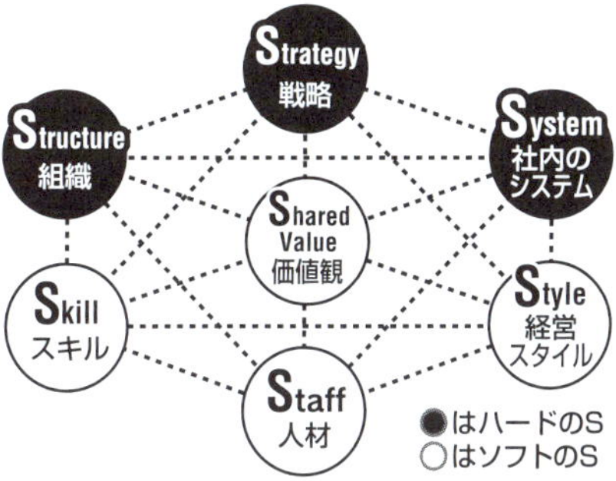


変更が比較的容易なハードのＳに比べ、ソフトのＳはすぐに変更することが困難です。これらは戦略を考える上での制約条件のようなものになります。次項からは戦略以外の６つのＳについて考えていきます。戦略に関しては今までの項でやってきた内容です。

マッキンゼー（Mckinsey & Company ,inc.）は、1926年シカゴ大学経営学教授ジェームズ・マッキンゼー（James O. Mckinsey）と仲間たちによって創設されました。世界44カ国、80ヶ所以上の事業所を持ち、全世界で7,000名以上の従業員が所属しています。戦略系と呼ばれる経営コンサルティングファームの中でも、まさに最高峰と言われています

# 262 戦略の実行②

## 機能別組織とは？

戦略を実行する上でミスしてはならないのが、組織との兼ね合いです。組織には機能別組織、分権化組織があります。機能別組織とは、開発部門や製造部門、販売部門など、マネジメントの機能ごとに分かれた組織を言います。

**機能別組織**

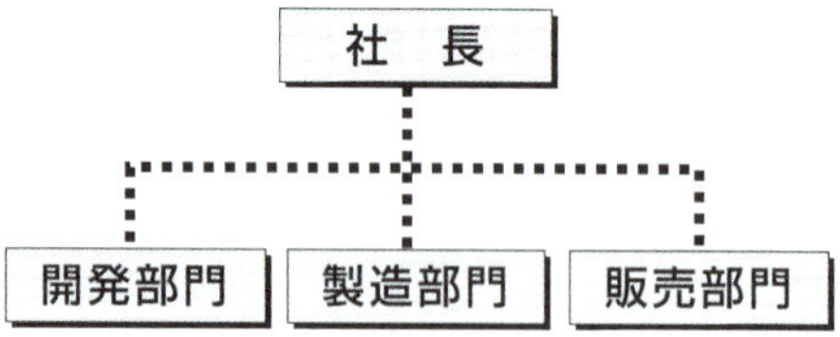


図のように権限が集権化している組織のことを機能別組織と言います。スキルや知識の伝達がしやすいというメリットがある反面、全体の利益の最大化よりも専門性が重視され、各部門の利益の最大化に走る場合があります、幅広い知識を持った社員が育たない、組織間の紛争が起こりやすいといった問題もあります。最も大きな問題は、権限が集中することで、決定までに時間がかかるという点が挙げられます。大企業の多くがこの問題を抱えています。

マッキンゼー7つのSにおける、組織（Structure）のうち、機能別組織について考えてみよう。これは第5章「ヒューマンリソース」でも出てきたけど、事業形態が緊密に関連している場合や、単純で製品の種類が少ない事業においては有効なんです

# 263 戦略の実行③

## 分権化組織とは？

組織のもう１つの形態として、分権化組織があります。分権化組織とは、権限が分散された組織のことで、事業部組織やマトリックス組織などが挙げられます。迅速に進む現代にはこの形態の方が適していると言えます。

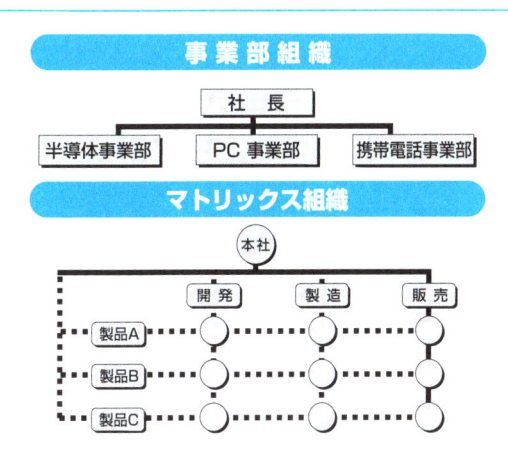

**事業部組織**

**マトリックス組織**

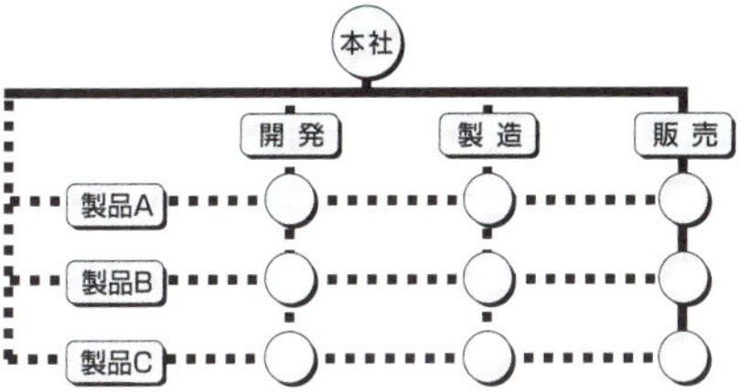


事業部組織とは、事業部ごとに分権化されている形態です。事業に応じた文化を醸成することができます。マトリックス組織とは、事業や機能ごとに組織が分断されている形態を言います。分権化組織には意思決定の迅速さというメリットがありますが、規模の経済の達成や部門間でのシナジーが期待できないというデメリットもあります。

グローバル環境の現代では、企業を取り巻く環境も急速に変化する可能性があります。この変化に迅速に対応することが必要になります。その一つの方法として、外部ネットワークと戦略的連携を組むことが挙げられます。これによって必要な資産と能力がすぐに使用可能となるため得意分野に集中でき、それだけ戦略実行を確実なものにできるのです

# 264 戦略の実行④

## 社内のシステムはどのように関係してくるのか

戦略の実行には、社内のシステムも大きく関係しています。「プランニングシステム」「情報システム」「予算・会計システム」「業績評価・報酬システム」の４つの重要なシステムからなります。

### 重要な社内システム

❶ プランニングシステム

❷ 予算・会計システム

❸ 情報システム

❹ 業績評価・報酬システム

戦略策定のプランニングの作業は、事業の不確実性について考える重要なプロセスです。予算や会計といった要素も新しい戦略のニーズに応えるようにしなければなりません。企業の情報システムにおける現状の能力と、将来の方向性は戦略立案、実行の重要な要素になります。業績評価は戦略実行の行動規範となるので、戦略の実行に直接影響を及ぼします

マッキンゼー７つのＳにおける、社内のシステム（System）について考えてみよう。システムとは社内での情報の流れのこと。だからどういった制度・システムを重視するのかが戦略実行の成功要因に密接に関わってくるんだ

# 265 戦略の実行⑤

## 人材と戦略の実行の関連性

各個人の能力に見合った適切な配置を行うことは当然ですが、彼らをどのように動機づけるかも大切な要素です。人の動機づけの良し悪しは、策定した戦略の実行段階でその戦略遂行の達成度に大きな影響を与える重要な要素と言えます。

### 人を動機付ける方法

- 金銭的なインセンティブ
- 昇　進
- 自己実現的な目標
- 組織内グループ目標の設定
- 権限委譲
- 職位の授与　　など

目的達成のため、社員に権限委譲（エンパワーメント）し、場合に応じて、責任と権限を与えることは、動機づけの強化にもなります。

マッキンゼー7つのSにおける、人材（Staff）について考えます。戦略の実行にとって，なぜ人材が重要なのでしょうか？　戦略は組織の能力に基礎を置いており、また、その組織の能力は人を基礎にしているからです。どれだけ優れた戦略が存在したとしても、それを実行する人が動かなければ成功はありえないですからね

# 266 戦略の実行⑥

## スキルと戦略の関係

スキルがなければ戦略は実行できません。スキルには個人的なものと、組織的なものがあります。もし、企業に戦略を実行するだけのスキルがない場合、それを調達する方法には図に挙げた２種類があります。

**スキルの調達方法**

**内製アプローチ**

**社員を採用あるいは訓練することによって特定の領域で必要なスキルをもつ人材を受け入れたり、そのスキルを身につけさせる方法**

**調達アプローチ**

**経験ある人々を外部から招きいれる方法。戦略における劇的な変化に迅速に対応するための即効性のある手段となりうる**

・内製アプローチ……スキルが備わるまでに年月を費やす（教育）
・調達アプローチ……外部のスキル（アウトソーシングやコンサルティングなど）を活用する。しかし、異なった文化の人々を受け入れるというリスクもある

マッキンゼー７つのＳにおける、スキル（Skill）について考えます。会計の立場からスキルを見てみると、内製アプローチは従業員の教育なので、売上に関係なく計上される固定費です。一方、調達アプローチは事業が拡大すれば増えるし縮小すれば減りますから変動費として計上します。調達アプローチは財務上のメリットも兼ね備えているのですね

# 267 戦略の実行⑦

## 経営スタイルと価値観と戦略の実行との関係

経営スタイルが実行する戦略に格差が生じた場合、それを埋めていくことが必要となります。さらに、価値観の違いに関しても同じことが言えます。図中の7つのスキルを組み合わせることで戦略実行の足がかりを作ることになります。

### 7つのSの整合性

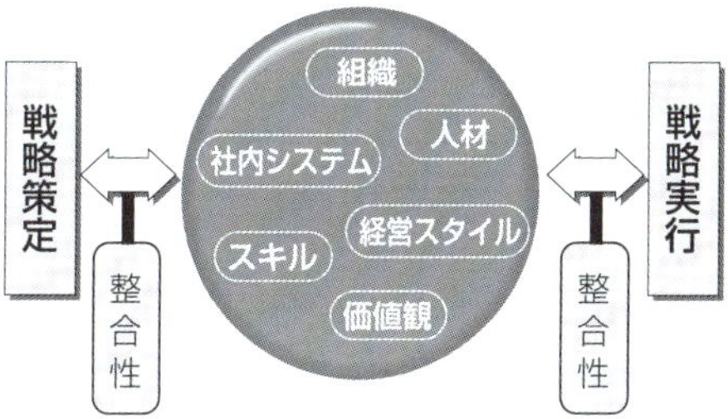


7つのSは策定された戦略を実行に移すまでの整合性を確かめる部分になります。整合性が取れない場合は、まずその部分を埋める対策を早急に講じることが大切です。

マッキンゼー7つのSにおける、経営スタイル(Style)と、価値観(Shared Value)について考えてみよう。経営スタイルとは、文字通り企業の経営様式のこと。価値観とは、組織にとっての優先順位を定義し、何が重要なのかを特定しているもの。この価値観は組織構成員の行動規範に影響していて、戦略実行においては無視できない要因になるんだ

# 268 PDCAサイクルと戦略のコントロール

## 作った戦略のコントロールをする

マネジメントはPDCAサイクルとも言われます。PDCAとは、「Plan→Do→Check→Action」というサイクルの頭文字をとったものです。Actionとは是正の意味です。是正で得た内容は次のPlanに活かされます。

**戦略のコントロール**

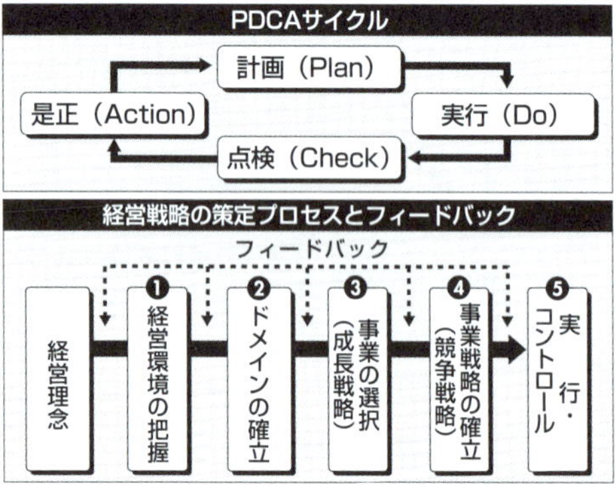


図は、ストラテジーの範囲で学習したすべての流れを表したものです。PDCAの「C → A → 次のPlan」の部分を戦略コントロールといい、このプロセスをいかに早めて、多くの改善点に活かしていけるかによって組織内での戦略実行の有効性が異なります。

この「戦略コントロール」の図が、経営戦略実行のすべてを表しているんだね。戦略策定プロセスとフィードバックにおいても、クリティカルシンキングで学んできたように、ゼロベースで、モレなくダブりなく（MECEに）、客観的に、なぜを繰り返す、といった思考法を忘れてはいけないんですね

【著者紹介】

## グローバルタスクフォース（GTF）

世界の主要ビジネススクール同窓生ネットワーク「Global Workplace」（全世界会員約40万人、うち日本人会員約2万人）を母体とするマネジメントリソース会社。上場企業の再編や再生、M&A、新規事業の立ち上げなどの支援要員を、実働チームとして提供するとともに、6カ月後からメンバーの転籍・採用を促すことで、ミスマッチの高い採用に代わる企業の新たなタレントマネジメント・プラットフォームを提供する。著書にシリーズ累計100万部を超えた『通勤大学MBA』シリーズや『ポーター教授「競争の戦略」入門』『コトラー教授「マーケティング・マネジメント」入門』（Ⅰ・Ⅱ実践編）、『ドラッカー教授「現代の経営」入門』、『世界のエリートに読み継がれているビジネス書38冊』（以上、総合法令出版）、『ハーバード・ビジネススクール“クリステンセン”教授の「イノベーションのジレンマ」入門』（PHP研究所）など多数。

公式サイト
http://www.global-taskforce.net/

【監修者紹介】

## 山中英嗣（やまなか・ひでつぐ）

グローバルタスクフォース（GTF）株式会社　代表取締役
EU Business School 博士課程東京ラーニングセンター　客員教授
英国国立 Anglia Ruskin 大学　MBA 取得コース PGDBM 東京ラーニングセンター　客員教授
関西大学大学院商学研究科　非常勤講師
外資系コンサルティングファーム（ロンドン事務所）、国内大手通信事業者、ロンドン・ビジネススクール学内ベンチャー等を経て現職。英国国立マンチェスター大学ビジネススクール MBA プログラム入学後、リサーチプロジェクトに参画（MPhil 取得）。著書に『クリティカルシンキングの教科書』（PHP研究所）などがある。

# 通勤大学MBA
# 世界一わかりやすいフレームワーク

2016年3月7日　初版発行

著　者　グローバルタスクフォース
監修者　山中英嗣
発行者　野村直克
発行所　総合法令出版株式会社
〒103-0001　東京都中央区日本橋小伝馬町15-18
ユニゾ小伝馬町ビル9階
電話03-5623-5121（代）

印刷・製本　中央精版印刷株式会社

落丁・乱丁本はお取替えいたします。

ISBN 978-4-86280-491-4
総合法令出版ホームページ　http://www.horei.com/